제3판

주류학 개론

이정학 · 안성근 공저

Guide to Wines, Beers, Spirits Liqueurs and Cocktails

조주기능사 필기 과년도 출제문제 수록

조주기능사 실기 칵테일 레시피 수록

칵테일 믹솔로지스트 시험 대비

기문사
www.kimoonsa.co.kr

머리말
Preface

1인당 국민소득이 1만 달러가 넘으면 와인이 급속도로 보급된다는 설이 있는데 최근 우리나라도 와인, 위스키, 브랜디, 칵테일 등 양주문화의 보급에 따라 양주에 대한 관심이 높아지고 있으며, 호텔 및 레스토랑을 비롯하여 술을 전문적으로 판매하는 바(Bar) 등의 업체가 증가하고 있다. 그러나 양주의 양적인 팽창에 비해 양주에 대한 이해가 부족하여 우리의 양주 음주문화 수준은 낮다고 할 수 있다.

이제 우리나라도 와인을 비롯한 각종 양주에 대하여 국제적 감각의 이해가 요구되고, 조주기능사(바텐더)와 같은 주류 전문가의 양성이 더욱 필요한 시점이다. 따라서 본서는 이러한 요구를 충족시키기 위해 편찬하게 되었다.

본서의 특징은 다음과 같다.

첫째, 양주를 비롯한 우리의 전통주까지 모든 주류에 대하여 체계적이고, 쉽게 이해하도록 서술하였다.

둘째, 호텔 및 관광관련 학과에서 주류 이론 수업 및 칵테일 실습을 할 수 있도록 편성하였다.

셋째, 조주기능사 필기와 실기시험을 동시에 대비할 수 있도록 필기 과년도 출제문제와 실기 표준 39개 칵테일을 소개하였다.

저자는 본서를 통해서 주류 전문가가 양성되기를 희망하며, 또한 일반인도 각종 주류에 대한 지식과 올바른 이해를 통하여 건전한 음주 문화가 정착되기를 기대해 본다. 끝으로 항상 저자의 원고를 소중히 출간해 주시는 기문사 사장님 이하 직원들에게 고마움을 표하고 싶다.

2022년 서재에서

저자 씀

차 례

Contents

제1장

술의 개요

1_ 술의 역사

술은 인류가 지구상에 출현하기 이전부터 자연발생적으로 존재했을 것으로 추측된다. 즉 당분(糖分)을 함유하고 있는 과실과 곡식이 오목한 돌이나 바위 등에 떨어져 그것이 자연적으로 발효를 일으켜 술이 되었을 것이다. 그 후 지구상에 원시인이 등장하였고, 그들은 식물의 뿌리나 열매 또는 수렵을 통해 식량을 해결하는 가운데 자연 발효된 액도 마셨을 것으로 추정된다. 그러나 인류가 최초로 마신 그 액체가 술이란 의미는 몰랐을 것이다.

이후 인류가 살아가면서 식량을 저장해야 될 필요성을 느끼게 되어 먹다 남은 과실을 동굴 등에 모아 두었는데 시간이 흐름에 따라 자연적으로 발효되어 술로 변하게 되었다. 그런데 그것을 마셔 본 인류는 과실을 그대로 먹었을 때와는 달리 이상하게 기분이 좋아진다는 사실을 알게 되었고, 그 맛에 본격적으로 야생 과일을 대량으로 따다가 그릇에 넣어 이상한 액체가 만들어지기를 기대했다. 이것이 인류가 의식적으로 술을 만들어 마시게 된 시초일 것으로 추측된다. 따라서 인간이 마신 최초의 알코올성 음료인 술(酒)은 양조주로서 와인으로 추정할 수 있다. 그러나 가장 최초로 술을 빚은 생명체는 사람이 아닌 원숭이라는 설도 있다. 즉 원숭이가 나뭇가지의 갈라진 틈이나 바위의 움푹 파인 곳에 저장해둔 과실(포도)이 우연히 발효되었는데 그것을 인간이 먹어보고 맛이 좋아 만들어 먹었다는 것이다.

포도주의 역사적 사실을 고찰해 보면 기원전 4천 년 청동기 시대의 분묘에서 포도씨가 발견되었으며, 이집트 피라미드의 부장품 중에서 술 항아리 출토와 벽화에 그려진 포도주 만드는 과정 등이 있는데 이를 통하여 포도주는 기원전 4천 년~5천 년경에 이미 만들어지고 있었음을 알 수 있다. 따라서 술의 기원은 와인에서 찾을 수 있으며, 그 역사는 지금으로부터 약 7,000년 전으로 추산할 수 있다.

와인 못지않게 역사가 오래된 알코올성 음료는 맥주이다. 맥주는 보리나 밀로 만든 빵이 물에 젖어 발효된 것을 마신 것에서 유래되었는데, 메소포타미아 지역에서 발견된 한 비문의 기록에 의하면 기원전 4,000년경 메소포타미아의 수메르 민족이 원시적인 방법이지만 맥주를 양조하였다는 기록이 있다. 문헌상에 나타난 와인과 맥주의 기원은 기원전 1,700년경 고대 바빌로니아의 함무라비 법전에서도 찾을 수 있다. 그 법전에는 와인상인에 관한 규정이 있었는데 '신전에 봉사하는 여성은 와인을 팔지 못하고, 와인 상인은 술버릇이 나쁜 자에게는 와인을 팔지 못한다' 라고 적시하여 이미 와인은 그 당시에 중요한 음료로 취급되었음을 알 수 있다. 또한 맥주에 물을 타서 판매하는 자는 물에 빠뜨려 죽인다고 규정하였다. 이러한 역사적 자료를 근거해 볼 때 와인과 맥주와 같은 양조주는 오래 전부터 인간생활의 한 부분을 차지하였다.

위스키와 같은 증류주는 중세에 와서 개발되기 시작하였다. 옛 서양에서는 기초적인 약을 와인과 같은 술을 담은 항아리에 향초, 뿌리, 씨,

열매, 꽃 등을 넣어서 밀폐한 후 우러나온 액체에서 얻었다. 증류주도 처음에는 기호품이 아닌 약으로 연구하여 오다가 술로서 개발된 것은 중세기 아랍지역인 것으로 추측된다. 즉 영어의 'Alcohol'은 아라비아어로 'Alkohl'에서 유래되었으며, 중세기 아랍의 철학자 아비츠나(Avichna)는 증류기를 그려놓고 알코올은 냄새와 액체라고 하였다. 이러한 증류 기법은 유럽 각지에 전파되고 유럽의 각국은 자기 나라의 풍토에 맞는 증류주를 개발하게 되었다.

그 후 증류기술이 발전하고 일반화되면서 각 지역에서는 구하기 쉬운 원료를 이용하여 증류주를 만들기 시작하게 되었다. 즉 포도가 풍부한 곳에서는 브랜디, 보리가 풍부한 곳에서는 위스키, 사탕수수가 풍부한 곳에서는 럼, 쌀을 주식으로 하는 우리나라에서는 소주를 빚어 마시게 된 것이다. 위스키는 11~12세기경 아일랜드에서 처음으로 만들어 15세기경 스코틀랜드에 전해졌고, 브랜디는 17세기경 프랑스에서 상업화되었다. 혼성주인 리큐르는 증류주가 개발된 이후 증류주에 각종 향료, 당분, 과즙 등을 가미하여 만들었고, 조주인 칵테일은 근대에 와서 개발되었다.

이상에서 살펴본 바와 같이 인류 초기 사회인 수렵, 채취시대의 술은 과실주였고, 곡물을 원료로 하는 곡주는 농경시대에 들어와서야 탄생했으며, 위스키와 같은 증류주는 중세에, 리큐르는 그 후에, 칵테일은 가장 후대에 와서 제조된 술이다.

와인 제조과정을 보여주는 이집트 피라미드 벽화

2_ 술의 개념

2.1 술의 정의

(1) 술의 정의

우리나라 주세법에 의하면 주류(酒類)란 '주정(酒精)과 알코올분 1도 이상의 음료' 라고 정의하고 있다. 여기서 주정이란 과실이나 곡류를 양조하여 알코올분 85도 이상으로 증류한 것으로서 분순물이 함유되었거나 알코올분이 높아 직접 음용할 수 는 없지만 정제하거나 희석하면 음용이 가능한 것을 말한다. 알코올분이란 원용량에 함유된 에틸알코올로서 원용량을 100% 기준으로 할 때 함유된 알코올성분을 말하는데 흔히 알코올 도수라고 하며, % 또는 ° 로 표시한다.

술의 영어표현은 'Alcoholic Beverage' 또는 'Hard Drink' 라고 하며, 반면에 알코올이 들어있지 않은 비알코올성 음료를 'Non-Alcoholic Beverage' 또는 'Soft Drink' 라고 한다. 따라서 베버리지(Beverage)란 알코올성 음료와 비알코올성 음료를 포함하여 마실 수 있는 음료를 총칭하는 단어이다.

(2) 알코올 도수 표시

알코올 농도를 수치로 표시한 것이 알코올 도수이다. 알코올 농도의 표시는 나라마다 다른데 우리나라의 경우 프랑스의 게이 뤼삭(Gay Lussac)이 고안한 용량분율(Percent by Volume)을 사용하고 있다. 용량분율은 온도 15℃일 때 원용량 100분 중에 함유되어 있는 에틸알코올의 용량을 의미한다.

미국에서는 프루프(Proof)로 표기하는데 프루프는 60°F(15.6℃)에서 물을 0으로 하고 순수 에틸알코올을 200Proof로 계산하고 있다. 따라서 우리가 사용하고 있는 용량분율(%)보다 약 2배의 수치이다. 예를 들어 알코올 도수 86Proof는 43%이다. 그리고 독일에서는 중량비율(Percent by Weight)로 표시하는데 예를 들어 100g의 액체 중에 에틸알코올이 40g 들어 있으면 40%의 술이라고 한다.

[표 1-1] 각국의 알코올 도수 표시

국가명	도수 표시	비고
한국, 프랑스	% 또는 °	용량분율(원용량 100분 중에 에틸알코올이 차지하는 용량을 %로 표기)
미국	Proof(Pf)	%보다 약 2배의 수치
독일	%	중량비율(술 100g 중에 에틸알코올이 차지하는 무게 즉 g을 %로 표기)

2.2 술의 분류

알코올성 주류(Alcoholic Beverage)인 술은 크게 양조주(Fermented drink), 증류주(Distilled Drink), 혼성주(Compounded Drink) 그리고 조주(Mixed Drink)로 구분하고, 비알코올성 음료(Non-Alcoholic Beverage)는 콜라와 사이다 등의 청량음료, 주스와 우유 등의 영양음료, 커피와 차(Tea) 등의 기호음료로 구분한다.

(1) 양조주

양조주란 과실(Fruit)이나 곡물(Grain)에 함유되어 있는 당분을 발효시켜 만든 술이다. 양조주는 알코올 발효가 끝난 술을 직접 또는 여과해서 마실 수 있고, 원료 자체에서 우러나오는 성분을 음미할 수 있으며, 알코올 함유량이 비교적 낮아 부담없이 즐길 수 있는 술이다. 과실을 주재료로 하여 만든 양조주를 모두 와인(Wine)이라고 하는데 포도를 발효시켜 만든 포도주가 대표적이므로 협의의 와인이란 포도주를 의미한다. 포도 이외 다른 과일을 발효시켜 만든 와인은 와인 앞에 과일명을 붙인다. 예를 들면 애플 와인(Apple Wine) 등을 들 수 있다. 곡물을 주재료로 하여 만든 양조주로는 맥주가 대표적이고 그 외 청주, 탁주 등이 있다.

(2) 증류주

양조주보다 순도가 높은 주정을 얻기 위해서는 1차 발효된 양조주를 증류시켜야 한다. 알코올과 물의 끓는 점의 차이를 이용하여 양조주를 서서히 가열하면 끓는 점이 낮은 알코올이 먼저 증발하는데 이러한 증기를 모아서 냉각시키면 고농도의 알코올 액체를 얻을 수 있다.

이때 사용하는 증류기로는 단식증류기(Pot Still)와 연속증류기(Continuous Still)가 있는데 단식증류기는 재래식으로서 원료의 맛과 향이 적게 훼손되는 반면에 대량생산이 불가능하고 처음 증류한 것과 마지막에 증류한 것은 재증류해야 하는 단점이 있다. 연속증류기는 높은 온도에서 한 쪽으로 원료를 넣으면 다른 쪽으로 찌꺼기가 추출되어 연속적으로 대량생산을 할 수 있는 반면에 고온에서 몇 개의 관을 거치게 되므로 원료의 맛과 향이 다소 훼손되는 단점이 있다.

이와 같이 증류주란 과실이나 곡류로 만든 양조주를 증류기를 사용하여 증류한 것으로서 알코올 도수가 높은 술이다. 과실을 이용한 증류주로는 브랜디가 있으며, 곡류를 이용한 증류주로는 진, 럼, 보드카, 테킬라, 소주 등이 있다. 우리나라 소주의 경우 안동소주와 같은 순수 증류주도 있지만 일반 소주의 경우 곡물발효액을 96%까지 증류한 것(주정)을 마시기 편하게 알코올 도수를 20% 전후까지 묽게 물로 희석시켰기 때문에 희석주라고 한다.

증류주와 같은 독한 술을 일명 스피릿(Spirit)라고 하는데 위스키나 브랜디도 스피릿이라고 할 수 있으나 협의의 스피릿은 일반적으로 진(Gin), 보드카(Vodka), 럼(Rum), 테킬라(Tequila) 등을 말하며, 인도네

[그림 1-1] 증류과정

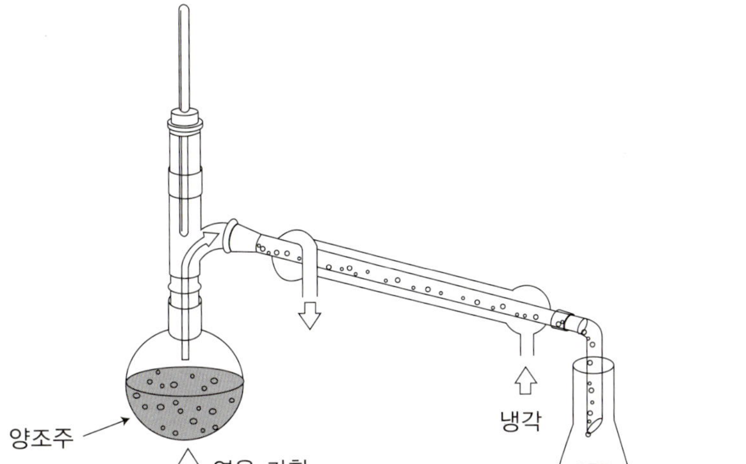

시아, 그리스, 중동, 이집트 등에서 생산되는 소위 아락(Arag)이라고 불리는 술들도 이에 속한다.

(3) 혼성주

혼성주란 증류주를 기본으로 하여 과실, 꽃 등의 천연 향료를 배합한 후 감미료를 첨가하고 착색 등을 하여 만든 술로서 환상적인 맛과 색을 자랑한다. 이러한 혼성주는 그 지역의 원료로 만든 증류주에다 그 지역 특유의 약초나 향초 등을 넣어 만드는데 우리가 흔히 알고 있는 베네딕틴(Benedictine), 갈리아노(Galliano), 카카오(Cacao), 깔루아(Kahlua) 등 그 종류는 나라마다 수없이 많다. 이러한 혼성주는 스트레이트로도 즐겨 마시지만 주로 칵테일 기주로 많이 사용된다. 따라서 다양한 혼성주가 없었다면 다양한 칵테일도 존재할 수 없었다. 혼성주를 일명 리큐르(Liqueur) 또는 꼬디알(Cordial)이라고 한다.

(4) 조주

조주란 흔히 칵테일(Cocktail)을 일컫는데 알코올성 음료에 다른 알코올성 음료를 섞거나 알코올성 음료에 비알코올성 음료를 섞어서 만든 술이다. 칵테일은 위스키(Whisky), 브랜디(Brandy), 진(Gin), 럼(Rum), 보드카(Vodka) 테킬라(Tequila)를 비롯한 리큐르 및 와인 등의 술을 기주로 하고 각종 부재를 섞어 만드는데 초기에는 빨리 취하기 위한 목적으로 마셨으나 오늘날에는 맛, 향, 색의 조화를 느낄 수 있는 예술적 감각의 술로 평가되고 있다.

[표 1-2] 술의 분류

구분		종류
알코올성 음료 (Alcoholic Beverage)	양조주 (Fermented)	와인(Wine)
		맥주(Beer)
		과실주(Fruit wine)
		곡주(Grain wine)
	증류주 (Distilled)	위스키(Whisky)
		브랜디(Brandy)
		진(Gin)
		보드카(Vodka)
		럼(Rum)
		테킬라(Tequila)
	혼성주 (Compounded)	과실(Fruits) 리큐르
		식물(Plants) 리큐르
		종자(Seeds) 리큐르
	조주 (Mixed)	각종 칵테일

3_

술의 제조과정

가장 먼저 만들어지는 술은 양조주로서 과실류(Fruit)의 과당이나 곡류(Grain)의 전분을 기초로 하여 발효시켜 알코올로 만든다. 포도와 같은 과당은 자연적으로 생성되는데 이 과당을 효모에 의하여 발효시키면 포도주와 같은 과실주를 얻게 되고, 곡류는 자연적으로 과당을 얻지 못하므로 먼저 당화를 시키고 효모를 이용하여 발효하면 맥주, 탁주, 청주와 같은 곡주를 얻게 된다. 알코올 생성과정은 다음과 같다.

당분(과실 · 곡류) + 효모 = 알코올 + 탄산가스

여기서 와인과 맥주와 같은 양조주는 탄산가스를 제거하여 만들지만 샴페인은 그대로 둔 채 제조되는 것이다.

이러한 방법만으로는 약 15% 전후의 알코올 도수를 만들어낼 수밖에 없다. 이보다 높은 알코올 함량을 가진 술을 만들기 위해서는 발효 외에 증류과정이 더 요구된다. 즉 양조주에 열을 가열하여 증류하고 일정기간 저장 및 숙성 또는 여과 및 저장의 과정을 거치면 증류주가 된다. 과실주를 증류하고 오크(Oak)통에 저장 및 숙성을 시키면 위스키와 브랜디와 같은 증류주를 얻게 되고, 곡류를 증류하여 여과 및 저장을 하게 되면 진, 보드카, 럼, 테킬라, 소주 등의 증류주를 얻게 된다.

증류주에 과실, 꽃 등의 천연 향료를 배합한 후 감미료를 첨가하고 착색 및 착향을 하면 혼성주가 되는데 과실 증류주로 만든 혼성주로는 베네딕틴, 꼬인뚜루, 그랜드 마니아, 카카오 등이 있고, 곡류 증류주로 만든 혼성주로는 드람부이, 슬로진, 말리부 등이 있다. 이상의 내용을 그림으로 나타내면 〈그림 1-2〉와 같다.

[그림 1-2] 술의 제조과정

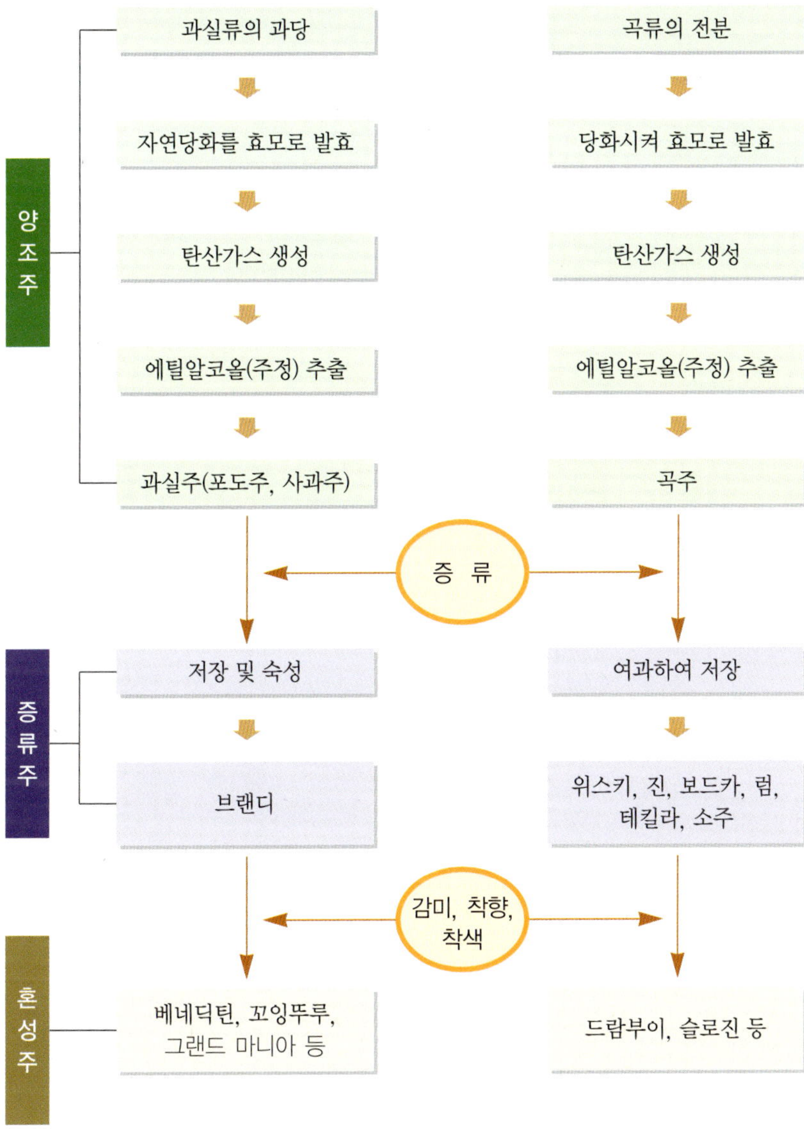
양조주
과실류의 과당
자연당화를 효모로 발효
탄산가스 생성
에틸알코올(주정) 추출
과실주(포도주, 사과주)
곡류의 전분
당화시켜 효모로 발효
탄산가스 생성
에틸알코올(주정) 추출
곡주
증 류
증류주
저장 및 숙성
브랜디
여과하여 저장
위스키, 진, 보드카, 럼, 테킬라, 소주
감미, 착향, 착색
혼성주
베네딕틴, 꼬잉뚜루, 그랜드 마니아 등
드람부이, 슬로진 등

술/상/식 술의 신 디오니소스(Dionysos)

디오니소스(Dionysos)는 그리스 신화에 등장하는 술과 황홀경의 신으로서 로마 신화의 박카스(Bacchus)에 해당하며, 올림푸스 12신 중 하나이다. 디오니소스는 포도나무와 포도주를 관장하며 술에 취하게 하는 힘을 상징할 뿐만 아니라 모든 속박으로부터 해방의 신으로서 문명의 촉진자, 입법자, 그리고 평화의 애호자로 여겨지고 있다.

디오니소스와 와인이 관련된 재미있는 신화가 있는데 「어느 날 디오니소스가 길을 가다가 나뭇가지 하나를 발견하고는 이를 주워 새의 뼈 속에 감춰 두었다. 그리고는 이를 다시 사자의 뼈 속에 옮겨 놓았다가 마지막으로 당나귀의 뼈 속에 감췄다. 이 나뭇가지들이 낙소스라는 그리스의 한 섬에 심어져 최초의 포도나무가 자라났고, 이를 가지고 와인을 만들었다. 그래서 사람들이 와인을 마시면 처음에는 새처럼 재잘거리고, 다음에는 사자처럼 난폭해지며, 마지막으로는 당나귀처럼 우매해진다는 것이다」

지금도 그리스 이티카시에서는 디오니소스 축제가 열리고 있는데 12월에는 신에게 포도주를 바치는 의식의 소축제가, 3월 초에는 5일간 연극공연 등 다채로운 행사가 거행되는 대축제가 열린다.

재/미/있/는/술/이/야/기 시인 조지훈의 주도 18단계

9급 – 불주(不酒) : 될 수 있으면 안 마시는 사람

8급 – 외주(畏酒) : 술을 겁내는 사람

7급 – 민주(憫酒) : 취하는 것을 민망하게 생각하는 사람

6급 – 은주(隱酒) : 돈이 아쉬워 혼자 숨어서 마시는 사람

5급 – 상주(商酒) : 잇속이 있을 때만 술을 마시는 사람

4급 – 색주(色酒) : 성생활을 위해 술을 마시는 사람

3급 – 수주(睡酒) : 잠을 자기 위해 술을 마시는 사람

2급 – 반주(飯酒) : 밥맛을 돋우기 위해 술을 마시는 사람

1급 – 학주(學酒) : 술의 진경을 배우는 사람. 일명 주졸(酒卒)

1단 – 애주(愛酒) : 취미로 술을 맛보는 사람. 일명 주도(酒徒)

2단 – 기주(嗜酒) : 술의 진미에 반한 사람. 일명 주객(酒客)

3단 – 탐주(耽酒) : 술의 진경을 체득한 사람. 일명 주호(酒豪)

4단 – 폭주(暴酒) : 주도를 수련하는 사람. 일명 주광(酒狂)

5단 – 장주(長酒) : 주도 삼매에 든 사람. 일명 주선(酒仙)

6단 – 석주(惜酒) : 술을 아끼고 인정을 아끼는 사람. 일명 주현(酒賢)

7단 – 낙주(樂酒) : 술과 더불어 유유자적하는 사람. 일명 주성(酒聖)

8단 – 관주(觀酒) : 이미 술을 마실 수 없는 지경에 이른 사람. 일명 주종(酒宗)

9단 – 폐주(廢酒) : 일명 열반주. 술로 인해 다른 세상으로 떠난 사람

Guide to Wines,
Beers, Spirits
Liqueurs
and Cocktails

주류학개론

제2장

와인의 개요

1_ 와인의 역사와 개념

1.1 와인의 역사

술의 역사에서 알아보았듯이 와인은 선사시대부터 마셨던 것으로 추측이 되지만 각종 유물을 근거로 할 때 지금으로부터 약 7,000년 전에 그 기원을 추정할 수 있다. 또한 연대는 알 수 없으나 기원전 고대 이집트, 그리스, 로마 등지에서 와인을 신에게 받치는 제주로 사용하였다는 전래 기록과 벽화 등의 유물로 비추어 오래 전부터 와인은 이들 지역을 중심으로 양조되었음을 유추할 수 있다.

현존하는 기록에서 찾아보면 기원전 1,700년경 함무라비 법전에 와인에 대한 언급이 있으며, 기원 전후 로마와 그리스의 역사적 문헌에서도 와인은 자주 등장하고 있다. 특히 기원전 약 450년경에는 의학의 아버지인 히포크라테스가 와인을 알맞은 시간에 적당한 양을 마시면 질병을 예방하고 건강을 유지할 수 있다고 한 바 있다. 이와 같이 와인은 기원전부터 이미 대중화되었음을 알 수 있다. 그러나 와인을 누가 가장 먼저 발견하였는지는 알 수 없고 다만 다음과 같은 전설이 알려져 있다.

고대 페르시아의 어느 왕이 포도를 아주 좋아하였는데 포도를 큰 항아리에 넣어놓고 아무도 손을 대지 못하도록 「독」이라고 표시해 두었다. 어느 날 왕으로부터 심하게 꾸중을 들은 한 궁녀가 마음이 심란하여 그 항아리의 독을 먹고 죽으려 했다. 그러나 그 항아리 속의 포도는 이미 발효되어 즙으로 변해 있었고 그것을 극약인 줄 알고 실컷 마신 궁녀는 어찌된 일인지 기분이 오히려 좋아졌고 흥얼거리며 춤을 추었다. 그 광경을 목격한 왕이 어찌된 일이냐 물으니 궁녀가 답하기를 "저 항아리의 독을 마셨습니다"라고 하였다. 왕은 이상히 여겨 항아리를 들여다보니 자신이 넣어 놓은 포도가 발효되어 즙으로 변한 것을 알 수 있었고, 향취가 좋아 자신도 마셔보았는데 이루 말할 수 없이 맛이 오묘하였으며 자신도 기분이 좋아졌다. 그래서 왕은 그 궁녀가 처음으로 와인을 발견한 것에 대하여 칭찬을 하였고, 이때부터 왕명으로 포도를 발효시켜 양조하기 시작하였다는 설이 전해져 오고 있다.

페르시아를 중심으로 생성된 포도재배와 와인양조 기술은 고대 로마, 그리스를 거쳐 프랑스를 비롯한 유럽전역으로 전파되었고, 중세기에는 종교적 목적에 의하여 주로 수도원에서 포도를 재배하고 양조하였다. 고대와 중세를 거친 와인은 양조과정의 발전과 와인 병 개발 및 18세기경 코르크 마개의 발명 등 저장기술의 발달에 힘입어 장기간 유통이 가능하게 되었고, 포도재배업자와 전문 상인들의 등장으로 인하여 보급이 대중화되었다.

오늘날 와인은 프랑스, 스페인 이탈리아, 독일 등 유럽 전통 와인 생산국과 미국, 칠레, 호주와 같은 신흥 와인생산국 등지에서 연간 250억 병이 생산되고 있다.

[그림 2-1] 세계 와인 생산지역

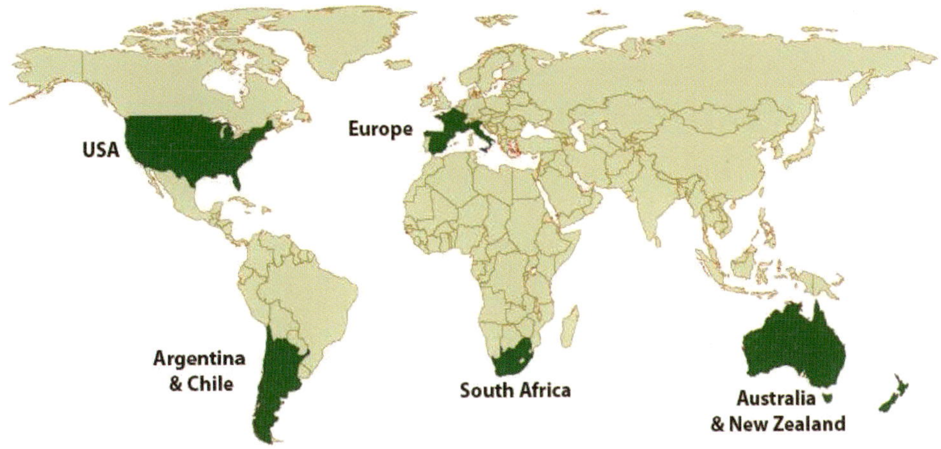

1.2 와인의 개념

영어의 와인(Wine)은 프랑스어로는 뱅(Vin), 독일어로는 바인(Wein), 이탈리아어로는 비노(Vino)라고 부르는데 모두 라틴어 '포도를 발효시킨 것' 이라는 뜻의 비넘(Vinum)에서 유래되었다. 와인은 85%의 수분으로 이루어져 있으며, 알코올이 9~13%, 비타민, 당분, 유기산, 각종 미네랄, 폴리페놀 등의 좋은 요소들을 많이 갖고 있다. 특히 와인의 성분 중 폴리페놀은 활성산소를 제거하는 항 산화제 역할을 하며, 콜레스테롤 산화도 억제해 심장 혈관에 좋은 작용을 하는 등 성인병 예방에도 좋은 것으로 알려져 있다.

또한 와인은 다른 술과는 달리 제조과정에서 물이 전혀 첨가되지 않으면서도 알코올 함량이 적고, 유기산, 무기질 등이 파괴되지 않아 포도 성분이 그대로 살아 있는 술이다. 따라서 와인은 완전식품이며 마시는 음식이라고 할 수 있다.

2_

와인의 제조과정 및 포도품종

2.1 와인의 제조과정

와인의 제조과정은 포도나무를 심어서 가꾸는 재배(Planting), 늦가을에 포도의 수확을 줄이고 경작을 용이하게 위하여 가지를 잘라주는 전지(Pruning), 너무 많은 결실은 양질의 열매를 기대할 수 없으므로 불필요한 부분을 제거하는 솎기(Thinning), 그리고 수확(Harvesting) 및 줄기제거(Stemming) 등의 작업 단계를 거친다.

화이트 와인은 향을 얻기 위하여 청포도를 몇 시간 동안 탱크 속에서 부드럽게 만들거나 바로 압축을 하여, 발효 → 숙성시켜 만들고, 레드 와인은 흑포도를 분쇄하여 찌꺼기를 제거하고 압축 → 발효 → 숙성의 단계를 거친다. 어떤 과일로도 와인을 만들 수 있지만 포도 이외의 과일에는 효모작용을 돕기 위하여 설탕을 첨가해야 하나 포도는 자연적으로 이러한 반응에 필요한 당분이 충분히 생성된다.

와인의 품질은 양조기술이나 저장 방법에 따라 차이가 나지만 특히 수확연도의 기상조건에 크게 좌우되는데 ① 기후 ② 토질 ③ 포도의 품종 ④ 인력 등은 와인의 질을 좌우하는 4요소라고 할 수 있다. 포도재배의 적정지역은 적도를 중심으로 남위 30~40도와 북위 30~50도 사이이고, 적정기후 및 강우량은 포도 주산지의 경우 연간 강우량이 850mm 이하, 생육기간인 4~9월의 강우량은 400mm 이하가 적당하다. 빈티지 와인(Vintage Wine)을 위한 7~9월의 강우량은 150~200mm 정도, 일조시간은 600시간이 적당하다.

[그림 2-2] 와인 제조과정

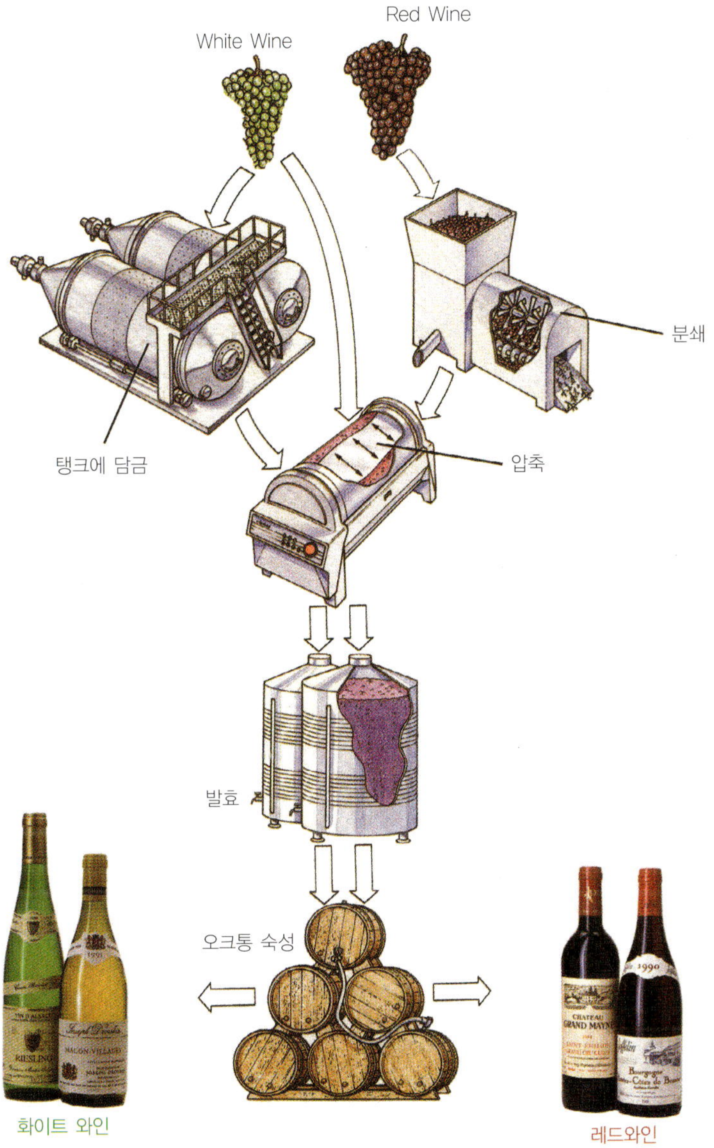

2.2 포도품종

모든 포도 품종은 품종별로 선호하는 토양과 기후를 가지고 있다. 즉 배수, 토질, 채광, 고도, 포도밭의 방향 , 일조량, 강우량, 바람의 세기 등을 고려하여 포도 품종을 선택하고 그 포도나무를 심어야 한다. 포도 품종의 수는 프랑스에서 원산지 명칭 와인을 생산하는 136종을 비롯하여 전 세계에 수백여 종에 이르고 있다. 현재 국제적으로 널리 알려진 포도 품종은 40여 개 정도이다. 화이트 와인의 3대 품종과 레드 와인의 4대 품종을 중심으로 살펴보면 다음과 같다.

(1) 화이트 와인의 3대 품종

❶ 샤르도네(Chardonnay)

대표적인 청포도 품종으로 사과처럼 상큼하고 과일향이 풍부하며 화이트 와인 중에서 중후한 맛을 자랑한다. 주로 프랑스 부르고뉴, 상파뉴 지방에서 많이 재배한다. 특히 상파뉴 지방에서 만드는 샴페인은 샤르도네 품종이다. 이 품종으로 만든 대표적인 화이트 와인으로는 샤블리(Chablis)를 들 수 있다.

❷ 소비뇽 블랑(Sauvignon Blanc)

산도가 높고 과일향이 풍부하며 대체적으로 드라이하고 상쾌한 맛을 내는 품종이다. 프랑스 르와르와 보르도 지역, 미국 캘리포니아 지역, 뉴질랜드 말보로 지역 등이 주요 산지이다.

❸ 리슬링(Riseling)

독일 라인 강이 원산지인 품종으로 대체적으로 스위트하며 상큼한 맛을 낸다. 물론 드라이하거나 중간 정도의 당도 혹은 매우 단 와인을 만들 수 있을 뿐만 아니라 스파클링 와인도 양조할 수 있다.

풀바디 ↔ 라이트바디

샤르도네(Chardonnay)　소비뇽 블랑(Sauvignon Blanc)　리스링(Riseling)

(2) 레드 와인의 4대 품종

❶ 카베르네 소비뇽(Cabernet Sauvignon)

세계에서 널리 알려진 레드 와인 포도품종으로 강한 탄닌(떫은 맛)과 중후한 맛을 낸다.

❷ 시라(Syrah), **쉬라즈**(Shiraz)

전 세계에서 재배되는 암적갈색 및 짙은 보라색 포도 품종으로 카베르네 소비뇽보다는 약간 덜한 탄닌과 중후한 맛을 낸다. 특히 후추향, 체리, 블랙베리 등 다양한 과일 향이 나는 것이 특징이다.

❸ 메를로(Merlot)

탄닌이 다소 적지만 진하면서도 부드러운 과일 향의 맛을 낸다.

❹ 피노누아(Pinot Noir)

탄닌이 적은 편이며, 부드럽고 상큼한 맛의 과일 풍미를 느낄 수 있다. 색은 옅은 적색(루비 빛깔)을 띠고 있다,

풀바디/높은 탄닌 ↔ 라이트바디/낮은 탄닌

카베르네 소비뇽　시라　메를로　피노 누아

3_ 와인의 분류

와인은 색상, 양조방법, 맛, 식사용도, 숙성 정도, 맛의 경중 등 다양한 기준으로 분류할 수 있다.

3.1 색에 의한 분류

(1) 레드 와인(Red Wine)

흑포도를 과피채로 먼저 발효시킨 다음 압축하여 만드는데 껍질에 함유되어 있는 색소가 발효 중에 액으로 우러나와 적색의 와인이 된다. 대부분의 레드 와인은 수년간 숙성시키는 것이 일반적이고, 그 맛은 풍부하고 윤택하며, 육류에 곁들이면 좋다. 마실 때의 온도는 18℃가 적당하다.

(2) 화이트 와인(White Wine)

청포도를 먼저 압축한 다음 그 과정에서 생긴 과즙을 발효시켜 만드는데 숙성기간이 짧고 2~5년간 묵히는 것이 적당하며, 생선요리에 곁들이면 좋다. 마실 때의 온도는 6~8℃ 정도로 차게 해서 마신다.

(3) 로제 와인(Rose Wine)

분홍빛깔이 나는 와인인데 흑포도와 청포도를 섞어서 만드는 방법과 완성된 화이트 와인에 흑포도의 껍질을 담그는 방법이 있다. 숙성기간은 2~3년 정도가 적당하다. 마실 때의 온도는 화이트 와인과 같은 6~8℃ 정도로 차게 해서 마신다.

화이트 와인　　　　　　　로제 와인　　　　　　　레드 와인

3.2 양조법에 의한 분류

(1) 비발포성 와인(Still Wine)

일반적으로 식사와 함께 곁들이는 테이블 와인(Table Wine)으로서 화이트(White), 레드(Red), 로제(Rose) 와인이 있다. 알코올 도수는 14% 이하이다.

(2) 발포성 와인(Sparkling Wine)

포도 속의 당분이 분해할 때 생기는 탄산가스를 제거하지 않고 그대로 둔 와인으로서 마개를 빼면 발포를 하고 거품이 나온다. 샴페인(Champagne)은 대표적인 발포성 와인인데 프랑스 상파뉴 지방에서 생산되는 발포성 와인에 한하여 붙일 수 있는 명칭이고, 그 이외 지역의 발포성 와인은 단순히 스파클링 와인(Sparkling Wine)이라고 한다. 알코올 도수는 14% 이하이며, 화이트 와인처럼 차게 해서 마신다.

(3) 주정강화 와인(Fortified Wine)

와인을 발효시키는 도중에 알코올 도수가 높은 브랜디를 첨가하여 발효를 정지시켜 약간의 당분이 남아있는 상태에서 주정을 강화한 와인이다. 대표적인 와인으로는 포르투갈에서 주로 생산하는 포트 와인(Port Wine)을 들 수 있으며, 알코올 도수는 16~20% 정도이다.

(4) 가향 와인(Flavored Wine)

주로 화이트 와인에 향료, 감미료, 약초, 색소 등을 넣어 만든 와인으로서 독특한 맛과 향기가 나는 와인으로서 혼성 와인이라고도 한다. 칵테일에 자주 사용되는 벌머스(Vermouth)와 두보넷(Dubonnet) 등이 대표적인 와인이다. 벌머스는 이탈리안 벌머스(Italian Vermouth)와 프렌치 벌머스(French Vermouth)가 있는데 이탈리안 벌머스는 주정에 당분을 혼합하여 스위트한 맛이 나는 로소(Rosso : 레드), 드라이한 맛의 비앙코(Bianco : 화이트), 중간 맛의 로제(Rose : 핑크)가 있으며, 프렌치 벌머스는 단맛이 없는 드라이한 맛이 특징이다.

3.3 맛에 의한 분류

(1) 드라이 와인(Dry Wine)

포도즙을 발효시킬 때 포도 속의 천연포도당이 10g 미만으로서 단맛이 거의 없는 와인을 말한다.

(2) 미디엄 와인(Medium Wine)

천연포도당이 10~18g 미만으로서 드라이 와인과 스위트 와인의 중간 맛을 내는 와인을 말한다.

(3) 스위트 와인(Sweet Wine)

천연 포도당이 18g 이상으로서 단맛을 느낄 수 있는 와인을 말한다.

3.4 식사용도에 의한 분류

(1) 식전 와인(Aperitif Wine)

식전에 마시는 와인으로서 쌉쌀한 맛(Dry)이 나고 식욕을 돋워 준다. 대표적인 와인으로는 셰리 와인(Sherry Wine)을 들 수 있다.

(2) 식중 와인(Table Wine)

식사 중에 요리와 함께 마시는 와인으로서 일반적인 레드 와인과 화이트 와인을 말한다.

(3) 식후 와인(Dessert Wine)

식사 후에 마시는 와인으로서 달콤한 맛(Sweet)이 나고 소화를 도와준다. 대표적인 와인으로는 알코올 도수가 비교적 높은 포트 와인(Port Wine)과 달콤한 아이스 와인(Ice Wine) 등을 들 수 있다.

아이스 와인(Ice Wine)

포도 수확시기를 훨씬 넘겨 포도 열매에 눈이 덮일 때까지 두었다가 수확한 포도로 만든 와인을 말한다. 자연적으로 어는 과정을 거쳐 일반 포도보다 2~3배의 높은 당도를 지닌 포도로 만들어지기 때문에 진한 달콤함과 풍부한 향이 특징이다. 따라서 고농축의 강렬한 맛을 지니고 있기 때문에 대부분 200ml, 375ml, 500ml 등 작은 용량의 길고 홀쭉한 병 속에 담는다. 주요 생산 국가는 추운 곳에서 포도가 재배될 수 있는 독일을 비롯하여 캐나다, 미국 등이다.

아이스 와인은 1794년에 독일에서 아주 우연히 발견되었다. 어느 수도승이 여행을 하고 돌아와 포도수확기간을 놓쳤는데 그 포도들이 아까워 얼은 상태의 좋은 포도알만을 골라 즙을 짜내고 발효시켜 만들었더니 훨씬 더 농축된 향기와 달콤한 맛에 반하여 이후 만들어 마시게 되었다는 것이다.

3.5 숙성 정도에 의한 분류

일반적으로 위스키와 코냑은 묵힐수록 좋지만 보드카 · 진 등은 묵혀도 소용이 없다. 와인도 오래 묵힌다고 좋아지는 것은 아니다. 즉 영 와인(Young Wine)은 그 수명만큼 묵힐 수밖에 없고, 에이지드 와인(Aged Wine) 이상이어야 오래 묵힐 수 있다. 영 와인과 에이지드 와인은 마시기 좋은 시점이 다른데 병입된 후 병 속에서 숙성기간을 거쳐 병입 후 영 와인은 2년 이내, 에이지드 와인은 15~20년 이내, 그레이트 와인은 30년 이내에 마시는 것이 가장 좋다. 그 이상이 되면 오히려 맛이 쇠퇴해 버린다. 간혹 100년 이상 묵은 와인이 고가에 팔리기도 하는데 그것은 소장을 위한 골동품의 성격이 강하다.

와인의 수명은 포도의 품종, 토질, 기후 등 자연조건에 의해서 정해지는데 그 중에서도 토질이 가장 중요한 역할을 한다. 즉 토질에서 얻어지는 포도의 영양물질 중에 탄닌(Tannin)이라는 것이 있는데 포도 속에 함유량이 많으면 에이지드 와인이 되고, 적으면 영 와인이 된다. 탄닌은 와인 특유의 떫은 맛을 결정짓고, 불순물을 가라앉히는 청정작용과 살균작용을 한다.

(1) 영 와인(Young Wine)

와인을 만들어서 6개월에서 1년 정도 묵히고, 병입 후 숙성기간은 1년 전후 정도의 와인으로서 그 기간 내에 마시는 와인을 말한다.

(2) 에이지드 와인(Aged Wine)

와인을 만들어서 2~3년 정도 묵히고, 병입 후 5년 정도 숙성시킨 다음, 병입 후 20년 이내에 마시는 와인을 말한다.

(3) 그레이트 와인(Great Wine)

와인을 만들어서 3~5년 정도 묵히고, 병입 후 5~15년 정도 숙성시킨 다음, 병입 후 30년 이내에 마시는 와인을 말한다.

3.6 바디에 의한 분류

바디(body)란 입안에서 감지되는 와인 맛의 경중을 말하는데 크게 3가지 타입으로 구분할 수 있다.

(1) 라이트 바디드(Light-bodied) 와인

숙성기간이 짧아 맛의 무게가 약한 것으로 가볍고 경쾌한 맛을 느낄 수 있는 와인을 말하며, 프랑스 보졸레 지역의 와인 중에서 보졸레 누보가 대표적인 라이트 바디드 와인이다.

(2) 미디엄 바디드(medium-bodied) 와인

중간 정도 맛의 무게를 느낄 수 있는 와인으로서 일반적으로 중가의 와인이 이에 속한다.

(3) 풀 바디드(full-bodied) 와인

오래 숙성시켜 특유의 우아한 향과 맛의 무게를 느낄 수 있는 와인을 말한다.

4_

빈티지와 와인 테이스팅

4.1 빈티지

포도는 꽃이 피고 익을 때까지 100일 동안 날씨가 좋으면 품질이 좋지만 비가 오고 흐린 날이 많으면 햇빛을 충분히 받을 수 없어 포도의 당도가 충분히 형성되지 않아 시고 거칠어진다. 이와 같이 빈티지(Vintage)란 특정 해의 잘 된 포도로 담은 와인을 말하며, 병에 그 연도를 표시한다.

생산연도가 중요한 이유는 포도주별로 보관할 수 있는 기간이 다르기 때문이다. 와인은 포도품종과 제조방법에 따라 그 보존기간이 다른데 예를 들어 카베르네 소비뇽(Cabernet Sauvignon) 같은 품종으로 만든 포도주는 상대적으로 오래 보관할 수 있으나, 가메(Gamay)로 만든 포도주는 그렇지 못하다. 따라서 무조건 오래되었다고 좋은 것이 아니므로 최적의 숙성 시기에 마셔야 한다. 갓 숙성돼 신선하고 상큼한 맛으로 마시는 와인이 있고, 장기간 세월의 관록이 밴 묵직하고 그윽한 맛을 즐겨야 하는 와인이 따로 있다는 것이다.

생산연도가 중요한 또 다른 이유는 포도의 발육과 숙성을 좌우하는 그 해의 기후조건이 다르기 때문이다. 따라서 좋은 해, 아주 좋은 해, 예외적인 해 등 여러 가지 표현으로 각 빈티이지의 특성을 표현한다. 일반적으로 빈티이지의 필요조건은 ① 포도의 발육상태 ② 성숙기에 충분한 일조량과 강우량 등이다.

와인은 오래 묵힌다고 좋아지는 것은 아니며, 병입 된 후 2~3년 내에 마시는 것이 가장 적당하다. 20년 이상 묵힌 와인은 맛보다는 골동품과 같이 기념으로 소장하기 위하여 고가에 구매하는 경우가 있다. 빈티지는 연도별, 지역별로 나누어 품질에 따라 0점에서 100점까지 평가하는 가이드 표에 의하여 좋고 나쁨을 구분하는데 조사하는 기관이나 와인생산 지역에 따라서 20만 점으로 표기하는 경우와 스타(☆☆☆☆☆가 가장 좋음) 또는 원으로 표기하는 경우도 있다.

[표 2-2] 프랑스 와인의 2020 빈티지 차트

	Region	Appellation/Type	2018	2017	2016	2015	2014	2013	2012	2011	2010	2009	2008	2007	2006	2005
FRANCE	Bordeaux	Pomerol/Saint-Émilion	94	94	97	96	95	87	90	90	97	96	92	88	89	98
		Médoc	95	95	98	99	94	88	90	91	99	97	93	87	90	100
		Graves (red)	94	94	96	96	94	87	91	90	96	96	91	86	88	95
		Graves (white)	96	96	95	94	95	95	95	94	95	91	90	96	90	93
		Sauternes/Barsac	96	96	95	96	95	94	88	95	95	95	88	95	91	89
	Burgundy	Côte de Nuits (red)	95	95	94	98	90	89	91	91	95	97	89	88	89	96
		Côte de Beaune (red)	95	95	93	96	90	88	90	92	94	95	91	87	90	95
		Chablis	96	96	95	94	95	90	95	94	96	95	91	91	91	95
		Côte de Beaune (white)	95	95	95	94	95	94	95	94	96	95	92	91	91	96
		Mâconnais	96	96	94	93	94	92	94	94	95	95	90	90	90	92
	Beaujolais		96	96	90	96	94	89	89	92	93	96	90	87	90	92
	Nothern Rhône	Reds	93	93	95	97	87	88	92	91	95	95	86	87	91	94
		Whites	93	93	93	93	93	90	92	92	95	92	87	88	91	92
	Southern Rhône	Reds	93	93	97	95	89	88	92	91	98	93	85	96	90	92
		Whites	93	93	93	92	89	90	92	92	95	89	87	94	89	88
	Loire	Dry Whites	95	95	96	96	95	90	94	92	94	94	91	92	88	94
		Sweet Whites	94	94	93	97	96	87	87	95	94	93	87	95	89	95
		Reds	97	97	93	96	95	88	93	93	89	93	88	89	88	93
	Alsace		93	93	90	92	89	89	92	91	93	95	90	94	88	91
	Champagne		95	95	93	95	93	NV	95	89	90	94	98	91	89	93
	Languedoc-Roussillon		93	93	94	93	88	90	89	90	92	92	90	91	91	87
	Provence	Reds	94	94	94	94	92	89	89	90	89	91	90	94	90	87

RATINGS		MATURITY		
98–100	Classic	(red)	Hold	좀 더 기다렸다 마시면 좋은 와인
94–97	Superb	(teal)	Can drink, not yet at peak	마실 수 있음, 아직 절정은 아님
90–93	Excellent	(green)	Ready, at peak maturity	마실 수 있는 준비가 완료된 성숙된 상태
87–89	Very Good	(blue)	Can drink, may be past peak	마실 수 있음, 성숙된 상태가 지날 수도 있음
83–86	Good	(gray)	In decline, may be undrinkable	쇠퇴기로서 마실 수 없을 수도 있음
80–82	Acceptable	(light gray)	Not a declared vintage/no data	빈티지로서 인정받지 못함
NV	Not Vintage Year			
NR	Not Rated			

4.2 와인 테이스팅

와인을 테이스팅(Tasting)하는 이유는 와인에 이상이 있는지를 구별하고, 자신이 좋아하는 와인인지 아닌지를 알아보기 위해서이다. 와인을 테이스팅할 때는 시각(색), 후각(향), 미각(맛)적 관찰을 하게 되는데, 와인의 색은 크게 레드, 화이트, 핑크로 나누지만 색깔별로 미묘한 차이가 있으며, 와인의 향과 맛 역시 미세한 차이가 있어 그것을 구분하고 표현한다는 것은 와인의 색, 향, 맛에 대하여 풍부한 경험이 없이는 어려운 일이다. 와인을 테이스팅하는 순서는 먼저 와인 잔에 1온스(30ml) 정도 따른 다음 색 → 향 → 맛 순서로 테스팅한다.

(1) 시각적 관찰

시각적 관찰에서는 와인의 색을 통하여 특성과 건강상태, 나이 그리고 품질을 파악할 수 있다. 색을 보기 위해서는 와인의 잔을 밝은 쪽으로 향하고 색상, 색상의 강도, 투명도, 광택, 점도 등을 관찰한다.

❶ 색상

와인의 색상은 해를 거듭하여 숙성할수록 산화되어 색깔이 변하는데 색상은 와인의 나이를 가늠하는 척도라고 할 수 있다. 레드 와인은 숙성이 진행될수록 색이 점점 더 연해지고, 화이트 와인은 점점 더 진해진다. 또한 레드 와인의 경우 처음 3~4년 보라빛을 내는 적색이었다가 점점 노란빛이 더해지면서 말기에는 갈색과 황색이 감도는 황갈색으로 변하고, 화이트 와인의 경우 초기에는 초록빛인데 점점 노란색에서 진한 황금색을 거쳐 갈색으로 변한다. 초기에 레드 와인이 보라빛을, 화이트 와인이 초록빛을 띠는 것은 산도가 강하다는 의미이다.

[그림 2-3] 와인의 색상

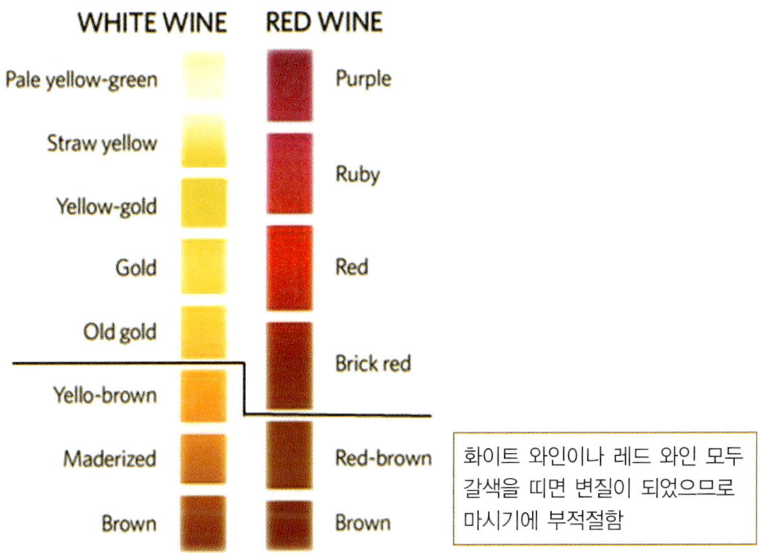

❷ 채도

채도는 주로 레드 와인에 한하여 관찰하는데 색상이 어둡고 진하면 탄닌이 풍부하고 향이 진한 숙성 와인이고, 색상이 맑고 연하면 구조가 약한 와인이다.

❸ 투명도

투명도를 관찰하는 것은 불순물과 이물질의 유무를 보는 것이다. 요즘은 양조기술이 발달되어 이러한 불순물과 이물질이 들어가는 경우는 드물지만 와인을 장기 보관할 경우 포도 성분 자체에서 우러나오는 부유물이 생성될 수도 있다. 와인이 뿌옇거나 탁하면 좋은 와인이 아니다

❹ 광택

광택은 와인의 생기를 의미하는 것으로서 와인의 산도와 연관성이 있다. 즉 와인의 수면이 반짝거리는 것은 산도가 강하다는 의미이고 산도는 와인의 생명력과 관련이 있다. 즉 광택이 약하다면 오래된 와인이라고 할 수 있다.

❺ 점도

와인의 점도는 와인의 끈끈한 정도를 말하며, 알코올 함유량과 포도 자체의 당도 및 글리세린과 관계가 있는데 점도가 강하다는 것은 와인의 품질이 우수하다는 것을 의미한다. 잔을 천천히 돌려서 잔가에 와인이 젖게 한 후 잠시 기다려보면 와인이 잔을 타고 '눈물' 처럼 흐르는 것을 볼 수 있는데, 이것으로 점도와 알코올 농도를 가늠해 볼 수 있다.

샴페인의 경우는 거품의 모양과 기포의 굵기 등을 관찰하면 되는데 기포가 미세할수록 그리고 잔 바닥의 중심에서 곧게 끊임없이 솟아 올라올수록 좋은 샴페인이다.

[표 2-4] 와인 색에 대한 표현

투명도	채도	점도	색상
• Cloudy 탁한 • Bitty 조금 탁한 • Dull 흐린 • Clear 맑음 • Brilliant 아주 맑음	• Watery 묽은 • Pale 옅은 • Medium 중간 • Deep 진한 • Dark 아주 진한	• Watery 묽은 • Normal 보통 • Heavy 진한	〈화이트〉 • Green Tinge 초록빛 • Pale Yellow 담황색 • Gold Brown 황금색 〈레드〉 • Purple 자주색 • Purple Red 자주빛 적색 • Red 적색 • Red Brown 진한 적색

(2) 후각적 관찰

후각적 관찰에서는 향기의 종류와 질을 체크하는데 향기의 강도와 지속력에 따라 기품 있는 와인이 결정된다. 와인의 향은 포도의 품종, 양조과정 및 숙성과정에서 발생하는데 이 모든 향이 와인에 용해되면서 미묘한 향을 갖게 된다. 일반적으로 좋은 와인은 대부분은 좋은 냄새를 가지고 있다. 향에는 두 가지가 있는데, 포도품종에서 우러나오는 향인 아로마(Aroma)와 숙성 정도를 느낄 수 있는 부케(Bouquet)라는 향이 있다. 전문가가 아니면 이 두 가지 향을 구분하기 어렵다.

테이스팅 방법은 처음 1단계에서는 잔을 흔들지 말고 코에 갖다대고 향을 맡는데 향기의 강도 및 휘발성을 체크할 수 있다. 2단계에서는 향의 발산을 통하여 체크하고자 잔을 흔들어 후각에 미치는 영향을 크게 한다. 이때 향의 강도 및 휘발성의 강약을 재확인할 수 있다.

와인의 비정상적인 향

- 공기순환이 안 되면 고무냄새가 난다.
- 햇빛에 오랫동안 노출되었을 경우 썩은 달걀 냄새가 난다.
- 코르크 자체에 문제가 있을 경우 코르크 냄새와 곰팡이 냄새 등이 난다.

(3) 미각적 관찰

와인을 테이스팅할 때는 한 모금 마셔서 입 속에서 돌린다. 입으로 와인의 맛을 본다는 것은 결국 혀로 맛을 본다는 것인데, 와인이 얼마나 단맛이 있는지, 신맛이 있는지 또는 쓴맛이 있는지를 맛보는 것이다. 또한 동시에 이러한 각각의 맛이 어떻게 조화를 이루는가를 맛보는 것이다. 즉 와인의 맛에는 단맛, 신맛, 쓴맛 3가지의 맛을 느낄 수 있는데 맛마다 강약, 경중, 다소에 따라 미묘한 차이가 나며, 단독 혹은 복합적으로 느낄 수 있다.

중요한 것은 가벼운 와인은 가벼운 대로 묵직한 와인은 묵직한 대로 균형과 조화를 이루었느냐 하는 것이다. 즉 알코올, 산도, 농도, 탄닌의 4개 요소가 조화와 균형을 이루었을 때 비로소 좋은 와인이라고 말할 수 있다. 와인을 삼키고 난 후 그 여운이 얼마나 오래 지속되느냐를 초단위로 세어 보는 것도 미각을 테이스팅하는 하나의 방법이다. 양질의 와인일수록 뒷맛이 오랫동안 지속된다. 와인의 맛에 대한 표현은 매우 다양한데 주요한 표현들을 정리하면 다음 표와 같다.

[표 2-5] 와인 맛에 대한 표현

표 현	내 용
Aggressive	강한 신맛으로 인하여 억센 맛
Aromatic	향기가 그윽한 맛
Astringent	탄닌 맛이 강한 떫은 맛
Big	과일향, 신맛, 탄닌, 알코올 등 여러 가지 맛과 향이 어울린 맛으로서 풀 바디(full-bodied)라고도 한다.
Clean	깔끔하고 산뜻한 맛
Complex	복잡 미묘한 맛
Crisp	신맛이 적당히 들어 있어 상쾌한 기분이 드는 맛
Deep	향이 미묘하고 풍부하며 깊이가 있는 맛
Dry	단맛이 없는 쌉쌀한 맛
Earthy	축축한 흙 냄새와 향이 나는 맛
Firm	견고한 맛
Fresh	싱싱한 과일 맛과 신맛이 조화를 이룬 맛
Full	향이 무겁고 진한 맛
Green	풋풋한 풀 냄새가 나는 와인

표 현	내 용
Hard	강한 맛. 레드 와인은 탄닌의 맛, 화이트 와인은 신맛이 강한 맛. 맛의 무게는 Firm(견고한)<Hard(강한)<Aggressive(억센) 순이다.
Light	알코올이나 바디가 적어 깔끔한 맛
Powerful	알코올 함유량이 높고 향이 강렬한 맛
Rich	맛이 무겁고 진하면서도 감칠맛이 나는 맛
Rounded	향이 지나치게 자극적이지 않고 조화로운 맛
Soft	거친 탄닌이나 강한 신맛이 없는 부드러운 맛
Sweet	당도가 높은 감미로운 맛
Tart	덜 익은 사과처럼 신맛이 강한 시큼한 맛

[그림 2-4] 와인 테이스팅

색을 본다 / 향을 맡는다 / 한 모금 입에 넣어 맛을 음미한다

5_

오크통과 코르크 마개

5.1 오크통

발효가 끝난 와인은 아직 풍미의 균형이 잡혀 있지 않기 때문에 참나무로 만든 오크(Oak)통이나 저장용 탱크로 이동시켜 숙성시킨다. 대부

분의 화이트 와인은 저장용 탱크에서, 레드 와인은 오크통에서 숙성시키나 품종에 따라 화이트 와인도 오크통에 숙성시키는 경우도 있다. 숙성기간도 와인의 종류, 오크통의 상태에 따라 다른데 화이트 와인은 1년, 레드 와인은 2년 정도 숙성시킨 후 병입을 하게 되는데 최근에는 판매를 위하여 그 기간이 짧아지고 있다.

오크통에서 와인의 숙성은 와인의 품질에 지대한 영향을 미친다. 오크통은 오래 전부터 와인의 운송 및 보관의 수단으로 사용하였고, 역사와 더불어 조금씩 변화되어 오늘날까지 와인 숙성의 필수 도구로 사용하고 있다. 오크통이 와인에 미치는 영향은 다음과 같다.

첫째, 와인의 숙성과정에는 일정 양의 산소가 필요한데 이 산소는 아주 미세한 분량으로서 천천히 지속적으로 제공되어야 한다. 오크통은 이러한 통기성을 갖추고 있어 와인이 안정적으로 숙성할 수 있는 최적의 조건을 갖추고 있다.

둘째, 오크 나무에 함유되어 있는 성분은 60여 가지가 되는데 이 성분이 와인에 미묘한 맛을 더해준다. 특히 바닐린 성분은 직접적으로 와인의 부케 형성에 영향을 미치는데 오래 숙성된 고급 와인에서 은은하면서 향긋한 나무 향이 나는 것은 바로 이 성분 때문이다.

5.2 코르크 마개

코르크(Cork) 마개는 17세기 들어와 발명되었는데 와인의 발전에 지대한 공헌을 하였다. 코르크로 와인 병을 밀봉하게 되면 와인 병 속에 들어있는 공기 중에 소량의 산소가 와인과 반응을 하여 더 이상 공기와의 접촉이 차단된 채 병 속에서 숙성이 이루어진다. 이때 와인에 함유되어 있는 탄닌, 유기산, 당분 등이 적절히 균형을 이루게 된다. 따라서 코르크는 단순한 마개가 아니라 숙성을 촉진하는 촉매이기도 하다.

코르크 마개의 길이는 일정하지 않다. 즉 3~6cm까지 다양한데 코르크 마개의 길이는 와인 가격과 거의 비례한다고 생각하면 된다. 코르크 마개의 길이가 길수록 병의 밀폐성이 높아지기 때문에 숙성기간이 긴 고급와인에는 5.5cm 이상의 마개를 주로 사용하고, 반대로 숙성시킬 필요가 없는 와인에는 굳이 긴 코르크를 사용할 필요가 없기 때문에 짧은 코르크 마개를 사용한다.

또한 코르크 마개에 각인이 새겨져 있는 것이 있는데 그 이유는 가짜 와인이 한참 나돌았던 20세기 초에 진품임을 증명하기 위하여 와인 생산지의 이름이나 빈티이지를 코르크 마개에 새기게 되었다. 따라서 코르크 마개에 각인이 새겨진 것은 고급 와인이라고 할 수 있다. 코르크의 주 생산지는 지중해 지역에 있는 포르투갈, 스페인, 알제리, 튀니지, 모로코 등지이며, 그 중 포르투갈은 세계 생산량의 50%를 차지하고 있다. 코르크 마개의 특징은 다음과 같다.

첫째, 코르크 마개는 참나무의 외피로 만들어지는데 세포가 치밀하여 밀폐성이 뛰어나다.

둘째, 온도변화에도 쉽게 부패하지 않는다.

셋째, 병 입구에 넣기 쉽고, 병 입구에 들어간 후에는 곧 팽창하여 병 입구에 잘 밀착되는 신축성을 가지고 있다.

넷째, 코르크의 성분은 불포화 지방산으로 구성되어 있어 방수기능이 뛰어나다.

5.3 와인의 보관

와인 병을 뉘어서 보관해야 하는 이유는 코르크가 공기를 흡수하는 성질이 있어서 병을 세워두면 마개가 수축해 틈이 벌어지고 공기가 30배 정도 더 흡수되기 때문이다. 이때 흡수된 공기 중의 산소가 와인을 산화시켜 술맛이 시어지고 때로는 외부의 균에 의해 부패되기도 한다. 특히 와인은 보관 여부에 따라 색, 향, 맛이 유지 또는 변질될 수 있으므로 가능한 와인셀러(Wine Cellar)에 보관해야 하는데 다음과 같은 사항을 고려해야 한다.

첫째, 보관장소는 햇빛이 들지 않고 서늘하며 습기가 약간 있는 곳이 좋다.

둘째, 온도는 섭씨 13도 내외로 연중 급격한 변화가 없는 곳이어야 한다.

셋째, 와인에 전해지는 충격이나 진동이 없는 곳이 좋다.

넷째, 습도는 60~80% 정도가 유지되어야 한다. 습도가 너무 높으면 곰팡이가 피고, 너무 낮으면 코르크 마개가 건조해져 와인의 변질을 초래할 수 있다.

다섯째, 코르크가 젖어 있도록 병을 눕혀서 보관해야 한다.

와인전문매장의 와인셀러

일반 가정용의 냉정고형 와인셀러

제3장

프랑스 와인

1_

프랑스 와인의 개요

프랑스는 일부 지역을 제외한 대부분 지역이 포도재배에 최적의 기후와 토양을 가지고 있어 지역의 특색을 살린 다양한 와인을 생산하고 있다. 오늘날 프랑스 와인은 품질 면에서 세계에서 가장 인정받고 있으며, 생산량도 이탈리아와 함께 세계 1, 2위를 다투고 있다.

프랑스의 와인 산지는 서쪽의 보르도(Bordeaux)와 동쪽의 부르고뉴(Bourgogne) 지방이 양대산맥을 이루고 있고, 그 외 꼬뜨 디 프로방스(Cote du Provence), 알사스(Alsas), 르와르(Loire), 꼬뜨 드 론(Cote de Rhone) 지방과 북쪽의 상파뉴(Champagne) 지방 등이 있다. 지방(地方)을 세분화한 와인 산지를 지구(地區)라고 하며, 지구는 몇 개의 마을(村) 단위로 구성되어 있다.

프랑스 와인 산지

[그림 3-1] 프랑스 와인의 산지에 의한 분류

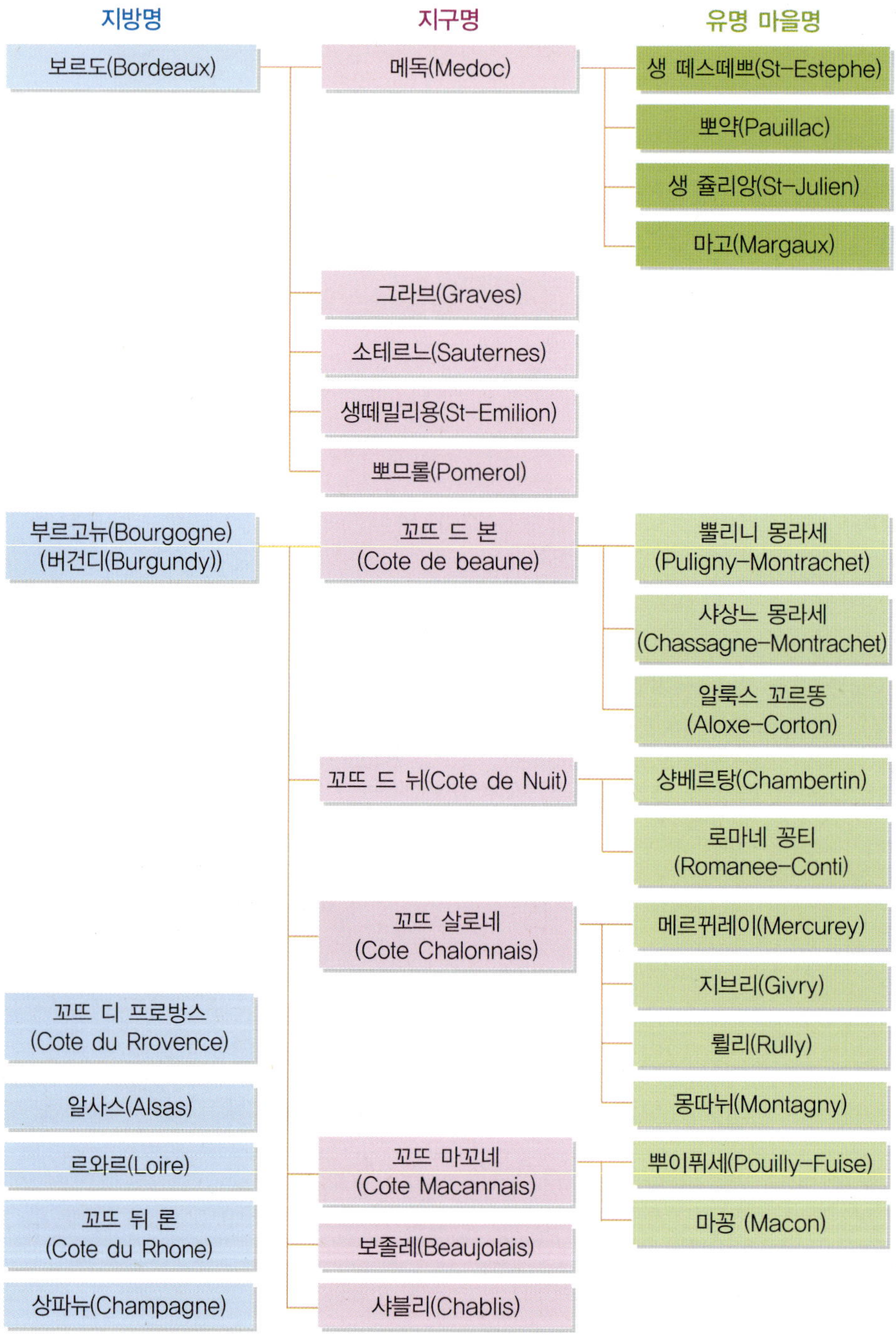

2_

프랑스 와인의 등급과 라벨

2.1 프랑스 와인의 등급

프랑스 와인은 법의 규정에 따라 〈표 3-1〉과 같이 4개의 등급으로 품질이 분류되며, 상표에 그 등급을 표기하도록 되어 있다. 그리고 프랑스 와인의 상표에는 법적 등급표시 외에 포도원(Chateau : 샤또), 판매업자(Negociant : 네고시앙), 생산연도(Vintage : 빈티지) 등이 표시된다.

[표 3-1] 프랑스 와인의 등급

구분	등급	내용
테이블 와인	뱅 드 따블(Vin de Table)	일반 대중 와인으로서 오래 저장하지 않고 상표에 원산지나 품질을 자세히 기록하지 않으며 대부분 프랑스 자국 내에서 소비한다.
보통 와인	뱅 드 뻬이(Vin de Pays)	뱅 드 따블 중에서 산지를 명시할 수 있는 선발된 와인으로서 전국 와인 동업자 연합회가 승인한 시음 위원회의 감정으로 승인한다.
지정 와인	뱅 델리미떼 드 깔리떼 쉬뻬리에(Vin Delimite de Qualite Superieur : V.D.Q.S)	생산지역, 포도품종, 최저알코올 함유량, 재배방법, 양조방법, 품질 등을 분석하여 시음 위원회의 감정으로 결정된다.
우량 와인	아뺄라시옹 ○○○ 꽁뜨로레(Appellation ○○○ Controlee: A.O.C)	○○○ 지역에서 원산지 통제한 것으로 최우수 품질의 와인임을 증명한다. VDQS 규정에다 가지치기, 숙성조건까지도 규정하였다.

[그림 3-2] 프랑스 와인 등급별 생산량

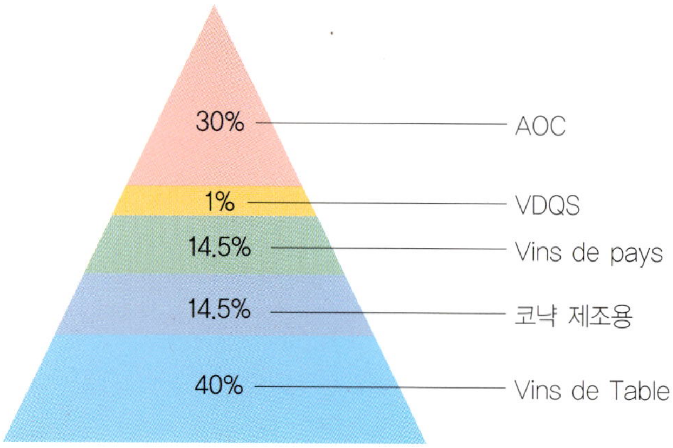

2.2 프랑스 와인의 라벨

프랑스 와인의 라벨은 크게 A.O.C급, 뱅 드 빼이(Vin de Pays), 뱅 드 따블(Vin de Table)에 따라 의무 기재사항 및 선택 기재사항이 각각 다르게 표기되는데 라벨은 와인의 이력서라고 할 수 있다. 주요 의무 기재사항으로는 와인의 등급, 와인 병입자의 내용, 와인의 용량, 알코올 도수 등이며, 포도 수확 연도의 표기는 의무 기재사항은 아니다.

(1) A.O.C급의 라벨 표기

1. 와인명
2. 와인등급 : A.O.C급 와인임을 표기
3. 포도 수확 연도
4. 와인 병입자의 내용
5. 알코올 도수
6. 와인의 용량
7. 부르고뉴의 우수 와인
8. 생산국가

(2) 뱅 드 빼이(Vin de Pays)급의 라벨 표기

❶ Vin de Pay 뒤에 생산지역 명칭

❷ 와인 병입자의 이름과 주소

❸ 용기 내의 와인 순용량

❹ 알코올 도수

❺ 원료 포도의 수확연도

❻ 생산국가

❼ 원료 포도의 품종 이름

(3) 뱅 드 따블(Vin de Table)급의 라벨 표기

❶ Vin de Table 뒤에 프랑스 국명

❷ 와인 병입자의 이름과 주소

❸ 용기 내의 와인 순용량

❹ 알코올 도수

❺ 상표

❻ 생산국가

3_

보르도 지방의 와인

3.1 보르도 와인의 개요

보르도(Bordeaux) 지방은 프랑스 남서부에 위치하고 있으며, 와인의 본고장으로 카베르네 소비뇽과 메를로를 주 품종으로 하는 프랑스 최대 AOC(아뺄라씨옹) 와인 산지이다. 보르도 지방은 약 10만 헥타르에서 연평균 5억 병의 와인을 생산하고 있는데 이 중 80%는 레드 와인이며, 세계 최고의 와인에서부터 평범한 것에 이르기까지 다양한 종류를 생산하고 있는데 레드 와인은 향기와 맛이 좋으며, 화이트 와인은 쌉쌀한 맛의 특징을 가지고 있다. 특히 레드 와인은 우아한 맛을 지니고 있어 보르도 와인을 '와인의 여왕'이라고 칭한다. 보르도 와인의 병은 병목이 짧고 몸통이 길며, 와인 명에는 성(城)이란 뜻의 샤또(Chateau)가 항상 앞에 붙는 것이 특징이다.

3.2 보르도 와인의 생산지구

보르도 지방의 와인 산지는 크게 메독(Medoc), 그라브(Graves), 소테르느(Sauternes), 생떼밀리용(St-Emilion), 뽀므롤(Pomerol) 등 5개 지구로 나누어져 있다. 지역별 특징은 다음과 같다.

(1) 메독(Medoc)

메독 지구는 레드 와인만 A.O.C급으로 인정되며, 메독이란 지명을 사용할 수 있다. 따라서 와인 상표에 'Medoc'이라는 표시가 있으면 좋은 와인이라고 생각해도 좋을 정도로 명성이 있는 지구이다. 그러나 화이트 와인은 일부 생산되지만 'Medoc' 이란 지명을 사용할 수 없고, 보르도 슈뻬리에(Bordeaux Superieur)라는 이름으로 생산되고 있다.

메독 지구는 강과 가까운 저지대인 바 메독(Bas-Medoc)과 고지대인 오 메독(Haut-Medoc)으로 나누어지는데, 유명 와인을 생산하는 지역은 주로 오 메독 지역으로서 생 떼스떼쁘(St-Estephe), 뽀약(Pauillac), 생 쥴리앙(St-Julien), 마고(Margaux) 등의 유명 마을이 있다.

(2) 그라브(Graves)

'그라브' 라는 명칭은 이 지역의 토양이 자갈이 많이 섞였다는데서 유래되었다. 이 지역은 레드와 화이트를 거의 반반 정도 생산하고 있는데, 미디엄 스위트(medium-sweet) 와인이 유명하며, 특히 레드 와인은 색깔도 짙고 세련된 향기가 특징이다. 그라브의 A.O.C급 와인으로는 그라브 루지(Graves Rouges), 그라브 블랑(Grave Blancs)과 그라브 슈페리에(Graves Superieur) 화이트 와인 등이 있다.

(3) 소테르느(Sauternes)

포도의 수확이 다른 지역보다 늦어 스위트(sweet)한 화이트 와인만을 생산하는 지역으로 유명하다. 특히 샤또 디켐(Chateau d' Yquem)은 당도가 60% 정도까지 이르는 세계 최고의 스위트 화이트 와인이라고 할 수 있다.

샤또 디켐
(Chateau d' Yquem)

(4) 생떼밀리용(St-Emilion)

메를로 포도품종을 사용하여 색조가 짙은 레드 와인을 주로 생산하는 지역으로서 보르도의 버건디 와인이라고 한다. 생떼밀리용 A.O.C급은 레드 와인에만 적용된다. 화이트 와인의 생산은 미미하지만 생떼밀리용 A.O.C급이 아니라 보르도의 A.O.C급으로 판매되고 있다.

(5) 뽀므롤(Pomerol)

생산량은 적지만 품질이 뛰어나 좋은 레드 와인을 생산하는 지역이다. 이 지역에서 생산되는 샤또 뻬트뤼스(Chateau Petrus)는 메를로 품종으로 만들어지는데 빈티지가 우수한 경우 한 병에 수백만 원에 이르는 등 세계에서 가장 비싼 와인 중에 하나이다.

3.3 보르도 와인의 용어해설

- **네고시앙(Negociant)** 와인 거래인(酒商)
- **샤또(Chateau)** 포도원(城)
- **미전 부떼이 오 샤또(Mis En Bouteilles Au Chateau)** 포도원에서 병에 담았다는 의미
- **그랑 방(Grand Vin)** 좋은 와인
- **그랑 크뤼 크라세(Grand Cru Classes)** 1885년 메독지역 와인 산지를 법적으로 규정한 것으로 고품질의 와인을 뜻함
- **프리미에 크뤼(Premier Cru)** 1등급 산지
- **크뤼 엑셉셔널(Cru Exeptionnel)** 2등급 산지
- **크뤼 브르조아 슈뻬리에(Cru Bourgeois Superieur)** 3등급 산지

4_

부르고뉴 지방의 와인

4.1 부르고뉴 와인의 개요

부르고뉴(Bourgogne) 지방 일대에서 생산되는 와인을 버건디(Burgundy) 와인이라고 한다. 부르고뉴 지방의 포도원 총 면적은 22,000헥타르이며, 연간 총 생산량은 1억여 병 정도이다. 보르도산을 '와인의 여왕' 이라고 부르는데 비해 버건디 와인은 와인의 맛이 남성적인 것으로 평가되어 '와인의 왕' 에 비유되기도 한다. 버건디 와인의 병 모양은 통통한 것이 특징이다.

4.2 버건디 와인의 생산지구

버건디 와인의 산지는 6개로 지구로 나누어지며, 그 특징은 다음과 같다.

(1) 꼬뜨 드 본(Cote de beaune)

샤르도네라는 포도품종으로 우수한 화이트 와인을 생산하는 지역으로 뿔리니 몽라세(Puligny-Montrachet), 샤샹느 몽라세(Chassagne-Montrachet), 알룩스 꼬르똥(Aloxe-Corton) 등 13개의 마을에서 A.O.C급 와인을 생산하고 있다.

(2) 꼬뜨 드 뉘(Cote de Nuit)

삐노느와라는 포도품종을 사용하여 우수한 레드 와인을 생산하는 지역으로서 샹베르탕(Chambertin), 로마네 꽁티(Romanee-Conti) 등의 마을에서 유명 와인을 생산하고 있다.

(3) 꼬뜨 살로네(Cote Chalonnais)

인기 있는 와인보다는 가격이 적당한 와인을 생산하는 지역으로서 메르뀌레이(Mercurey), 지브리(Givry), 륄리(Rully), 몽따뉘(Montagny) 등의 4개 마을에서 A.O.C급의 와인을 생산하고 있다.

(4) 꼬뜨 마꼬네(Cote Macannais)

이 지역은 화이트와 레드 와인 모두 A.O.C급을 생산하고 있는데 화이트 와인의 경우 부르고뉴 지방에서 가장 많이 생산되고 있다. 이 지역에서 가장 지명도가 높고 생산량이 많은 마을은 뿌이퓌세(Pouilly-Fuisse)이며, 마꽁(Macon)에서 생산하는 A.O.C급은 마꽁(Macon), 마꽁 슈뻬리에(Macon Superieur), 마꽁 빌라쥬(Macon Villages) 등 3단계가 있다.

(5) 보졸레(Beaujolais)

우수한 레드 와인을 생산하는 지역이다. 특히 이 지역의 와인은 가메라는 포도품종을 사용하므로 숙성이 빨라 포도를 빨리 수확하고 나서 1~2년 내에 마시는 것이 이상적이다. 이 지구의 전체 A.O.C급은 보졸레(Beaujolais), 보졸레 슈뻬리에(Beaujolais Superieur), 보졸레 빌라쥬(Beaujolais Villages)의 3단계가 있고, 이보다 한계 높은 보졸레 크뤼(Beaujolais Cru)급으로는 믈랭아방(Moulin-a-vent) 등 10개가 있다.

샤블리(Chablis) 와인

(6) 샤블리(Chablis)

샤르도네 품종을 사용하여 세계에서 가장 잘 알려진 화이트 와인을 생산하는 지역이다. 이 지역의 와인은 특등급(Grand Crus Chablis), 1등급(Premiers Crus Chablis), 우수급(Chablis), 보통급(Petit Chablis) 등 4개의 등급으로 나누어 생산되고 있다.

4.3 버건디 와인의 용어해설

- **클라이메트**(Climat) 포도밭
- **코뮌**(Commune), **피나쥐**(Finage) 구역(지역)
- **그랑 크뤼**(Grand Cru) 1급 산지로서 자체가 A.O.C급임
- **프리미에 크뤼**(Premier Cru) 2급 산지
- **아뺄라시용 코뮤날레**(Appellation-Communale) 3급 포도산지
- **미전 부떼이 오**(Mise En Bouteilles Au) 산지 혹은 소유지에서 병에 담았다는 의미
- **미스 파레 프로프리에테르**(Mise Par Le Proprietaire) 와인 생산자가 병에 담은 와인
- **미전 부테이 당 노 카베**(Mise En Bouteilles Dans Nos Caves) 와인 회사의 저장고에서 병에 담은 와인
- **네고시앙 엘뵈르**(Negociant-Eleveur) 와인 상인이 첫해의 와인을 생산자에게 구입하여 상인의 저장고에서 저장하고 숙성시킨 와인

[그림 3-3] 보르도와 버건디 와인의 병 모양 비교

[그림 3-4] 와인 잔 비교

보르도 와인 잔　　버건디 와인 잔　　레드 와인 잔　　화이트 와인 잔

와인/상/식 보졸레 누보

보졸레(Beaujolais) 누보(Nouveau)는 프랑스 보졸레 지역에서 생산되는 햇 와인을 말한다. 6개월 이상 숙성시키는 일반 와인과는 달리 발효 후 곧 출시되는 것으로 매년 11월 셋째 주 목요일부터 전 세계에 보급하여 판매한다. 보졸레 누보는 2차 세계대전 후 와인을 빨리 마시고 싶었던 보졸레 사람들에 의하여 처음 만들어져 50년대 초까지는 싸구려 이미지가 강했으나 70년대 초 조지 뒤뵈프라라는 양조업자가 햇 와인이라는 점을 강조하면서 보졸레 누보의 맛보기 붐을 일으켰다. 즉 숙성이 덜 돼 4개월 안에 마셔야 한다는 단점을 신선한 와인이라는 마케팅 포인트를 이용한 셈이다.

보졸레 누보는 레드 와인이지만 성격상 화이트 와인에 가까워 육류보다는 해산물과 더 조화되고 보관 온도도 10~14℃가 적당하다.

5_

기타 지방의 와인

5.1 꼬뜨 디 프로방스(Cote du Provence)

레드와 화이트 와인을 생산할 뿐만 아니라 로제 와인의 대산지이지만 면적에 비하여 A.O.C급 와인이 적은 편이다. A.O.C급으로는 카시스(Cassis)의 화이트 와인, 반도르(Bandol)의 레드 와인, 벨레 드 니스(Bellet de Nice)의 로제, 레드, 화이트 와인 등이 있다.

5.2 알사스(Alsas)

독일과 가까운 국경지대에 위치하고 있어 독일 와인처럼 녹색의 병이 가늘고 긴 병 모양을 하고 있다. 알사스 지방의 와인명은 마을이나 포도밭의 이름을 사용하지 않고 포도품종의 이름을 사용하므로 A.O.C는 'Appellation Alsas Controlee'로 단일화되어 있다. 알사스 와인의 99%는 드라이한 와인이며, 병입 후 5년 이내에 마시는 것이 가장 좋다.

5.3 르와르(Loire)

르와르 지방은 르와르 강을 끼고 있는 쁘이 수르 르와르(Pouilly sur Loire), 뚜렌느(Touraine), 앙쥬와 소뫼르(Anjou & Saumur), 낭뜨(Nantais) 등 4개의 지구에서 다양한 토양과 기후에 따라 각각 다른 와인을 생산하고 있으며, 60개 이상의 A.O.C급 명칭을 가진 와인을 소유하고 있다. 유명 와인으로는 낭뜨 지구의 무스카데(Muscadet) 품종으로 만든 뮈스까데(Muscadet) 화이트 와인 등이 있으며, 대부분의 르와르 와인은 영 와인인데 특히 뮈스까데는 병입 후 1~2년 정도일 때 가장 맛이 좋다.

5.4 꼬뜨 뒤 론(Cote du Rhone)

이 지역은 남부와 북부 론(Rhone) 지역으로 나누어지고, 레드, 화이트, 로제, 스파클링, 스위트, 드라이 와인 등 다양한 와인을 생산하고 있는데 특히 알코올 함유량이 많고 색깔이 진한 레드 와인을 많이 생산하는 편이다. 유명 와인으로는 시라(Syrah) 품종으로 만든 A.O.C급의 꼬뜨 로띠(Cote Rotie) 레드 와인 등이 있으며, 그 외 A.O.C급 유명와인 생산지구로는 에르미따쥬(Hermitage : L' Ermitage, Ermitage, L' Hermitage로도 표기함), 샤도네프 뒤 파프(Chateauneuf-du-Pape), 따벨(Tavel) 등이 있다.

5.5 상파뉴(Champagne)

(1) 상파뉴(Champagne) 지방의 개요

상파뉴(Champagne) 지방은 발포성 와인(Sparkling Wine)인 샴페인(Champagne)을 주로 생산하는데 프랑스 법에 의하여 프랑스 상파뉴(Champagne) 지방에서만 만들어지는 발포성 화이트 와인에 한하여 '샴페인(Champagne)' 이란 명칭을 붙일 수 있다. 상파뉴는 파리에서 동쪽으로 150km 떨어진 지역에 위치하고 있으며, 연 평균 2억 5천만 병 정도의 샴페인을 생산하고 있다.

유명 포도원이 그러하듯이 상파뉴 지방도 우수한 샴페인을 생산할 수 있는 완벽한 토양과 기후를 갖추고 있다. 즉 이 지역의 토양은 배수가 잘되고 적당한 습기를 유지할 수 있으며, 연평균 기온은 10℃로서 포도 성숙에 필요한 최저 온도인 9℃에 근접하고 있다.

(2) 샴페인의 역사

와인의 역사가 오래된 데 비하여 샴페인은 200여 년의 짧은 역사를 가지고 있다. 샴페인(Champagne)을 생산하는 상파뉴(Champagne) 지방은 원래 일반 와인을 생산하여 왔는데 17세기부터 샴페인을 고안하고 생산하기 시작하였다. 당시 이 지역 사람들은 병에 넣은 와인이 날씨가 더워지면 거품이 생긴다는 사실을 발견하였다. 이를 관찰하고 연구하여 샴페인으로 완성시킨 사람은 17세기 후반 프랑스 상파뉴 지방의 오비레 사원에 부임한 돔 페리뇽(Dom Perignon)이란 수도승이었다.

그는 사원에 있는 술 창고의 장을 맡았는데 부임 후 어느 날 지하의 술 창고에서 아직 발효가 다 끝나지 않은 미성숙 와인이 들어 있는 병에다 코르크 마개로 봉해 두었다. 며칠 뒤 그 와인 병이 요란한 소리를 내며 폭발하고 말았다. 그 소리에 놀라 달려간 그는 흘러내린 그 황금색의 술맛을 음미하고는 너무 맛이 있어 감탄하였고, 샴페인의 탄생을 알렸다. 즉 그는 와인이 발효되는 동안 발생한 탄산가스가 코르크 마개 때문에 밖으로 나가지 못하고 압력이 생겨나서 따르면 거품이 많이 나는 발포성 와인의 원리를 발견한 것이다.

(3) 샴페인의 제조과정

샴페인의 주 품종은 ① 샤르도네(Chardonnay) ② 피노 누아(Pinot Noir) ③ 피노 뮈니에르(Pinot Meunier) 등 3종류이다. 샤르도네는 섬세하고 우아한 맛을, 피노 누아는 풍부한 과일향을, 피노 뮈니에르는 부드러운 맛을 생성한다. 이 품종들을 매년 9월 말에 수확하여 압착기로 즙을 짜고, 불순물을 제거한 다음 발효 탱크에 넣어 1차 발효를 시키면 즙이 포도주로 변하게 되는데 이를 주조 통에 저장한다.

이듬해 봄이 되면 주조 통마다 맛을 보고 각기 다른 포도주를 섞기 시작한다. 바로 이 과정이 많은 경험을 필요로 하는 정교한 작업으로서 생산자들 사이에 엄격한 비밀로 지켜지고 있으며, 생산회사마다 독특한 맛과 향기를 창출하기 위하여 혼합비율 등 비법을 달리하고 있다. 포도의 품질이 좋았던 해에는 주조통에 그 해에 생산된 포도주만을 채우며 주조연도를 표시한다.

1차 발효가 끝나면 2차 발효는 병 속에서 하게 된다. 병입을 하기 전에 미량의 당분과 효모를 첨가하는데 이는 2차 발효를 용이하게 해 준다. 병입이 끝나면 1년 이상의 기간 동안 포도주 병을 서늘한 지하 창고에 수평으로 보관한다. 숙성기간이 끝나면 병을 거꾸로 하여 경사가 진 선반에 올려놓고 정기적으로 흔들어 주거나 돌려주는데 이는 병 속에 있는 효모를 병 끝에 모이도록 하여 나중에 효모를 제거하기 위해서이다.

마지막 단계에서는 같은 주조통 속에 있던 포도주를 섞어주거나 오래된 샴페인 또는 사탕수수로 만든 술을 소량 가미해 주는데 이 과정에서 설탕의 양에 따라 〈표 3-2〉와 같이 5단계의 맛으로 구분한다. 프랑스 법에서는 샴페인의 숙성기간을 1년~3년으로 규정하고 있는데 대부분의 샴페인은 이에 해당되며, 빈티지 샴페인일 경우 3년 이상 숙성한 것으로서 병에 연도를 표기한다. 빈티지 샴페인은 스위트하지 않고 보통 샴페인보다 맛이 중후한 편이다.

샴페인의 라벨을 보면 블랑 드 블랑(Blanc de blanc)이라고 표기된 것을 볼 수 있는데 이는 샴페인을 만드는 포도가 청포도라는 의미이다. 간혹 레드 와인을 섞은 핑크 빛의 로제 샴페인도 있는데 라벨에 크레망(Cremant)이라고 표기한다.

[표 3-2] 샴페인의 맛

구분	맛	당분
브뤼(Brut)	매우 드라이함	1% 미만
엑스트라 섹(Extra Sec)	드라이함	1~3%
섹(Sec)	드라이와 스위트의 중간	4~6% 미만
데미 섹(Demi Sec)	스위트함	6~8% 미만
도우(Doux)	매우 스위트함	8% 이상

[표 3-3] 와인관련 용어

한국어	영어	독일어	프랑스어	이탈리아어
와인	Wine	Wein	Vin	Vino
화이트 와인	White Wine	Weisswein	Vin Blanc	Bianco
레드 와인	Red Wine	Rotwein	Vin Rouge	Rosso
로제 와인	Rose Wine	Rosewein	Vin Rose	Rosato
스파클링 와인	Sparkling Wine	Schaumwein	Mousseux	Spumante

※ 'Champagne'은 프랑스 상파뉴 지방에서 생산한 스파클링 와인을 말하며, 그 이외의 지역에서 생산한 스파클링 와인을 '무소(Mousseux)'라고 한다.

[그림 3-5] 샴페인(Champagne)

Guide to Wines,
Beers, Spirits
Liqueurs
and Cocktails

주류학개론

제4장

세계 각국의 와인

1_ 독일 와인

1.1 독일 와인의 개요

독일 와인의 생산량은 전 세계적으로 약 3%의 점유률을 차지하지만 지명도 면에서는 프랑스에 버금가는 와인 생산국이라고 할 수 있다. 독일은 포도를 재배할 수 있는 지역 중 가장 북쪽에 위치하기 때문에 날씨가 춥고 일조량이 많지 않아 주로 화이트 와인을 생산하고 있으며, 전체 와인 중 87% 이상을 차지하고 있고, 과일 향과 신선한 맛이 특징이다.

독일 와인의 주 생산지역은 라인강의 지류에 위치하고 있으며, 11개 지역으로 나누어져 있다. 특히 모젤-자르-루버(Mosel-Saar-Ruwer)의 모젤(Mosel) 지역과 라인가우(Rheingau), 라인헤센(Rheinhessen), 라인팔츠(Rheinpfalz) 지구를 묶은 라인(Rhein) 지역은 독일 와인을 대표하는 지역으로서 양대산맥을 이루고 있다. 이 두 지역은 와인병 색깔에서도 차이가 나는데 모젤 지역의 와인병이 녹색을 띠고 있는 반면에 라인 지역의 와인병은 자색을 띠고 있다.

[그림 4-1] 독일 와인의 생산지역

1.2 독일 와인의 생산지역

(1) 모젤-자르-루버(Mosel-Saar-Ruwer)

이 지역의 와인은 산뜻하고 우아한 맛이 특징으로서 「금발의 미녀」에 비유되고 있다. 지역은 젤(Zell), 베른카스텔(Bernkastel), 자르-루버(Saar-Ruwer) 지구로 나누어지고, 유명 마을로는 젤(Zell)과 피스포트(Piesport) 등이 있다. 특히 젤(Zell) 마을은 고양이 마크가 그려진 젤러 슈바르츠 카츠(Zeller Sehwarze Katz) 와인을 생산하는 것으로 유명하다.

젤러 슈바르츠 카츠
(Zeller Sehwarze Katz) 와인상표

(2) 라인가우(Rheingau)

천혜의 기후조건과 이상적인 토질에 의하여 독일에서 가장 고급 와인을 생산하는 지역이며, 전체가 하나의 요하네스베르그(Johannisberg) 지구를 형성하고 있다.

(3) 라인헤센(Rheinhessen)

이 지역의 와인은 부드럽고 진한 맛의 특징을 가지고 있으며, 유명 와인으로는 성모의 젖이란 뜻의 리프라우밀히(Liebfraumilch)가 있는데 수출용 독일 와인의 절반을 차지하고 있으며, 파란색 병 색깔이 특징이다.

리프라우밀히
(Liebfraumilch)

(4) 라인팔츠(Rheinpfalz)

이 지역에서는 대부분 일상용 와인을 주로 생산하지만 포르스트(Forst), 바헨하임(Wachenheim) 등의 마을에서는 고품질의 와인을 생산하기도 한다.

(5) 아르(Ahr)

독일 전체 와인 생산량 중 5%를 차지하며, 레드 와인이 70%로 화이트 와인 30%보다 많이 생산하고 있다.

(6) 미텔라인(Mittelrhein)

이 지역에서 생산된 와인은 대부분 지역에서 소비되거나 관광객에게 판매하고 있으며, 독일 와인 생산의 1%를 점유하고 있다.

(7) 나헤(Nahe)

인근 지역인 라인헤센의 와인과 비슷하며, 모젤향기와 라인가우의 고급스러움을 갖춘 와인을 생산한다. 독일 와인 생산의 4.5%를 점유하고 있다.

(8) 헤씨쉬 베르그슈트 라제(Hessische Bergstrasse)

와인은 맛이 강한 특징을 가지고 있으며, 생산량은 적은 편이다.

(9) 프랑켄(Franken)

가장 남성적인 와인을 생산하며, 황토 층에서 나오는 독특한 맛이 특징이다. 독일 와인 생산의 4%를 점유하고 있다.

(10) 뷰템베르그(Wuettemberg)

독일 최대의 레드 와인 생산지역이며, 독일 와인 생산의 9.5%를 점유하고 있다.

(11) 바덴(Baden)

라인헤센, 라인팔츠에 이어 3번째로 넓은 포도재배 지역을 가지고 있고, 독일 와인 생산의 15%를 차지하고 있지만 유명 와인은 드문 편이다.

1.3 독일 와인의 등급과 용어해설

(1) 독일 와인의 등급

독일의 와인 등급은 크게 보통급인 타펠바인(Tafelwein)과 우량급인 퀄리테츠바인(Qualitatswein)으로 나누고, 우량급은 다시 중급인 퀄리테츠바인 베슈팀터 안바우게비터(Qualitatswein bestimmter Anbaugebiete : Q.b.A)와 상급인 퀄리테츠바인 미트 프레디카트(Qualitatswein mit Pradikat : Q.m.P)로 나누어진다. 또한 최고급 와인인 Q.m.P급은 포도의 숙성과 당도의 함유량에 따라 카비네트(Kabinett), 슈페트레제(Spatlese), 아우스레제(Auslese), 베에렌아우스레제(Beerenauslese), 트로켄베에렌아우스레제(Trocken Beerenauslese) 등 다섯 등급으로 세분화된다.

[표 4-1] 독일의 와인 등급

등 급		특 징
타펠바인(Tafelwein)		빈티지와 생산지역이 표기되지 않는 보통급의 와인으로 주로 독일 내에서 소비되며, 알코올 함유량은 최소 8.5%가 되어야 한다.
퀄리테츠바인(Qualitatswein)	퀄리테츠바인 베슈팀터 안바우게비터(Qualitatswein bestimmter Anbaugebiete : Q.b.A)	중급 와인이지만 지역 내에서는 상급와인으로 라벨에 생산지역이 표기되며, 알코올 함유량은 8.5%가 되어야 한다.
	퀄리테츠바인 미트 프레디카트(Qualitatswein mit Pradikat : Q.m.P)	엄격한 검사에 의한 최고급 와인으로 생산지역과 빈티지가 표기되고 알코올 함유량은 11%가 되어야 한다.

[표 4-2] Q.m.P급의 등급 및 특징

등 급	특 징
카비네트(Kabinett)	잘 익은 포도로 제조하며, 섬세하고 가벼운 맛이 나는 Q.m.P의 가장 대중적인 와인
슈페트레제(Spatlese)	정상 시기보다 1주 정도 늦게 수확하며, 맛과 향이 강하나 달지는 않다.
아우스레제(Auslese)	잘 익은 포도송이만 수확하며, 맛과 향이 강하나 달지는 않다.
베에렌아우스레제(Beerenauslese)	완전히 익은 포도 알만 골라서 수확하며, 완숙미와 진한 맛으로 식후 와인으로 사용된다.
트로켄베에렌아우스레제(Trocken Beerenauslese)	건포도에 가깝고 마른 포도송이에서 골라 수확하며, 향기가 풍부하고 진한 맛의 최고급 와인으로 정평이 나 있다.

[그림 4-2] 독일 와인의 라벨

① 와인회사명	② 와인명
③ 포도품종	④ 생산지역
⑤ 포도 수확연도	⑥ 품질등급(Qmp)
⑦ 고유번호	⑧ 생산국가
⑨ 와인용량	⑩ 알코올 도수

(2) 독일 와인의 용어 해설

- **바이스 바인**(Weiss Wein) 화이트 와인
- **로트 바인**(Rot Wein) 레드 와인
- **로트링**(Rotling) 레드와 화이트를 혼합하여 만든 핑크색의 로제 와인
- **펠 바인**(Perl Wein) 약한 발포성(Sparkling) 와인
- **샤움 바인**(Schaum Wein) 발포성 와인
- **섹트**(Sekt) 품질관리가 된 발포성 와인
- **트로켄**(Trocken) 드라이(Dry)한 맛
- **아우스 아이게넴 레세구트**(Aus Eigenem Lesegut) 생산자의 포도원에서 만듦
- **아이게넴 아퓰러**(Eigenem Abfuller) 와인 생산자가 병에 담은 와인
- **야아강**(Jahrgang) 빈티지
- **슐로스**(Schloss) 와인 만드는 곳[성(城)]
- **빈쩌**(Winzer) 포도 재배자

2_

이탈리아 와인

2.1 이탈리아 와인의 개요

이탈리아 와인의 역사는 기원전 800년경으로 프랑스보다 더 오래되었으며, 생산 면에서도 프랑스와 1, 2위를 다투고 있다. 이탈리아는 양질의 포도재배에 적합한 이상적인 지중해성 기후와 풍부한 수분을 함유

한 토양을 가지고 있어서 와인 생산에 최적지라고 할 수 있다. 독일은 레드 와인보다 화이트 와인이 더 많이 생산되고 품질이 우수하지만 이탈리아는 2:1 정도로 레드 와인이 더 많이 생산되고 품질도 우수한 특징을 가지고 있다. 이탈리아는 전 국토에서 와인이 생산되지만, 잘 알려진 곳은 투스카나(Tuscana), 피에몬테 (Piemont), 베네토(Veneto) 지방이라고 할 수 있다.

[그림 4-3] 이탈리아 와인의 생산지역

2.2 이탈리아 와인의 생산지역

(1) 피에몬테(Piemonte)

피에몬트 주의 바롤로(Barolo)와 바르바레스코(Barbaresco) 지방은 이탈리아의 대표적인 레드 와인을 생산하는 지역이며, 알코올 도수가 높고 감칠맛이 나는 특징을 가지고 있다. 특히 토리노 지방에서 생산되는 벌머스(Vermouth)는 약초를 가미한 혼성와인으로서 칵테일에 자주 이용되는 세계적인 와인이다.

(2) 토스카나(Toscana)

피렌체를 중심으로 하는 토스카나 주는 이탈리아의 가장 유명한 와인인 끼안티(Chianti)를 생산하는 지역이다. 특히 끼안티 지역의 3분의 1에 해당하는 포도밭을 끼안티 클라시코(Chianti Classico)라고 하며, 끼안티 와인 중에서도 최상급 와인을 생산하고 있다. 끼안티 와인은 병 아래 부분이 보리 짚으로 둘러싸여져 있는 특징을 가지고 있다.

끼안티 클라시코
(Chianti Classico) 와인

(3) 베네토(Veneto)

베네토는 발포리첼라(Valpolicella), 바르돌리노(Bardollino), 소아베(Soave) 등 3개의 지역으로 나누어져 있다. 특히 발포리첼라 지방의 레초토 델라 발포리첼라(Recioto della Valpolicella)라는 와인은 포도를 응달에 말려 당도를 높인 와인으로 유명하다.

(4) 에밀리아 로마냐(Emilia-Romagna)

이탈리아에서 와인 생산량이 많은 지역 중의 하나이며, 특히 람브르스코(Lambrusco) 품종으로 만든 레드 와인은 가벼운 탄산과 단맛을 지니고 있는데 미국에서 인기를 얻으면서 유명해졌다.

(5) 롬바르디아(Lombardia)

밀라노를 중심으로 하는 롬바르디아 주에는 발테리나(Valtellina)와 루가나(Lugana) 지방의 와인이 유명하다.

(6) 라치오(Lazio)

로마시를 중심으로 하는 라치오 주에는 에스트! 에스트!! 에스트!!!(Est! Est!! Est!!!)와 프라스카띠(Frascati)라는 화이트 와인이 유명하다.

(7) 움브리아(Umbria)

이 지역은 올리비에토(Olivieto)라는 화이트 와인이 유명하다.

(8) 마르케(Marche)

라크리마 크리스티
(Lacryma Christi) 와인

이 지역은 드라이 한 맛의 베르데키오(Verdicchio)라는 화이트 와인이 유명하다.

(9) 캄파니아(Campania)

이 지역은 고대부터 와인을 만들어 온 곳으로 라크리마 크리스티(Lacryma Christi)라는 와인은 그리스도의 눈물이라는 이름을 가진 전설로 유명하다.

(10) 폴리아(Puglia)

이탈리아 지도의 장화 뒷 굽에 해당하는 지역으로 이탈리아에서 가장 많은 양의 와인을 생산하지만 지명도가 높은 와인은 없는 편이다.

2.3 이탈리아 와인의 등급과 용어해설

(1) 이탈리아 와인의 등급

이탈리아 와인은 자국의 법률에 의하여 〈표 4-3〉과 같이 크게 4등급으로 분류한다.

[표 4-3] 이탈리아 와인의 등급

등 급	특 징
비노 다 따볼라 (Vino da Tavola)	생산지가 표기되지 않는 일상적인 와인
비노 티피코(Vino Tipico)	프랑스의 방 드 뻬이(Vin de Pay)에 해당하는 보통급의 와인
테노미나지오네 디 오리지네 꼰트로라타(Denominazion di Origine Controllata : D.O.C)	법률에 의하여 산지, 포도품종, 수확연도, 숙성기간, 향, 알코올 등을 엄격히 규정하여 그 원산지 내에서 생산된 와인
테노미나지오네 디 오리지네 꼰트로라타 에 가란티따 (Denominazion di Origine Controllata e Garantita : D.O.C.G)	D.O.C급의 규정에다 와인시음위원회의 심사에 합격 등이 추가된 최고의 등급이다. D.O.C.G의 인증을 받은 지역은 바롤로(Barolo), 바르바레스코(Barbaresco), 부르넬로 디 몽타르치노(Brunello Di Montalcino), 비노 노빌레 디 몽테푸르치아노(Vino Noblle Di Montepulciano), 끼안티 클라시코(Chianti Classico), 알바나 디 로마냐(Albana di Romagna) 등이다.

[그림 4-4] 이탈리아 와인의 라벨

(2) 이탈리아 와인의 용어해설

- **리제르바**(Riserva) 법정기간 3년을 숙성시킨 와인
- **클라시코**(Classico) 그 지역의 가장 좋은 곳에서 생산됨
- **임보띨리아토 넬 오리지네**(Imbottiliato Nel Origine) 포도원에서 병입함
- **피아스코**(Fiasco) 보리로 만든 짚
- **비앙코**(Bianco) 화이트
- **로소**(Rosso) 레드
- **로사토**(Rosato) 로제(핑크)
- **섹코**(Secco) 매우 드라이한 맛
- **아보카토**(Abboccato) 약간 드라이한 맛
- **아마빌레**(Amabile) 약간 단맛
- **돌체**(Dolce) 매우 단맛
- **스푸만테**(Spumante) 발포성
- **안타나**(Annata) 수확연도
- **칸티나**(Cantina) 와인 만드는 곳

3_

스페인 와인

3.1 스페인 와인의 개요

스페인의 포도재배 면적은 세계에서 가장 넓은 지역이나 다른 과일나무와의 혼식이 많아 생산량 측면에서는 프랑스와 이탈리아에 이어 제3위의 와인을 생산하고 있다. 특히 스페인에서 생산하는 셰리(Sherry) 와인은 전체 와인의 7%를 차지하고 있으며, 식전 와인(Aperitif Wine)으로서 전 세계인의 사랑을 받고 있는 와인이다.

산지의 개성을 나타내는 원산지 명칭법은 다른 나라보다 늦게 시작되었는데 1926년에 리오하(Rioja)와 1933년에 헤레스(Jerez) 지역이 명산지로 정비되었다. 이 후 1970년 전국적인 원산지 명칭 관리법에 의하여 D.O(Denominaciones de Origin)가 제정되었다. 그러나 리오하와 헤레스 지역을 제외하고는 품질이 엄격하게 관리되어 오지 않다가 EU 가입에 따른 EU 위원회의 1987년 규정에 의하여 프랑스의 A.O.C급과 같은 관리를 하게 되어 현재는 39개의 D.O지구가 제정되었지만 전반적으로 확실한 체계가 미비하다.

[그림 4-5] 스페인 와인 생산지역

[표 4-4] 스페인 와인의 등급

등급	특징
비노 데 메사(Vino de Mesa) 비노 코마칼(Vino Comarcal)	프랑스 뱅 드 따블(Vin de Table)에 해당하는 저급의 와인
비노 델 라 티에라 (Vino de la Tierra)	프랑스의 뱅 드 뻬이(Vin de Pay)에 해당하는 보통급의 와인
데노미나시온 데 오리헨 (Denominacion de Origen : D.O)	원산지 지정 지역에서 생산된 포도품종으로 만든 와인
데노미나시온 데 오리헨 칼리피카다(Denominacion de Origen Calificada : D.O.C)	스페인 와인 중 최상급 와인으로서 프랑스의 A.O.C급에 해당되며, 현재 리오하 지역만이 유일하게 D.O.C 등급을 받고 있다.

3.2 스페인 와인의 생산지역

(1) 리오하(Rioja)

스페인의 북동쪽에 위치하고 있는 리오하는 리오하 알타(Rioja Alta), 리오하 아르베사(Rioja Alavesa), 리오하 바하(Rioja Baja) 등 3개 지구로 되어 있고, 레드, 화이트, 로제 등 모든 타입의 와인이 생산되고 있다. 이 지역에서 생산되는 와인은 오크통에서의 2년간 숙성시키면 크리안사(Crianza), 3년간 숙성시키면 레세르바(Reserva), 5년간 숙성시키면 그란 레세르바(Gran Reserva) 등으로 구분하고 있다.

(2) 헤레스(Jerez)

헤레스(Jerez) 지구는 스페인 와인 생산량의 4%에 불과하지만 식전 와인인 셰리(Sherry) 와인의 생산지로 유명하다.

셰리(Sherry) 와인

(3) 페네데스(Penedes)

이 지역 와인의 2/3는 화이트 와인이며, 스파클링 와인의 85%를 생산하고 있다. 대표적인 스파클링 와인으로는 카바(Cava)를 들 수 있다.

카바(Cava) 와인

(4) 라만챠(La Mancha)

스페인의 중부에 위치하고 있으며, 스페인 와인 생산의 반을 차지하고 있는데 그 중 70%가 화이트 와인이다.

4_

포르투갈 와인

[그림 4-6] 포르투갈 와인 생산지역

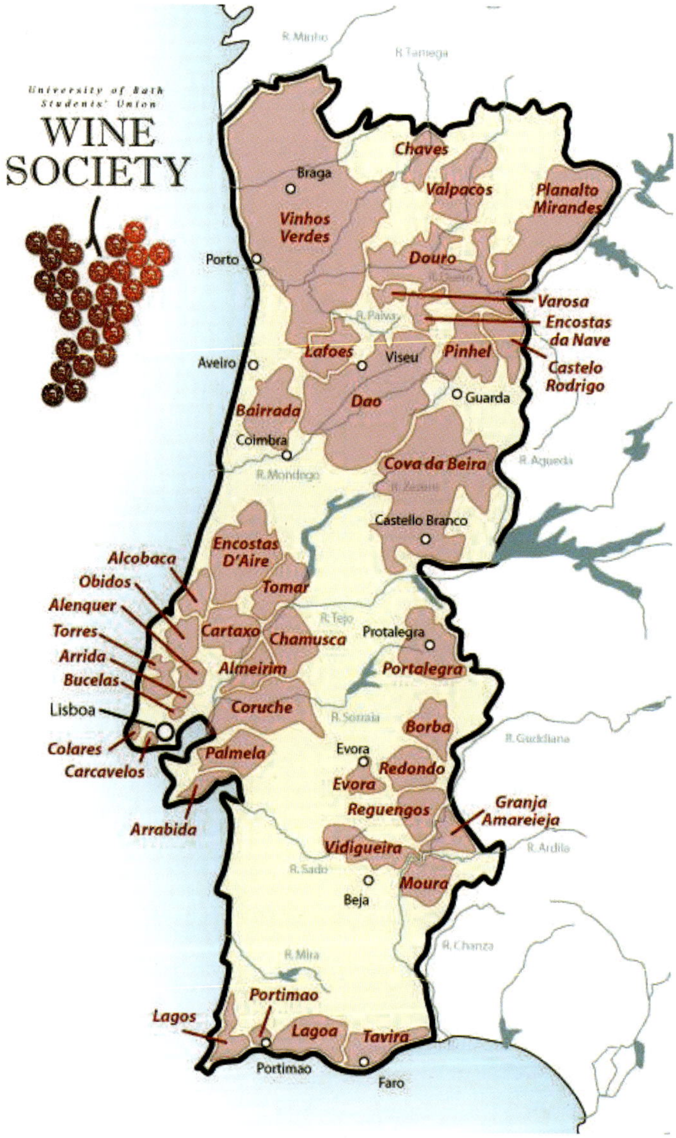

4.1 포르투갈 와인의 개요

포르투갈(Portugal) 와인은 스페인 와인의 영향을 많이 받았으며, 인구의 약 15%가 와인산업에 종사하고 있다. 최고의 식후 와인으로 알려진 포트 와인(Port Wine), 마테우스 로제 와인(Rose Wine) 그리고 마데이라 와인(Madeira)은 포르투갈의 3대 와인으로 유명하다. 유명 생산지역으로는 도우루(Douro), 미뉴(Minho), 다옹(Dao), 바이하다(Bairrada) 등이 있다. 포르투갈의 와인 등급도 스페인과 마찬가지로 D.O에 의하여 통제하고 있다.

[표 4-5] 포르투갈 와인의 등급

등 급	특 징
비뉴 데 메자(Vinho de Mesa)	프랑스의 방 드 뻬이(Vin de Pay)에 해당하는 보통급의 와인
인디카시옹 데 오리젱 곤트로라다 (Indicacao de Origen Controlada)	D.O.C보다는 한 단계 낮은 와인으로서 원산지 지정 지역에서 생산된 포도품종으로 만든 와인. 현재 32개 지역에만 부여되어 있다.
데노미나사옹 데 오리젱 곤트로라다 (Denominacao de Origen Controlada : D.O.C)	포르투갈 와인 중 최상급 와인으로서 프랑스의 A.O.C급에 해당되며, 현재 11개 지역에만 부여되어 있다.

4.2 포르투갈의 유명 와인

(1) 포트 와인

포트 와인(Port Wine)은 주정을 강화하여 알코올 도수가 높고, 단맛이 나는 특징을 가지고 있다. 포트 와인은 주로 적색의 스위트한 맛으로 만드는 것이 원칙이며, 포르투갈 전체 와인 생산량의 7~10%를 차지하고 있다. 포트 와인의 주 생산지는 포르토(Porto) 지역으로서 포트 와인 생산의 40%를 담당하고 있다. 포르토는 리스본에 이은 포르투갈 제2의

포트 와인(Port Wine)

항구도시 이름인데 정확한 도시의 이름은 정관사 O를 붙인 오 포르토(O Porto)였다. 그러나 영국인들이 그냥 붙여 오포르토(Oporto)라고 표기하는 바람에 도시 명이 오포르토(Oporto)가 되었다.

(2) 마테우스 로제 와인

많은 사람들이 대중적으로 마실 수 있는 와인으로서 원산지 명칭관리법의 적용을 받지 않으나 품질과 인기가 좋다. 로제는 주로 대기업 양조메이커가 만드는데 1위인 SOGRAPE (Sociede Comercial dos Vinhos de Mesa Portugal) 업체와 2위인 제이.엠 드 폰세카(J.M de Fonseca) 업체가 유명하다.

(3) 마데이라 와인

마데이라(Madeira)는 모로코에서 600km 떨어진 화산섬의 이름이다. 15세기 초에 선원들에 의해서 우연히 발견되었고 그 후 탐험가인 헨리 왕자가 이곳을 찾아 포도원을 만들어 와인을 생산하게 되었다. 이 와인은 독특한 맛이 나는 와인으로서 발효 도중에 와인으로 만든 알코올과 향료 등을 첨가하여 만든다.

5_ 신흥 와인생산국

프랑스, 독일, 이탈리아, 스페인, 포르투갈 등이 전통 와인생산국이라면 미국, 칠레, 아르헨티나, 호주 등은 신흥 와인생산국이라고 할 수 있다. 최근 세계 와인시장은 신흥 와인생산국의 시장점유율이 점점 높아가고 있고, 맛 또한 전통 와인생산국과 비교하여도 손색이 없을 정도로 성장하고 있다.

전통 와인생산국의 라벨은 와인생산 지역, 지방, 마을이름을 중심으로 브랜드화되어 있는 반면에 신흥 와인생산국 와인의 라벨은 포도품종이나 제조회사명 또는 와인 양조장인 와인너리(Winery)가 브랜드화되어 있는 것이 특징이라고 할 수 있다.

5.1 미국 와인

(1) 미국 와인의 개요

미국의 와인 역사는 짧지만 비약적인 자국의 소비증가로 인하여 세계 6위의 와인생산국이 되었다. 미국의 와인은 90% 정도가 캘리포니아에서 생산되는데, 이곳은 이상적인 기후조건을 갖추고 있고, 풍부한 자본과 우수한 기술을 바탕으로 고품질의 와인을 생산하고 있다. 전통과 명성에 있어서는 유럽 와인에 뒤지지만 맛은 유럽 와인과 거의 차이가 없을 정도이다.

미국의 유명 와인은 캘리포니아주에서 생산되는데 특히 북부해안 지방의 나파 벨리(Napa Valley)는 가장 유명하며, 캘리포니아 고급 와인은 대부분 이곳에서 생산되고 있다. 또한 최근에 고급 와인 산지로 유명해진 소노마 카운티(Sonoma County) 역시 미국의 고급 와인산지를 대표하는 곳으로 부드럽고 온화한 와인을 만들고 있다. 중부해안 지방에서는 몬트레이(Monterey Country), 산타 클라라(Santa Clara), 리버모어(Livermore) 등이 유명하고, 남부해안 지방에서는 샌 루이스 오비스포(San Luis Obispo), 산타 바바라(Santa Barbara) 등이 유명하다.

캘리포니아주 이외의 지역에서 와인을 생산하는 지역은 뉴욕주인데 뉴욕주의 와인 생산량은 캘리포니아의 1/10 수준이며, 유명 포도재배

[그림 4-7] 미국 캘리포니아 와인 생산지역

지역으로는 핑거 레이크(Finger Lake), 허드슨 리버(Hudson River), 노스 포크(North Fork) 등이 있다.

(2) 미국의 유명 와인 및 회사

미국 와인의 품질 기준은 특별히 등급을 정해 놓지는 않았지만, 생산지역이 캘리포니아라고 쓰여 있으면 100% 캘리포니아 포도만 써야 하고, 지역을 좁혀 캘리포니아 중에서도 나파 벨리(Napa Valley)라고 하면 그곳에서 생산된 포도를 85% 이상 사용해야 한다. 이와 같이 캘리포니아산이라도 재배지역이 좁아질수록 더 고급으로 인정받고 있다. 그리고 사용하는 포도품종이 기재된 와인, 빈티지가 표시된 와인일수록 고급이라고 할 수 있으나, 그보다도 유명 와인 회사가 나파 벨리(Napa Valley)와 소노마 카운티(Sonoma) 지구에서 생산한 와인을 더 고품질 와인으로 간주하고 있다.

미국의 유명 와인 회사로는 소노마 지역으로부터 최고의 와인을 생산하는 어니스트 & 쥴리오 갤로(Ernest & Julio Gallo), 역시 소노마 지역의 대표적인 와인을 생산하는 죠단(Jordan), 나파 밸리의 고품질 와인을 생산하는 큐베이숀(Cuvaison), 그리고 다양한 이론과 경험을 통해 혁신적인 재배기법을 사용하여 최상의 포도를 수확하는 벤지거(Benziger) 회사 등이 있다.

어니스트 & 쥴리오 갤로
(Ernest & Julio Gallo) 와인

죠단(Jordan)
와인

큐베이숀(Cuvaison)
와인

벤지거(Benziger)
와인

5.2 칠레 와인

(1) 칠레 와인의 개요

칠레는 남북이 아주 긴 나라로, 동서의 길이는 200km가 채 안 되는데 비해 남북의 길이는 무려 4,000km가 넘는다. 따라서 남과 북의 기후

[그림 4-8] 칠레 와인의 생산지역

차가 매우 크다. 북쪽은 건조한 사막지대이고, 남극과 가까운 남부는 빙하로 덮여 있다. 그러나 중앙부는 연중 온화한 날씨가 지속되는 편이다.

남반구 위도 32~36도 사이에 위치한 칠레는 포도가 완숙하기에 충분한 양의 일조량과 온화한 기후를 가지고 있다. 칠레의 여름은 무덥고 태양이 뜨겁지만 습기가 별로 없다. 해질녘에는 가을 날씨를 연상케 할 정도로 선선한 바람이 불어온다. 이는 칠레의 서쪽에는 남태평양이, 동쪽에는 안데스 산맥이 자리잡고 있기 때문이며, 선선한 태평양의 바닷바람은 병충해 예방효과와 더불어 낮과 밤의 온도 차이가 질 좋은 포도로 와인을 제조할 수 있도록 한다. 그리고 더운 날씨에 비가 거의 오지 않으나 안데스의 높은 산맥에서 늘 흘러내리는 물을 이용해서 포도나무에 꼭 필요한 양만큼의 물을 주어 우수한 품질의 포도를 수확하고 있다.

스페인의 지배를 받은 칠레는 1850년대부터 유럽의 화이트 및 레드 와인의 포도품종을 도입하여 재배하였다. 카베르네, 소비뇽, 카베르네 프랑, 메를로, 말벡, 피노 느와 등의 포도품종으로는 탄닌이 적은 레드 와인을 생산하고, 소비뇽 블랑 등의 품종으로는 스위트 화이트 와인을, 샤르도네와 리슬링 품종으로는 양질의 화이트 와인을 만들고 있다.

2004년 한 · 칠레 FTA(Free Trade Agrement : 자유무역협정) 체결에 의하여 국내에 대거 진출한 칠레산 와인은 비교적 단맛이 강하고 촉촉한 특징을 가지고 있다. 칠레 와인은 세계 시장 점유율 면에서는 10위권이지만 한국시장에서는 프랑스에 이어 2위를 달리고 있다.

(2) 주요 생산지역

칠레의 주요 와인 산지는 산티아고에서 가까운 중앙의 센트랄(Central) 계곡에 자리잡고 있으며, 특히 마이포(Maipo) 지구는 주요 산지로서 유명하다. 주요 산지별 특징을 살펴보면 다음과 같다.

[표 4-6] 칠레의 주요 와인산지

지 역	특 징
카사블랑카(Casablanca)	샤르도네이, 쇼비뇽 블랑 등 화이트 와인으로 유명
비오비오(Bio Bio)	자국 판매용의 파이스(Pais), 모스카텔(Moscatel)을 주로 생산
아콘카구아(Aconcagua)	산티아고 북쪽 지방으로 온화한 곳으로 양질의 와인 생산
마이포(Maipo)	주요 와인너리가 있는 곳이지만 규모가 적으며, 주로 카비넷 쇼비뇽 품종으로 생산하고 있다.

(3) 칠레 와인의 등급

칠레 와인은 크게 원산지표시 와인(D.O : Denominaction de Origen), 원산지가 없는 와인, 비노 데 메사(Vino de Mesa)로 구분된다.

첫째, 원산지 표시 와인(D.O : Denominaction de Origen)은 그 지역의 포도를 75% 이상 사용해야 하며, 상표에 품종을 표시할 때에도 그 품종을 75% 이상을 사용해야 한다. 또한 수확연도를 표시하는 경우에도 그 해의 포도가 75% 이상 들어가야 한다. 그리고 '생산자 병입(Estate Bottled)' 이란 용어를 표기할 때는 병입하는 공장 소유의 양조장(Winery)과 포도밭이 명기되어야 하며, 그 와이너리와 포도밭은 그 원산지 내에 위치해야 한다.

둘째, 원산지 표시가 없는 와인의 경우 원산지 표시만 명기하지 않고, 품종과 생산연도는 원산지 표시 와인과 동일한 규정에 따른다.

셋째, 비노 데 메사(Vino de Mesa)는 포도품종과 생산연도를 표시하지 않는 저급의 와인이다.

그리고 칠레 와인은 숙성 정도를 중심으로 〈표 4-7〉과 같이 구분하고 있다.

[표 4-7] 칠레의 주요 와인산지

지 역	특 징
카사블랑카(Casablanca)	샤르도네이, 소비뇽 블랑 등 화이트 와인으로 유명
비오비오(Bio Bio)	자국 판매용의 파이스(Pais), 모스카텔(Moscatel)을 주로 생산
아콘카구아(Aconcagua)	산티아고 북쪽 지방으로 온화한 곳으로 양질의 와인 생산
마이포(Maipo)	주요 와인너리가 있는 곳이지만 규모가 적으며, 주로 카비넷 소비뇽 품종으로 생산하고 있다.

칠레 와인 '1865 까르메네르 리제르바(Carmenere Reserva)'의 마케팅 성공 스토리

이 와인의 '1865' 라는 명칭은 칠레 와이너리 산페드로(San Pedro)의 설립연도(1865년)를 따서 붙여진 이름이다. 이 와인은 현재 전 세계 80여 개국에서 팔리고 있는데 한국이 최대 소비국이다. 1865가 유독 한국 시장에서 공전의 히트를 친 데에는 골프의 '드림 스코어'(18홀 65타)와 결부시킨 마케팅 활동 등 한국 유통업체의 조직적인 브랜드 전략이 큰 역할을 했다. 실제 1865에 관해 다양한 스토리가 넘쳐나는 곳은 전 세계에서 한국이 거의 유일하다. 심지어 산페드로 측이 베트남 등 신흥 와인시장을 공략할 때 한국의 브랜드 마케팅 비법을 접목시킬 정도다.

1865를 두 숫자씩 끊어 읽으면 '18홀을 65타에 친다'는 뜻으로 해석할 수 있다는 의미이다. 골프 경기에서 18홀의 홀마다 파(Par · 각 홀에서 정해진 스코어를 달성)를 기록해도 72타다. 따라서 65타는 아마추어들에게 꿈의 점수다. 스토리를 정하고 난 뒤 한국 측 유통업체인 금양은 골프장 중에서도 비즈니스 골프를 많이 치는 안양베네스트 등의 클럽하우스에서 일하는 소믈리에와 종업원을 집중적으로 공략했다. 이들은 클럽하우스를 찾는 고객들에게 '18홀에 65타를 치라'는 행운의 뜻으로 '1865'를 권했다. 이 전략은 큰 효과를 발휘했다. 골프 스코어와 브랜드를 연결한 스토리가 입소문을 타고 퍼지면서 '골프 와인'(1865를 의미함)을 구매할 수 있느냐는 문의가 이어졌다. 또 주요 대기업 최고경영자(CEO) 사이에서도 1865 마니아가 생겨났다. '와인 세계의 오피니언 리더'(소믈리에 및 종업원)를 공략한 덕분에 '한국 사회의 오피니언 리더'(대기업 임원 등)를 주요 고객으로 확보할 수 있었다.

5.3 호주 와인

호주의 포도재배지역은 남위 34~38도 사이인 남부지역에 자리잡고 있다. 1800년대부터 1960년대까지는 가정에서 마시거나 영국에 수출하기 위해 만들었는데 주로 디저트 와인인 포트(Port)와 같은 알코올강화 와인이었으며, 1970년대 이후 호주의 물질적 풍요가 더해지면서 호주 와인 산업은 성장하기 시작하였다.

호주산 라인 리슬링은 독일산과는 매우 다른 세계에서도 정상급에 속하는 포도품종의 하나로 인정받고 있으며, 쉬라즈(Shiraz)는 프랑스 론(Rhone)의 시라(Syrah) 품종에서 파생된 것으로 호주에서는 카베르네 소비뇽(Cabertnet Sau-vignon)과 더불어 적포도 품종의 양대 산맥을 이루고 있다. 호주 와인의 주요 생산지역은 다음과 같다.

[그림 4-9] 호주 와인의 생산지역

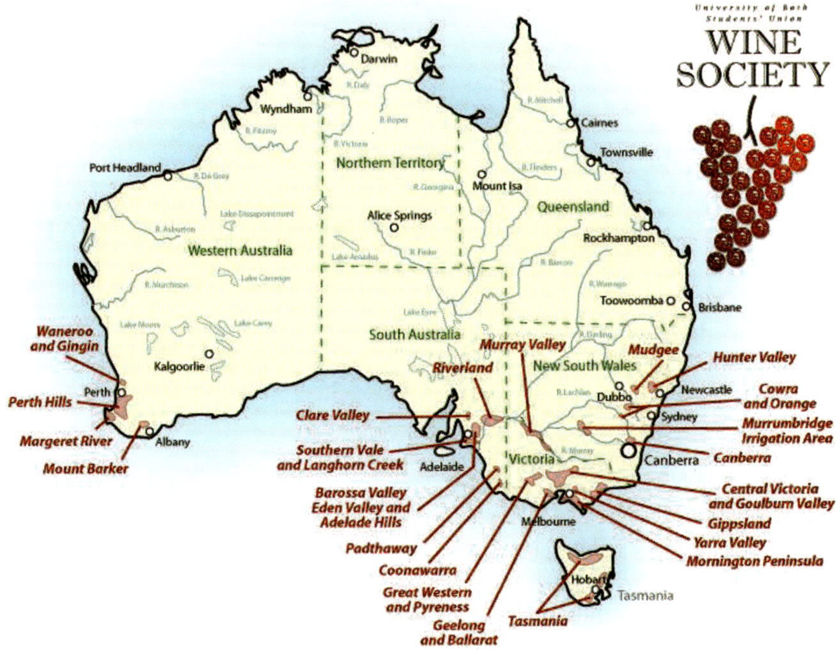

(1) 빅토리아(Victoria)

호주 남동부 멜버른 근처에 위치한 오랜 전통을 지닌 와인 지역으로 기후와 토양이 유럽과 비슷한데 이러한 자연조건이 유럽에서 건너온 이주자들을 정착시킨 요인이 되었다. 호주에서 두 번째로 많은 126개소의 양조장(Winery)이 있고, 호주 와인의 15%를 생산하고 있으며, 정상급의 레드, 화이트, 발포성, 포트 와인 등을 생산하고 있다.

(2) 뉴 사우스 웨일즈(New South Wales)

남위 30~35도 사이 시드니 가까운 곳에 위치하며, 호주 와인의 약 25%를 생산하고 있다. 유명지구로는 프랑스 론 지역과 기후가 비슷한 헌터 벨리(Hunter Valley)를 들 수 있다.

(3) 사우스 오스트레일리아(South Australia)

호주 와인의 약 60%가 생산되는 곳으로 저급에서 고급, 포트, 쉐리, 브랜디까지 모든 종류의 와인을 생산하며, 세계 100대 와인 중에 하나인 그랑쥬 에르미따쥬(Grange Hermitage)가 생산되는 곳이다. 특히 바로사 벨리(Barossa Valley)은 호주에서 가장 오래되고 널리 알려진 곳으로 향기로운 드라이 레드, 가벼운 드라이 화이트 와인 등이 생산되고 있다.

5.4 뉴질랜드 와인

뉴질랜드의 와인 산업은 1800년대 호주로 거슬러 올라갈 수 있으며, 뉴질랜드 최초의 와인은 1838년 호주 포도 재배의 아버지라 불리는 제임스 버스비(James Busby)에 의해 탄생되었다. 버스비가 포도나무를 심을 당시 뉴질랜드에는 재배되는 포도나무가 없었으며, 그가 1833년 프랑스와 스페인에서 포도나무를 가져와 베이 오브 아일랜드에 심으면서 뉴질랜드의 와인 역사는 시작되었다

뉴질랜드에서 와인을 생산하는 곳은 위도 35도와 44도 선 내에 있으며, 호주와 비교해 볼 때 비교적 서늘한 기후 때문에 많은 사람들이 독일 포도 재배 지역을 표본으로 삼아 뮬러-투르가우를 심었다. 그러나 현재는 다양한 품종이 재배되고 있다.

뉴질랜드에서는 주로 화이트 와인을 생산한다. 따라서 백 포도 품종이 전체 재배의 80% 이상을 차지하고 있으며, 뮬러-투르가우(Muller-Thurgau)가 30% 정도를 점유하고 있다. 뉴질랜드 와인의 주요 생산지역은 다음과 같다.

[그림 4-10] 뉴질랜드 와인의 생산지역

(1) 사우스 아일랜드(남섬)

가장 최근의 포도 재배 지역인 말보로우(Marlborough)는 사실상 사우스 아일랜드의 북단에 위치해 있다. 포도에 대한 이 지역의 가치는 1970년대 초에 섬들을 면밀하게 조사한 후에 결정되었다. 말보로우에 있는 와이로 벨리(Wairau Valley)는 일조 시간이 가장 길고, 강우량이 적으며, 온화한 기후와 좋은 토양을 가지고 있다. 이러한 조건들은 특히, 신선한 화이트 와인에 좋은 영향을 미친다.

(2) 노스 아일랜드(북섬)

가장 유명 지역은 기스보른(Gisbome)의 포버티(Poverty)만과 혹스(Hawkes)만으로 모두 동쪽 해안 지역에 위치해 있다. 이곳에서는 게부르츠트라미너와 샤르도네가 성공적으로 재배되고 있다. 가장 큰 포도 재배 지역이었던 오크랜드(Auckland)는 높은 습도와 도시 개발로 가치가 떨어졌다. 오크랜드의 남부, 와이카토(Waikato)는 최근에 생긴 포도 재배지이다.

6_ 한국 와인

6.1 국내 와인의 생산 현황

우리나라 와인의 역사는 매우 짧다. 우리나라의 기후와 토양은 양조용 포도품종을 재배하기에 좋은 조건이 아니다. 즉 양조용 포도가 잘 자라려면 일정한 온도와 일조량이 보장되어야 하는데 여름 장마와 겨울 혹한기가 장애가 되는 것이다. 그렇다고 식용 포도로 와인을 만들면 맛에서 차이가 날 수 밖에 없는 것이다. 그러나 와인생산의 불리한 환경 속에서도 두산(주)이 경북 청하에서 리슬링(Riesling)이란 포도품종을 재배하여 1976년 수확하고, 1977년 독일 모젤(Mosel) 와인의 타입인 마주앙(Majuang)을 출시하면서 순수한 국산 와인의 생산 및 보급에 장을 열었다.

이 후 몇몇 주류회사들이 경남의 산청과 밀양, 경북의 청하와 영월, 전남의 나주와 영암, 전북의 김제와 고창, 충남의 당진과 보령 등지에 포도원을 개발하여, 샤또 몽블루(Chateau Montbleu), 노블(Noble), 위하여(Wehayeux) 등 각종 와인을 생산하기 시작하였다. 그러나 품질은 좋은 편은 아니었으며, 그마저 1990년대 고품질과 저가격대의 다양한 외국 와인이 수입되면서 생산에 어려움을 겪게되었고 일부 와인만 명맥을 유지하고 있다. 그러한 가운데 마주앙은 세계의 와인과 견주어도 품질이 떨어지지 않으며, 국빈 만찬용 공식 와인으로 사용하는 등 우리나라의 대표 와인으로 명성을 얻고 있다.

6.2 수입 와인의 현황

1인당 국민소득이 1만 달러가 넘으면 와인보급이 급속화된다는 것이 정설로 알려져 있다. 한국의 수입 와인 시장도 1998년 외환위기 시기를 제외하면 매년 수십 %씩 급성장하여 금액적으로는 최근 약 5000만 달러 정도 기록하고 있으며, 와인수입상도 110여 곳에 이르고 있다. 우리나라가 금액적으로 가장 많이 와인을 수입하는 국가는 프랑스>칠레>이탈리아>미국>스페인>독일 순이다.

국내에 수입와인이 본격적으로 들어온 계기는 방송의 영향이 지대하였는데 90년대 초반 미국의 한 방송 프로그램에서 '프렌치 패러독스'라는 개념이 등장하였다. 즉 프랑스인의 동물성 지방 섭취가 미국보다 2배나 많은데도 심장병으로 인한 사망률은 3분의 1밖에 안 된다는 사실을 일컫는 말이다. 1996년 이 프로그램이 국내에 방영되자 이듬해 와인 붐이 일었는데 '몸에 좋다' 는 말이 레드 와인에 대한 국민적 관심을 촉발시켰던 것이다.

오늘날 한국에서도 와인은 대중화되고 있지만 와인에 대한 문화는 걸음마 수준이라고 할 수 있다. 예를 들어 한국시장에서 레드 와인과 화이트 와인의 비중은 9대1 정도인데 일반적으로 다른 나라의 경우 6대4 정도인 것을 감안하면 레드 와인에 대한 선호가 비상적으로 높다고 할 수 있으며, 또한 지나치게 고가의 와인을 찾는 등 와인 문화가 정착되지 못하고 있는 것이 사실이다. 그럼에도 불구하고 와인은 폭음문화를 바꾸어 놓는 대안이라는 긍정적인 요소도 작용하고 있는 것도 현실이다.

와/인/상/식 와인에 관한 명언 모음

- 와인을 알맞은 시간에 적당한 양을 마시면 질병을 예방하고 건강을 유지할 수 있다. – 히포크라테스 –
- 한 병의 와인에는 세상의 어떤 책보다 더 많은 철학이 있다. – 파스퇴르 –
- 와인이 많은 곳에는 슬픔과 걱정이 날아간다. – 미상 –
- 신은 물을 만들었지만 인간은 와인을 만들었다. – 빅토르 위고 –
- 와인은 신이 남자에게 준 선물 가운데 여자 다음으로 좋은 것이다.
- 음악은 침묵의 잔을 채우는 와인과 같다. – 플립 로버트 –
- 와인은 세상에서 가장 고상한 것이다. – 헤밍웨이 –
- 와인은 현명한 사람을 기만하고, 점잖은 사람을 떠들게 만들고, 심각한 사람을 웃게 만드는 재치가 있다. – 호메르 –
- 와인은 천사의 음료인가? 악마의 피인가? – 미상 –
- 맥주는 사람이 만들고 와인은 신이 만들었다. – 마틴 루터 –
- 와인은 신의 음료이고, 우유는 어린아이의 음료이며, 차는 여자의 음료이고, 물은 짐승의 음료이다. – 나폴레옹 –
- 와인을 마셔라, 시를 마셔라, 순수를 마셔라. – 보들레르 –
- 와인 없는 식탁은 꽃이 없는 봄과 같다. – 프랑스 속담 –

Guide to Wines,
Beers, Spirits
Liqueurs
and Cocktails

주류학개론

제5장

맥주

1_ 맥주의 개요

1.1 맥주의 역사

'액체 빵', '어른을 위한 젖'이라고 불리는 맥주는 인류의 농경사회 정착으로부터 그 기원을 찾을 수 있는데 기원전 4000년경 메소포타미아 지방의 수메르 민족에 의하여 최초로 양조되었던 것으로 유추된다. 이에 대한 역사적 근거는 1953년 메소포타미아에서 발견된 한 비문의 문자를 해석한 결과 기원전 4000년경 고대 바빌로니아에서는 빵을 구웠으며, 그 빵을 갈아서 물과 함께 맥주를 만들었다는 기록을 찾을 수 있다. 그들은 보리를 건조하고 분쇄하여 빵을 구워낸 후 그 빵에 물을 가하고 자연 발효 시키는 원시적인 방법으로 맥주를 만들어 마셨을 것이다.

수메르 민족에 의하여 고안된 양조기술은 기원전 3000년경에는 이집트에 전파되었고, 고대 로마 · 그리스를 거쳐 기원전 1800년경에는 북유럽까지 영향을 미쳤다. 특히 기원전 2300년경에 제작된 것으로 추정되는 이집트의 한 벽화에는 맥주제조과정이 10단계(①방아 찧기 ②

분쇄 ③ 반죽 ④ 빵 모양으로 만듦 ⑤ 불돌에 얹어 굽기 ⑥ 물에 불려 풀기 ⑦ 체로 걸러 발효 ⑧ 항아리에 담기 ⑨ 뾰족한 뚜껑을 덮기 ⑩ 세워서 저장)로 잘 묘사되어 있다. 또한 기원전 1700년경 고대 바빌로니아의 함무라비 법전에는 맥주에 관한 규정을 적시하고 있는데 공식적인 문헌상으로 맥주의 역사를 가늠해 볼 수 있다.

모든 것을 자급자족하던 중세 수도원에는 맥주를 만드는 전담자가 있었으며, 맥주는 수도원의 주요한 재원이었다. 맥주 발효기법의 하나인 하면발효 기법이 15세기 바이에른의 베네딕트파 수도원에서 발명되는 등 수도원의 양조기술은 융성하였다. 따라서 중세에는 수도원을 중심으로 우수한 품질의 맥주를 만들었다고 볼 수 있다.

맥주의 대중화는 맥주에 홉(Hop) 사용하기 시작한 11세기 이후이며, 양조의 주체도 수도원에서 시민으로 이동하였다. 1516년 독일에서는 빌헬름 4세가 맥주의 품질향상을 꾀하기 위해 원료 등을 규제하는 법령을 제정 공포하였는데 이른바 '맥주순수령'이었다. 그 내용은 맥주를 제조할 때는 대맥, 홉, 물 이 세 가지 원료 이외에는 사용해서는 안 된다는 것이었다. 이 후 19세기 중엽 프랑스의 유명한 화학자 파스퇴르는 저온살균법을 고안하였는데 이 기법은 맥주에도 적용되어 장시간 변질되지 않는 맥주를 만드는 것이 가능하여 유통의 혁명을 가져왔다. 또한 암모니아 냉장고의 발명은 4계절 양조를 가능하게 하였을 뿐만 아니라 품질향상에도 기여하였다.

오늘날 맥주는 대부분의 국가에서 생산하고 있으며, 전 세계 주류시장에서 60%를 점유하고 있어 전 세계인의 대중주가 되었다. 최근 국가별 맥주 총생산의 순위를 살펴보면 중국과 미국이 1, 2위를 다투고 있으며, 독일 3위, 브라질 4위, 러시아 5위, 일본 6위의 순이다. 그리고 맥주 브랜드별 순위는 미국의 버드와이저(Budwiser), 네덜란드의 하이네켄(Heineken) 순으로 세계 시장을 점유하고 있다.

맥주를 뜻하는 영어 단어인 '비어(Beer)'의 어원은 라틴어로 '마시다' 라는 뜻의 '비베레(Bibere)' 또는 게르만족의 언어 중 '곡물' 을 뜻하는 '베오레(Bior)' 에서 유래되었는데 후자가 정설로 알려져 있다.

1.2 맥주의 원료

맥주의 4대 원료는 물, 보리, 홉(Hop), 효모(Yeast)이며, 옥수수, 쌀 등은 부재료로서 구수한 맛을 내기도 한다.

(1) 보리

보리(麥)는 발아할 때 효소를 생성하여 전분을 분해하고 당분을 만들어내는 열매이다. 양조용 보리는 첫째, 껍질이 얇고 담황색의 윤기가 있어야 하고 둘째, 알맹이는 고르고 95% 이상의 발아율이 있어야 하며 셋째, 수분 함유량은 10% 내외로 잘 건조된 것이어야 하고 넷째, 단백질이 적고 전분 함유량이 많아야 한다.

(2) 물

물은 맥주의 원료 중에서 가장 중요하며, 맥주 원료의 90% 이상은 물이다. 맥주를 만드는 양조용수는 무색, 무미, 무취이어야 하고, 세균 등에 오염되지 않아야 하며, 특히 칼슘(Ca++) 등과 같은 양의 이온이 적당히 필요하다. 칼슘이온은 액화를 도와주고, 효소활동을 촉진시키며, 발효 후에 효모의 침전에도 영향을 준다.

(3) 홉(Hop)

홉은 맥주 고유의 맛인 쌉쌀한 맛과 향 그리고 거품을 내는 열매이다. 또한 홉은 잡균의 번식을 막고 부패를 막아주는 역할도 한다. 원래 홉은 맥주의 필수 원료는 아니었는데 16세기 이후 사용하면서 맥주를 세계적인 술로 만들었다.

(4) 효모(Yeast)

효모는 당(糖)을 분해하고, 알코올과 탄산가스로 변화시키며, 향과 영양소를 생성하게 하는 미생물로서 맥주의 알코올 도수와 맛을 결정하는 필수요소이다. 맥주의 효모는 발효가 진행되는 과정에서 표면에 떠오르는 상면발효 효모와 발효가 완결되면 밑바닥에 가라앉는 하면발효 효모 두 가지가 있으며, 대부분의 맥주 공장에서는 실험실에서 순수 배양한 효모를 사용하고 있다.

맥/주/상/식 **홉**(Hop)**과 호프**(Hof

'맥주 한잔하자'를 '호프(Hof) 한잔하자'라고 표현하는 사람들이 많다. 이 표현은 잘못된 것이다. 홉(Hop)은 영어로서 맥주의 쓴맛을 내는 열매를 말하고, 호프(Hof)는 독일어로 뜰, 농장, 저택, 궁전이라는 뜻이다. 따라서 호프(Hof)는 맥주를 판매하는 집으로 술 자체를 의미하는 것은 아니다.

1.3 맥주의 제조과정

맥주의 제조과정은 크게 맥아의 제조 → 당화 → 발효 → 저장 → 제품의 5단계 과정으로 되어있다.

(1) 맥아의 제조과정

맥아의 원료가 되는 두줄보리(二條大麥)를 물에 넣어 수분을 공급한 다음 적당한 온도로 효소를 활성화시키고, 여러 성분들을 용해시키는 발아과정을 거친다. 그리고 색깔과 향미를 가하기 위하여 건조시키고, 단백질과 쓴맛이 많이 함유된 뿌리를 제거하면 맥아가 완성된다.

(2) 당화과정

포도는 효모작용에 필요한 당분이 자체적으로 생성되기 때문에 알코올 생성을 위한 당화과정이 필요 없으나 곡류는 주성분이 전분이기 때문에 효모작용을 위하여 녹말을 분해시키고 당분을 만드는 당화과정을 거쳐야 한다. 당화는 제조된 맥아와 부재료인 옥수수, 쌀 등을 섞고 끓이면 된다.

(3) 발효과정

당화과정에서 얻은 맥즙을 여과하고 홉을 첨가한 다음 다시 끓이고 5℃로 냉각시킨다. 그 다음 효모(Yeast)를 넣고 발효탱크에 옮기면 발효(전발효)하게 되는데 이때 효모의 작용으로 당분이 알코올과 탄산가스로 분해된다.

(4) 저장과정

발효된 맥즙을 0℃의 온도에서 2개월 동안 저장하면 서서히 후발효가 진행되면서 숙성되고 탄산가스도 맥주에 용해되어 맥주 특유의 맛과 향을 갖게 된다.

(5) 제품과정

저장된 맥주를 여과하면 1차적으로 생맥주가 되고, 저온에서 살균하여 병입하면 병맥주가 완성된다.

2_

맥주의 분류

2.1 발효방법에 의한 분류

(1) 하면발효(Bottom Fermentation Beer) 맥주

하면(下面)발효는 맥아즙의 온도가 7~12℃일 때 활동하는 효모를 넣는데 발효가 끝날 무렵 효모가 양조통 아래로 가라앉는 것을 말한다. 즉 하면발효 맥주는 상면발효 맥주보다 저온에서 발효시킨 맥주로서 탄산가스가 많고 가벼운 느낌을 준다. 독일과 미국 등 유명 생산 국가들이 하면발효에 의한 생산을 하고 있으며 세계 맥주의 70%를 차지하고 있다. 하면발효 맥주 타입은 다음과 같다.

❶ 라거 비어(Lager Beer)

세계 맥주시장에서 가장 보편적인 병맥주 스타일로 맛이 깨끗하고 부드럽다. 저온에서 숙성하며, 알코올 함유량은 4% 가량에 원맥즙의 농도가 12% 정도이다.

❷ 필스너(Pilsener Beer)

담색(황금색)의 맥아를 사용하기 때문에 색이 황금빛처럼 짙고, 맛은 쓴맛이 강하다. 알코올 함유량은 3~4% 정도이다.

❸ 뮌헨맥주(Munchener Beer)

맥아의 향기가 짙고 맛이 감미로운 흑맥주로서 알코올 함유량은 4% 정도이다.

④ **도르트문트**(Dortmunt)

향미가 산뜻하고 쓴맛이 적은 담색의 맥주로서 알코올 함유량은 3~4% 정도이다.

⑤ **보크비어**(Bock Beer)

독일과 오스트리아에서 생산되는 맥주로서 알코올 함유량은 6%~11% 정도로 높은 편이고 금색이나 갈색을 띤 향미가 짙은 맥주이다.

(2) 상면발효(Top Fermentation Beer) 맥주

상면(上面)발효는 맥아즙의 온도가 15~18℃일 때 활동하는 효모를 넣는데 발효가 끝날 무렵 효모가 양조통 수면 위로 올라오는 것을 말한다. 즉 상면발효 맥주는 하면발효 맥주보다 고온에서 발효시킨 맥주로서 탄산가스가 적고 거품량도 적다. 상면발효 맥주는 주로 영국에서 만들고 있는데 그 이유는 발효시킬 때 냉장실에서 하지 않는 등 여러 가지 불편한 점이 많지만 전통을 존중하는 그들의 고집 때문이라고 할 수 있다. 상면발효 맥주 타입은 다음과 같다.

① **에일**(Ale)

중세 영국에서는 맥주를 에일(Ale)이라고 하였다. 그러나 16세기 이후 홉을 사용하면서 비어(Beer)로 바뀌었다. 현재의 에일은 보통 맥주보다 홉을 1.5~2배 정도 더 넣고 후숙기간이 짧아 색깔이 짙고 탄산가스가 적으며, 거품도 적고 쓴맛이 강한 편이다. 알코올 도수는 일반 맥주보다는 높은 5% 정도이다.

② **스타우트**(Stout)

흑맥주의 대명사로 불리는 스타우트는 향이 강하고 색이 짙으며 알코올 함유량도 8~11%로서 상당히 높은 편이다. 빛깔이 짙은 이유는 맥아를 검은 색깔이 날 때까지 볶기 때문이다.

❸ 포터(Porter)

에일과 마찬가지로 영국의 맥주 타입으로서 홉 사용량이 높아서 색깔이 짙은 흑맥주이다. 알코올 도수는 일반 맥주보다는 약간 높은 5%~7% 정도이다.

❹ 람빅(Lambic)

벨기에의 브뤼셀 지역에서 생산되는 맥주로서 현대적인 개량된 제조 방법을 사용하지 않고 파스퇴르가 미생물의 존재를 확인하기 이전의 전통적인 맥주 제조 방법인 맥즙을 대형 목제 발효조에 넣고 그대로 방치해 두는 방법을 사용하고 있다. 람빅 맥주는 자연 발생적으로 발효를 일으키기 때문에 발효기간이 2년 이상 된 맥주라야 비로소 마실 수 있고, 또한 다양한 색깔로 제조되는데 발효 중에 체리와 라스베리 등의 과일을 넣어 과일의 맛, 향, 색깔이 우러나게 한다.

[그림 5-1] 맥주의 상면발효와 하면발효

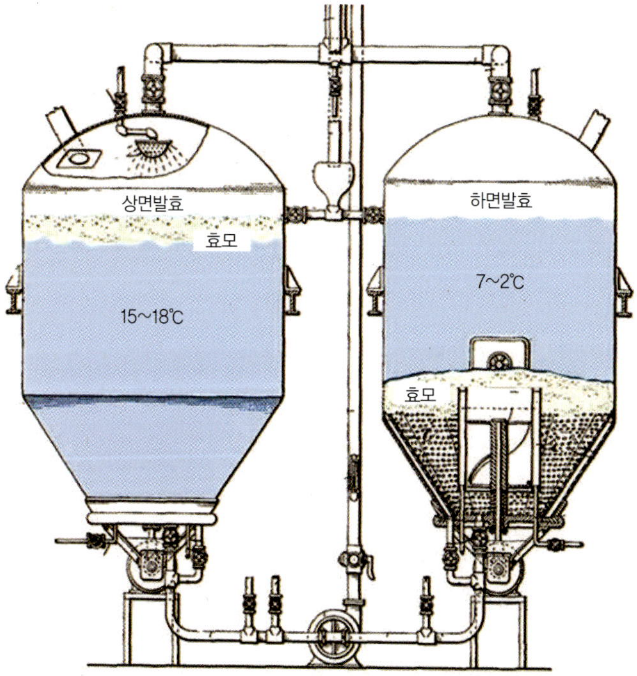

2.2 살균처리에 의한 분류

(1) 열처리 맥주

상당기간을 두고 마시기 위하여 열처리 즉 저온에서 살균을 하여 효모의 활동을 중지시켜 병 또는 캔(Can)에 담은 맥주이다. 병맥주는 직사광선에 노출되면 맥주의 맛이 변할 수 있으므로 일광을 차단하기 위하여 병 색깔이 갈색이나 짙은 녹색으로 되어 있다.

(2) 비열처리 맥주

❶ 생맥주(Draft Beer)

효모의 작용을 멈추게 하는 일반적인 병맥주와는 달리 열처리를 하지 않았기 때문에 효모가 살아 있어 맥주 고유의 맛과 향이 병맥주보다 우수한 맥주이다. 그러나 저온에서 운반해야 되고 보존해야 하는 등 유통기간이 짧은 단점이 있다. 즉 맥주 속에 효모가 계속 활동하므로 기간이 어느 정도 경과하면 과잉 효모활동에 의하여 맥주가 변질되기 때문이다.

❷ 비열처리 병(또는 캔)맥주

병(또는 캔)맥주이지만 생맥주와 같은 맛을 유지하고자 열처리를 하지 않고 살균을 할 수 있는 공법을 이용하여 만든 맥주이다. 예를 들어 우리나라의 하이트(HITE) 맥주는 MCF(Micro Filtering)공법. 즉 발효된 맥주의 여과과정 중에 기존의 저온 살균대신 극도로 미세한 여과기로 효모를 제거하는 공법을 사용하여 비열처리 병맥주를 만들었다. 비열처리 병맥주는 열처리하지 않고 맥주를 병(또는 캔)에 담았다고 하여 병(또는 캔) 생맥주라고 할 수 있다.

2.3 알코올 정도와 맛에 의한 분류

(1) 무알코올 맥주

알코올 함유량이 0%로 알코올이 전혀 없고 단지 맥주의 맛을 흉내낸 맥아로 만든 음료라고 할 수 있다.

(2) 비알코올 맥주

알코올 농도가 1% 미만으로 맥아의 발효 후 알코올을 제거하는 방법으로 만든다. 맥주의 맛을 내지만 상표에는 맥주로 표기되지 않고 맥아음료(Malt Beverage) 또는 곡류로 만들었다고 하여 시리얼 음료(Cereal Beverage), 맥주에 가깝다고 하여 니어 비어(Near Beer)라고 표기한다.

(3) 라이트 맥주(Light Beer)

라이트 맥주는 저알코올 맥주와 저탄수화물 맥주로 나누어지는데 저알코올 맥주의 경우 알코올 함유량이 2% 전후이며, 저탄수화물 맥주는 다이어트를 위한 맥주라고 할 수 있다.

(4) 샌디 맥주(Shandy Beer)

맥주와 진저엘(Ginger) 등의 레몬 향을 혼합하여 만든 맥주로 알코올 함유량이 1~2% 정도인 여성용 맥주이다.

(5) 드라이 맥주(Dry Beer)

제조공정에서 당분해 능력이 강한 효모를 사용하거나 옥수수 또는 쌀의 당분을 첨가하여 완전히 발효시켜 단맛을 줄인 담백한 맥주이며, 알코올 도수는 4% 정도이다. 일본에서 개발되었으며, 더욱 강한 담백한 맛의 슈퍼 드라이(Super Dry)도 있다.

(6) 프리미엄 맥주(Premium Beer)

보다 양질의 원료를 사용하여 만든 고급맥주로 알코올 도수는 5% 정도이다. 대표적인 프리미엄 맥주로서 외국산으로는 버드와이저(Budwiser), 칼스버그(Carlsberg), 하이네켄(Heineken) 등이 있고, 국산으로는 카프리(Carfri), 엑스필(Exfeel) 등이 있다.

3_ 맥주의 분류

3.1 유럽국가의 맥주

(1) 독일

현재 독일에는 1,300여 개에 이르는 양조장에서 저마다의 맛과 향을 자랑하는 맥주를 생산하고 있는데 가히 '맥주의 나라' 라고 할 수 있다. 독일은 11세기 때 홉(Hop)을 사용하여 맥주를 만든 최초의 국가로서 맥주 제조의 새로운 장을 열었으며, 하면발효 방법을 이용한 라거 비어(Lager Beer)도 13세기에 처음으로 개발하였다. 특히 독일의 맥주는 일찍이 중세기부터 산업형태를 이루어 수출하였으며, 수도원에서의 맥주 양조가 활발하였다. 뮌헨은 맥주양조를 16세기부터 산업으로 육성하여 맥주의 도시라고 불려지고 있으며, 세계 제일의 맥주축제인 옥토버페스트(Oktoberfest)는 뮌헨에서 개최되고 있다.

수도원의 양조장은 바이에른 지방에 많이 있었는데 16세기까지만 해도 수도원이 맥주 양조업을 독점하고 있었다. 즉 맥주 양조업을 독점한 수도원은 대량생산 시설을 갖추고 자급하고 남은 맥주는 내다 팔아 막대한 이익을 챙겼다. 이 무렵 바이에른의 빌헬름 4세는 바이에른 맥주의 명성을 높이기 위해 맥주의 원료는 보리, 홉 그리고 물만을 사용하도록 하는 '맥주의 순수령'을 내렸다. 이 명령은 보리 이외의 곡물로 만드는 몇 가지 맥주를 제외하고는 오늘날까지 독일 전국에 적용되고 있다. 당시 수도원에는 고급두뇌가 모여 있었는데 여기에서는 금기시 된 다양한 실험이 가능했으므로 양조기술이 수도원에서 발달한 것은 당연한 일이라고 할 수 있다.

독일의 유명 병맥주 중에서 벡스(Becks)는 독일의 맥주 브랜드 중 국민 90% 이상의 인지도를 가지고 있으며, 프리미엄급 정통 독일맥주로서 125년 이상 140여 개국에서 최상의 품질과 맛으로 맥주 애호가들의 입맛을 사로잡고 있다. 또한 벡스는 세계 어느 곳에서도 독일 본고장의 정통 맥주 맛을 잃지 않고 유지하기 위해 오로지 독일 브레멘에서만 양조되어지고 있다.

그 외 흑맥주이면서도 생맥주와의 중간 맛이 나서 부담 없이 즐길 수 있는 프렌스버거 둔켈(Flensburger Dunkel), 2백50년 전통의 독일인들에게 가장 사랑받는 맥주인 바스타이너(Warsteiner), 뮌헨의 명품인 뢰벤브로이(Lowenbrau), 호프브로이(Hofbrau) 등의 맥주가 있다. 그리고 맥주 샴페인이라고 불리는 베를리너 바이스(Berliner Weiss)라는 맥주는 색이 옅고 창백할 뿐 아니라 거품이 적고, 처음 잔에 따를 때 높은 탄산가스에 의해 거품이 격렬히 부글거리며 유난히 강한 과일 산미(신맛)가 나기 때문에 붙여진 별명이다.

벡스(Becks)

바스타이너
(Warsteiner)

프렌스버거 둔켈
(Flensburger Dunkel)

뢰벤브로이
(Lowenbrau)

호프브로이(Hofbrau)

베를리너 바이스(Berliner Weiss)

맥/주/상/식 **옥토버페스트**(Oktoberfest)

옥토버페스트는 1810년 10월 12일 바이에른 왕국의 황태자와 테레사(Therese) 공주의 결혼식 축하 행사로부터 시작되었다. 당시 뮌헨으로 들어가는 문 근처의 초원에서 벌어진 이 결혼식에는 많은 뮌헨의 시민들도 초대를 받았으며, 황태자비를 기리기 위해 이때부터 이 광장을 '테레사 광장'이라는 뜻의 '테레지안비제(Theresienwiese)라고 부르게 되었다.

5일 후에는 결혼식 축하행사의 대미를 장식하는 경마경기가 열렸다. 이때부터 매년 같은 시간대에 계속해서 축제를 열기로 결정하였으며, 옥토버페스트(10월 축제)가 탄생하게 된 계기가 되었다. 1811년에는 농업 축제가 가미되었으며, 가장 오래되고 가장 인기가 있었던 핵심 행사인 경마는 1938년에 사라졌고, 농업축제는 3년마다 한번씩 옥토버페스트 기간 중 테레지안비제의 남쪽에서 열리고 있다.

처음 몇십 년간 조촐하게 진행된 옥토버페스트는 1818년에 처음으로 회전목마와 2개의 그네가 설치되었고, 맥주를 제공하는 조그만 판매대가 세워졌다. 1896년에는 맥주업자들의 참여로 처음으로 맥주를 판매하는 거대한 비어 텐트가 등장하였으며, 오늘날에는 뮌헨의 맥주회사들이 축제기간 중에 특별히 양조한 독일 맥주(옥토버페스트 맥주)를 제공하는 특별한 행사로 자리잡게 되었다.

최근의 축제기간에는 전통의상을 입은 수많은 사람들의 행렬과 브라스밴드의 콘서트 등 다양한 행사를 마련하여 분위기를 고취시키고, 거대한 축제광장에는 각 맥주회사들의 엄청난 크기의 가설 텐드가 들어서며, 회전목마와 롤러코스터를 비롯한 흥미로운 놀거리와 구경거리를 제공하고 있다. 하지만 옥토버페스트는 지난날의 어두운 기억도 가지고 있는데, 1980년에는 행사장 입구에서 폭탄이 터져 13명이 사망하고 200명 이상이 중상을 입기도 했으며, 전쟁과 콜레라, 인플레이션 등으로 총 24회가 취소된 바 있다.

매년 9월 셋째 주 토요일부터 10월 첫째 주 토요일까지 약 2주일간 개최되는 옥토버페스트는 7백만 명이 참여해 약 5백만 리터의 맥주를 마시고, 20만 개의 소시지를 소비하고 있는 세계에서 가장 큰 전통 맥주축제이다.

옥토버페스트 가설 텐트 내부

(2) 영국 및 아일랜드

영국은 과거에 홉을 사용하지 않은 에일(Ale) 타입의 맥주로 유명하였으나 오늘날의 에일 맥주에는 홉을 사용하고 있다. 또한 전통적으로 상면발효를 이용한 에일(Ale), 포터(Porter), 스타우트(Stout) 타입의 맥주를 양조하였으나 최근에는 하면발효의 라거(Lager) 맥주도 생산하고 있다. 에일 타입은 보통의 담색 맥주인 반면에, 포터와 스타우트는 색이 짙은 흑맥주이다. 그리고 에일 맥주는 쓴맛이 나면서 산뜻한 페일 에일(Pale Ale) 또는 브라이트 에일(Bright Ale), 색이 진하고 쓴맛이 약한 마일드 에일(Mild Ale), 맥아향기가 독특한 스카치 에일(Scotch Ale)로 나누어진다.

유명맥주로는 에일 타입의 뉴캐슬 브라운(Newcastle Brown), 스타우트 타입의 기네스(Guinness) 등이 있다. 기네스는 2백50년 역사의 아일랜드를 대표하는 흑맥주로서 에스프레소 같은 향과 풍부한 거품으로 처음에는 부드럽

뉴캐슬 브라운
(Newcastle Brown)

기네스
(Guinness)

게 넘어가지만 마시고 나면 텁텁하고 쓴맛이 오래도록 여운이 남는 맥주이다.

(3) 덴마크

덴마크의 대표 맥주인 칼스버그(Carlsberg)는 1847년에 탄생하여 오늘날 고품질 맥주뿐만 아니라 유럽 정통 맥주의 대명사가 되었다. 칼스버그는 전 세계 100여 국에 지사를 두고 있는데 우리나라에서는 하이트 맥주와 기술 제휴하여 생산하고 있으며, 칼스버그사의 연구소에서는 최고 품질의 맥주제조를 위한 미생물학적 연구를 지속하여 맥주 효모의 순수 배양법을 정립하였다. 칼스버그 맥주는 홉을 비교적 많이 첨가한 맥주로서 동화작가 안델센과 함께 기억되는 덴마크의 상징이라고 할 수 있다. 그 외 유명맥주로는 세레스 로얄(Ceres Royal) 등이 있다.

칼스버그
(Carlsberg)

세레스 로얄
(Ceres Royal)

맥/주/상/식 칼스버그(Carlsberg) 이야기

1700년대 어느 날 보다 나은 생활과 행운을 잡으려고 크리스챤 야콥슨(Christian Jacobsen)은 수도 코펜하겐으로 떠났다. 고향에서 맥주를 빚는 일에 종사했는지는 확실치 않으나 그는 양조가로 자수성가를 했다. 비록 소규모이긴 했지만 그는 네덜란드에서 온도계를 사용하는 몇 안 되는 양조가의 한사람이었다. 그의 아들 야콥(Jacob)이 본격적으로 아버지의 사업에 참여했을 때 맥주는 상면발효로 발효시키고 있었다. 그럼에도 불구하고 몇몇 식견이 있었던 양조가들은 독일 바이에른에서 시작된 새로운 스타일의 하면발효 맥주 라거에 대해 관심을 가지고 추이를 지켜보고 있었던 때였다.

모험심이 남달리 강했던 야콥은 독일의 바이에른으로 달려가, 당시 유명한 양조가 셀드마이어(Sedlmayr) 문하에서 양조를 배우고, 돌아오면서 아버지의 양조장에서 라거를 생산하리라 결심했다. 그때까지도 효모에 대해서는 별로 배운 것이 없다고 느낀 그는 효모야말로 라거를 생산할 수 있게 하는 가장 중요한 열쇠라는 확신과 함께, 어떻게 생산에 필요한 효모를 계속 확보할 수 있을까 고심하게 되었다. 이 시기는 바로 파스퇴르가 발효의 메카니즘을 이해하려던 때였다.

어쨌거나 효모가 절박하게 필요했던 야콥은 마차를 타고 다시 600마일 떨어진 뮌헨으로 가, 셀드마이어에게서 효모 두 항아리를 얻어가지고 돌아왔다. 돌아오는 길에 효모의 온도가 상승하여 변질되는 것을 방지하기 위하여 중간 중간에 마차를 세우고는 항아리가 담겨져 있던 물통의 물을 반복해 갈아주면서 코펜하겐에 무사히 도착했다. 야콥은 이 효모를 가지고 덴마아크에서 최초로 하면발효 맥주를 판매용으로 생산할 수 있었다.

이 맥주의 성공으로 그는 많은 돈을 모았으며, 덴마아크의 최초 철도가 지나가는 지역 바로 옆의 언덕에 맥주공장을 세웠다. 덴마크어로 언덕은 버그(berg)인데 자신의 다섯 살 난 장남의 이름 칼(Carl)을 합하여, 회사의 이름을 Carlsberg라고 지었다. 그리고 'Carlsberg'라는 브랜드를 1847년 11월 10일부터 생산하게 되었다.

그로부터 30년이 지난 후 야콥이 상면발효 맥주와 하면발효 맥주를 같이 생산하고자 했을 때, 그의 아들 칼은 모든 생산라인을 필젠라거로 전환해야 한다는 주장을 굽히지 않았다. 급기야 칼은 아버지와 결별을 선언하고 아버지의 공장 옆에 새로운 공장을 세우고는 아버지와 경쟁하기 위해 필젠타입의 라거를 생산하기 시작했다. 6년에 걸친 부자 간의 경쟁은 가족의 중재로 끝이 났으며, 옛날의 부자지간으로 돌아간 그들은 남부 이탈리아로 여행을 갔는데 그곳에서 아버지는 세상을 떠났다.

출처 : www.beer.co.kr

(4) 네덜란드

네덜란드의 유명맥주인 하이네켄(Heineken) 맥주는 세계 2위의 판매량을 자랑하고 있다. 하이네켄의 창립자 하이네켄은 맥주의 품질은 효모의 품질과 정확한 발효에 의하여 결정된다고 믿었다. 그는 결국 새로운 효모를 육종하여 하이네켄을 만들어 내었고 그 후 품질을 인정받아 오늘날 하이네켄은 전 세계인의 사랑을 받는 맥주가 되었다. 그 외 유명맥주로는 걸쭉하고 텁텁하며 홉의 향이 강하게 나는 암스텔(Amstel), 프리미엄 급의 그로쉬(Grolsche) 등이 있다.

하이네켄(Heineken)

암스텔(Amstel)

그로쉬(Grolsche)

맥/주/상/식 **하이네켄(Heineken) 이야기**

하이네켄(Heineken)은 1863년 12월 16일 암스테르담에서 제일 큰 양조장을 사들이고 최고의 맥주를 만들고자 하였다. 그는 양질의 원료를 확보하고자 유럽을 여행하던 중 바이에른에서 뉴타입의 필젠맥주가 시장을 석권하는 것을 보고 돌아와서 1869년 바이에른의 유명 양조가였던 빌헬름휄트만(Wilhelm Feltmann)을 초빙하여 필젠타입의 맥주를 만들기 시작했고 연구소도 마련하였다.

마침내 1883년 하이네켄 맥주는 국가로부터 'Diplome d Honneur' 라는 인증서를 받았는데 지금도 하이네켄 맥주의 병이나 캔 제품에는 이 영광의 문구가 표기되어 있다. 그리고 3년 후인 1886년 파스퇴르의 제자 중 한 사람인 엘리온(Elion) 박사는 하이네켄 맥주만이 낼 수 있는 독특한 향을 가진 효모를 순수 분리하였다.

아버지의 뒤를 이은 헨리 피에르 하이네켄(Henry-Pierre Heineken)은 미국시장을 노리고 있던 중 1933년 미국 알코올 금지법의 철회와 동시에 미국에 최초로 맥주를 수출하여 오늘날 세계에서 두 번째로 잘 팔리는 맥주가 되었다.

출처 : www.beer.co.kr

(5) 체코

체코의 유명 맥주산지는 보헤미아로서 독일의 바이에른과 맞먹는 맥주의 고장이다. 보헤미아 지방 중에서도 특히 필젠(Pilsen)의 양조 용수는 경도가 낮아 담색(황금색)과 깨끗한 맛을 내는 원천이 되어 오늘날 필젠비어(Pilsen Beer) 또는 필스너(Pilsener) 타입 맥주의 효시가 되었다. 체코의 유명맥주인 필스너 아쿠엘(Pilsener Urquell)은 필스너 맥주의 원조 브랜드로서 '필스너 맥주의 원천' 이라는 의미를 가지고 있다.

필스너 아쿠엘
(Pilsener Urquell)

(6) 프랑스

와인왕국인 프랑스도 중세기 이전까지는 맥주 양조가 번성하였다. 그러나 중세기에 들어와서 와인은 주로 왕실과 교회의 자본 및 지원 아래서 제조된 반면에 맥주는 주로 서민들 사이에서 양조되었다. 프랑스의 유명맥주로는 300여 년 전통의 크로넨버그(Kronenbourg)를 비롯하여 데스페라도스(Desperados), 켄터브라우(Kanterbrau) 등이 있다.

크로넨버그(Kronenbourg)

데스페라도스(Desperados)

켄터브라우(Kanterbrau)

(7) 벨기에

벨기에는 영국과 마찬가지로 상면발효를 사용한 람빅(Lambic) 타입의 맥주를 주로 생산하는데 맥주 양조의 전통을 중시하기 때문이다. 1965년 벨기에 정부는 람빅맥주를 보호하기 위하여 원산지 보호법을 만들었으며, 1992년에는 EC의 인가를 받았다. 벨기에의 한 지역에서만 생산되는 람빅은 이제 세계적으로 유명한 맥주가 되었다.

유명맥주로는 1445년부터 만들어진 호가든(Hoegaarden)을 들 수 있는데 천연 오렌지 껍질과 미나리과 식물의 코리앤더 향이 자아내는 특유의 풍미와 부드러운 거품 그리고 전용 잔을 사용하는 것이 특징이다. 그 외 수도원에서 만들어내고 있는 전통의 시메이 트라피스트(Chimay Trappist)를 비롯하여 하면발효의 라거(Lager) 타입으로서 6백 년 전통의 스카치 위스키를 만드는 방식으로 생산되고 체감 알코올 도수가 높은 스텔라 아르투아(Stella Artois), 알코올 도수 6.6%로 만만치 않고 중세 수도사들이 직접 손으로 빚던 방식으로 만든 레페 블론드(Leffe Blond) 등이 있다.

또한 벨기에는 후퍼스 후치(Hooper' s Hooch)라는 맥주의 원산지로 유명한데 발효 중에 오렌지, 레몬, 멜론 등의 과일을 넣어 과일의 맛, 향, 색깔이 우러나게 하여 다양한 색깔을 내고 있다. 이 맥주는 알코올과 청량음료를 동시에 즐길 수 있도록 만든 것으로 술 같지 않은 술이지만 알코올 도수가 4.7%가 되어 화장실 갈 때 비틀거리는 주류에 속하며, 특히 오렌지 맛의 맥주는 오렌지 탄산 주스에 가깝다.

호가든(Hoegaarden)

시메이 트라피스트(Chimay Trappist)

스텔라 아르투아(Stella Artois)

후퍼스 후치(Hooper's Hooch)

(8) 오스트리아

알프스의 맑은 물로 빚은 고품질의 맥주를 양산하고 있다. 유명맥주로는 지퍼(Zipfer)와 알프스의 꽃을 상징하는 에델바이스 스노우후레쉬(Edelweiss Snowfresh) 등이 있다.

지퍼(Zipfer)

에델바이스 스노우후레쉬
(Edelweiss Snowfresh)

3.2 아메리카주 국가의 맥주

(1) 미국

미국 맥주인 버드와이저(Budweiser)는 세계 맥주 총생산량의 8~9%를 점유하고 있는 세계에서 가장 많이 팔리는 맥주로서 유명하다. 버드와이저는 1876년부터 생산된 프리미엄급 라거맥주로서 색은 엷고, 맛은 상쾌하며 부드럽다.

밀러(Miller)는 처음에 다른 맥주에 비해 보다 유럽풍의 홉을 많이 사용한 맥주였지만, 비교적 알코올 도수가 낮고 쓴맛이 약한 밀러 라이트(Miller Light)를 개발하여 인기를 얻었으며, 병 뚜껑을 오프너를 사용하지 않고 손으로 돌려 따는 맥주의 효시이다. 그 외 유명맥주로는 상쾌한 맛을 가진 버드 라이트(Bud light), 부드러운 맛과 얼음처럼 투명한 버드 아이스(Bud Ice), 탄산의 쏘는 맛이 강하고 향이 진한 레드 독(Red Dog), 흑맥주와 비슷하지만 조금 부드러운 쿠어스(Coors), 부드럽지만 마시고 난 후의 향기가 오래 남는 미켈롭 울트라(Michelob Ultra), 최고급 흑맥주로서 미국 내 흑맥주부분 최고의 판매량을 기록하고 있는 헨리 웨인하드(Henry Weinhards) 등이 있다.

버드와이저
(Budweiser)

밀러라이트
(Miller Light)

버드 라이트
(Bud light)

버드 아이스
(Bud Ice)

레드 독
(Red Dog)

쿠어스
(Coors)

미켈롭 울트라
(Michelob Ultra)

웨인하드
(Henry Weinhards)

(2) 멕시코

멕시코의 유명맥주는 1925년 멕시코의 구루포 모델로(Gurupo Modelo)사에서 생산한 코로나(Corona) 맥주를 들 수 있다. 코로나는 투명한 병과 레몬을 넣어 마시는 것이 특징으로서 멕시코 국민들에게 가장 사랑을 받는 맥주이다. 원래 코로나에 라임을 넣어 먹는데 그 이유는 병 입구에 끼워 마시면 탄산이 줄어들어 한결 부드럽고 깔끔해지기 때문이다. 우리나라에서는 라임이 생산되지 않고, 유

코로나
(Corona)

네그라 모델로
(Negra Modelo)

통기간이 짧아서 쉽게 변질되기 때문에 비슷한 맛을 내고자 레몬을 대신 사용하고 있다. 알코올 도수는 4.6% 정도이며, 투명한 맥주병 사용의 원조라고 할 수 있다.

그 외 유명맥주로는 네그라 모델로(Negra Modelo)가 있는데 알코올 도수 6%의 테킬라급 맥주로서 쓴맛이 아주 강하다. 무더운 여름 낮에 아주 차게 해서 마시면 멕시코 맥주의 매력을 제대로 느낄 수 있다.

3.3 오세아니아/아시아 국가의 맥주

(1) 호주

호주의 유명맥주로는 포스터스(Foster' s)를 들 수 있다. 이 맥주는 1794년 시드니에서 옥수수를 원료로 하여 처음으로 양조하였는데 호주 맥주의 효시라고 할 수 있으며, 그 맛은 씁쓸하고 고소한 맛이 일품이다. 그 외 유명맥주로는 포엑스(XXXX), 테킬라 슬래머(Tequila Slamma), 쿠퍼스(Coopers) 등이 있다.

포스터스
(Foster' s)

포엑스
(XXXX)

테킬라 슬래머
(Tequila Slamma)

쿠퍼스
(Coopers)

(2) 뉴질랜드

청정지역 뉴질랜드도 유명맥주를 생산하고 있는 국가이다. 유명맥주로는 소량의 보드카에 과일향을 첨가한 KGB맥주를 들 수 있는데 러시아를 상징하는 보드카에 러시아의 보안 담당기관인 KBG라는 명칭을 붙여 많은 사람들이 러시아 맥주로 착각하고 있다. 그 외 유명맥주로는 역시 보드카를 사용한 크루저(Cruiser), 머드쉐이크(Mudshake) 등을 들 수 있다.

KGB

크루저
(Cruiser)

머드쉐이크
(Mudshake)

(3) 일본

일본인들은 맥주를 술이라기보다는 생활의 일부분이라고 할 정도로 즐긴다. 일본 맥주의 역사는 140년 정도 되었으며, 일본 맥주의 4대 메이커인 기린(Kirin), 아사히(Asahi), 삿포로(Sapporo), 산토리(Suntory)사를 비롯하여 전국 각지에 270여 개의 지역맥주회사에서 맥주를 생산하고 있다. 일본 맥주시장의 선두주자는 기린 맥주이며, 아사히 맥주가 드라이 맥주 등을 개발하여 기린 맥주에 도전 또는 필적하고 있다. 삿포로 맥주는 업계 3위로서 남녀 모두에게 어필하고 다양한 디자인의 용기가 특징이며, 일본의 위스키회사로 유명한 산토리는 맥주업계 제4위를 달리고 있다.

기린(Kirin)

삿포로(Sapporo)

아사히(Asahi)

(4) 중국

칭타오(Tsingtao)

중국은 최근 미국을 위협할 정도로 세계 최대 맥주 생산국으로 부상하고 있다. 중국이 급속한 경제성장에 힘입어 맥주 소비가 급증하고, 지방마다 맥주공장이 우후죽순 생겨나자 버드와이저, 칼스버그, 하이네켄, 아사이 등 세계 30여 개의 유명 맥주회사가 이들과 합작투자하는 등 잇달아 진출하면서 생산량이 늘었고, 품질도 좋아졌다. 중국은 최근 800개가 넘는 맥주공장에서 약 2,400만kℓ를 생산하여 세계 전체 맥주 생산량의 16%를 차지한 것으로 조사되었다.

중국의 유명맥주로는 1897년 독일의 기술에 의하여 개발된 중국 최초의 맥주 칭타오(Tsingtao)가 있는데 알코올 도수는 5% 정도이고, 자스민과 같은 특유의 향이 들어 있지만 다소 드라이한 맛이 특징이다.

(5) 필리핀

산미구엘
(San Miguel)

필리핀이 자랑하는 세계적인 맥주로는 산미구엘(San Miguel)이 있다. 이 맥주의 알코올 도수는 5% 정도이며, 씁쓸하면서도 달콤한 맛이 섞여서 그다지 진하게 느껴지지 않는다. 산미구엘 다크(San Miguel Dark)는 기네스와 같이 에스프레소 커피 향이 나는 흑맥주이다.

(6) 한국

서양의 맥주가 우리나라에 처음 들어온 것은 1883년이며, 맥주를 우아(友兒)로 표기하였는데 비어(beer)의 영어 발음을 한자로 표기한 것으로 추측된다. 한국의 맥주제조는 1933년 일본의 삿포르 맥주회사가 조선맥주(주)를, 기린맥주 회사가 동양맥주(주)를 서울에 자회사를 설립하면서 역사가 시작되었다. 해방 후 조선맥주(주)와 동양맥주(주)가 일본회사로부터 독립해 양대 메이커로 자리를 잡았고, 1990년대 후반 조선맥주(주)는 HITE맥주(주)로, 동양맥주(주)는 OB맥주(주)로 상호를 변경하여 오늘날까지 맥주업계의 양대산맥으로 라이벌을 형성하고 있다. 2014년 HITE맥주(주)는 하이트진로(주)로 사명을 변경하였다. 이 두 업체 외 몇몇 맥주회사가 존재하였으나 이 두 회사에 흡수되고 말았다.

맥/주/상/식 맛있는 맥주 마시기

1. 한꺼번에 많은 양의 맥주를 놓고 마시지 않는다.

2. 계절별로 마시는 온도를 달리한다. 즉 여름철에는 6~8도, 겨울철에는 10~12도, 봄과 가을에는 8~10도가 적당하다. 맥주가 미지근하면 거품이 너무 많고, 지나치게 차면 거품이 잘 일지 않으며 혀를 마비시켜 맥주의 참 맛을 느끼지 못한다.

3. 맥주의 거품은 2~3부가 적당하다. 거품은 탄산 가스가 날아가는 것을 막아주고 맥주 특유의 쓴맛을 유지시켜준다.

맥주의 거품과 술의 비율

4. 맥주를 따를 때는 처음에는 천천히, 그 다음에는 빠르게 따르다가 거품이 일기 시작하면 다시 천천히 따르면서 거품이 넘치지 않을 정도만큼 위로 밀어 올리듯 따른다.

5. 맥주를 잔으로 받을 때는 병 쪽으로 45도 정도 기울여서 받다가 반 이상 차면 점점 세우면서 받으면 적당한 거품을 얻을 수 있다.

6. 깨끗한 잔을 사용한다. 잔이 깨끗하지 않으며 거품이 잘 안 생기므로 뜨거운 물로 깨끗하게 닦고 완전히 말린 다음, 마시기 2시간 전에 냉동실에 넣어두면 더욱 시원한 맥주의 맛을 느낄 수 있다.

7. 맥주의 거품이 있는 상태에서 마시고 난 후 빈 잔에 그 거품이 남아 있는 상태가 가장 이상적으로 마셨다고 할 수 있다. 따라서 한잔을 너무 오래 동안 두고 마시는 것보다 짧은 시간 내 단숨에 들이키는 것이 좋다.

8. 맥주를 따라 줄 때 첨잔을 하지 않는다. 기존에 남아있는 맥주는 가스가 날아가고 없으므로 섞이게 되면 신선한 맛을 느낄 수 없다.

9. 맥주를 보관할 때는 직사광선을 피하고, 얼지 않도록 한다.

맥/주/상/식 재미있는 맥주 이야기

1. 맥주를 마시면 살찐다?
맥주성분 자체의 원인이 아니라 홉의 쓴맛이 침과 위산 분비를 촉진시켜 식욕을 돋우는 역할을 하여 안주를 많이 먹기 때문이다.

2. 맥주병은 왜 대부분 갈색일까?
직사광선으로부터 맥주를 보호하기 위해서이다. 직사광선을 직접 받으면 산화작용으로 인하여 맥주특유의 맛과 향이 날아가 버린다.

3. 맥주의 금속 병 뚜껑은 어떻게 탄생되었을까?
맥주병의 뚜껑은 처음에는 코르크 마개였다. 그러나 코르크 마개는 너무 단단해서 열기가 힘들었고, 일단 열어도 맥주가 넘치는 등 불편함이 많았다. 이에 1892년 영국의 윌리엄 페이트가 금속 뚜껑을 발명하였고, 이후 정착되었다. 그리고 병 뚜껑의 톱니숫자는 세계 모든 병맥주가 공통적으로 21개이다. 이 수보다 적으면 벗겨지기 쉽고 많으면 따기가 힘들다고 한다.

4. 맥주 해장에는 어떤 것이 좋을까?
맥주 해장에 가장 좋은 것은 우유다. 맥주는 산성인데 비하여 우유는 알칼리성이므로 위 속에 들어가서 알코올을 중화시켜 머리를 맑게 한다.

5. 먹다 남은 맥주의 활용방법은 없을까?
맥주에 물을 섞어 머리를 감으면 머리결이 좋아지고, 몸을 담그면 땀과 함께 피부의 노폐물이 빠져 나와 피로를 풀 수 있다. 또한 육류를 삶을 때 물대신 맥주를 쓰면 누린내가 없어지고 기름기도 빠져서 고기 맛도 한결 부드러워진다.

Guide to Wines,
Beers, Spirits
L i q u e u r s
and Cocktails

주류학개론

제6장

위스키

1_ 위스키의 개요

1.1 위스키의 역사

위스키(Whisky)의 어원은 아일랜드의 '생명의 물' 이라는 의미의 우스키바아(Usquebaugh)에서 유래되었다. 즉 우스키바아(Usquebaugh)는 우스키(Usky), 그리고 위스키(Whisky, Whiskey)로 발전하였다. 1170년 잉글랜드 헨리 2세의 군대가 아일랜드를 침공했을 때 이곳 주민들이 즐겨 마시던 토속주인 우스키바아(Usquebaugh)가 알려져 위스키의 역사가 시작되었다. 15세기경에는 위스키의 제조기술이 스코틀랜드에도 전해져 본격적으로 양조하였고, 이후 위스키는 아일랜드의 아이리시(Irish) 위스키와 스코틀랜드의 스카치(Scotch) 위스키로 나뉘어 발전하게 되었다.

위스키는 1494년 스코틀랜드 대장성 기록에 이어 1609년 스코틀랜드 의회법에서 최초로 언급되어 제조가 양성화되었다. 그러나 1707년 잉글랜드와 스코틀랜드의 합병으로 대영제국이 탄생하였고, 그 후 1713

년 영국 정부가 재원을 확보하기 위해 종전보다 높은 세금을 부과하고, 소규모 업자를 근절시키기 위하여 소형 증류기사용을 금지하자 이에 불만을 품은 위스키 증류업자들이 하이랜드(High Land) 지방의 산 속에 숨어 위스키를 밀조하였다.

밀조자들은 맥아의 건조를 위해 이탄(泥炭 ; Peat)을 사용하였는데 이탄은 땅속에 매몰된 기간이 오래되지 않아 탄화 작용이 제대로 이루어지지 않은 석탄으로서 발열량(發熱量)이 적은 연료이다. 이탄으로 건조하게 되면 연기로 그슬린 훈연취(熏煙臭)가 생성되는데 이것이 스카치 위스키 특유의 향취를 가지게 된 시발이 되었다.

또한 증류한 술을 은폐하려고 쉐리(Sherry) 와인의 빈 통에 담아 산속에 은폐시켰는데 나중에 통을 열어 보았더니 증류 당시에는 무색이었던 술이 투명한 호박색에 짙은 향취가 풍기는 술로 변해 있었다. 이것이 바로 참나무(Oak) 술통에 저장하게 된 동기가 되었다. 이와 같이 밀조자들이 궁여지책으로 강구한 수단들이 오히려 위스키 양조기술의 향상을 가져왔던 것이다.

이러한 밀조시대는 1823년 하이랜드 지방의 대지주이자 상원의원이었던 알렉산더 고든이 소규모의 증류소에서도 싼 세금으로 위스키를 증류할 수 있도록 세제안을 제안하고 그것이 통과되어 새로운 위스키법이 공포됨으로써 종지부를 찍게 되었다. 이때부터 위스키의 제조는 본격화되었고, 특히 1831년 아네스 코페이(Aeneas Coffey)에 의하여 코페이식 연식 증류기가 개발되어 그레인 위스키(Grain Whisky)가 대량 제조되었다. 이때만 해도 스카치 위스키는 하이랜드의 토속주에 불과하였으나 오늘날 세계적인 술로 비약하게 된 계기는 두 가지 이유가 있다.

첫째는 1853년 글렌리벳 위스키의 대리점을 하고 있던 앤드류 우셔(Andrew Usher)가 몰트(Malt) 위스키와 그레인(Grain) 위스키를 섞는 블렌딩(Blending) 기법을 개발하였기 때문이다.

둘째는 당시 런던의 상류층은 프랑스의 코냑(Cognac)을 수입하여 즐겨 마셨는데 1859년경 포도해충인 피록세라(Phylloxera)가 프랑스의 포도원을 황폐화시켜 코냑의 제조가 불가능하게 되자 듀워(Dewar), 워커(Walker) 등과 같은 영국 위스키 회사들이 대체 증류주로서 스카치 위스키를 대량 생산 및 판매를 하였기 때문이다.

1.2 위스키의 제조과정

[그림 6-1] 위스키의 제조과정

과 정	내 용
정선	보리를 정선기에 넣어 마른 알갱이와 불량한 보리를 완전히 제거한다.
침맥	보리를 깨끗이 씻은 다음 발아를 위해 물을 주고 2일 동안 침수한다.
발아	침맥한 보리를 발아실로 보내 1주일 정도 발아시킨다.
건조	발아된 보리는 건조기에서 이탄(Peat)의 열로 건조시킨다.
제조와 분쇄	건조한 맥아의 뿌리를 제거하고 당화하기 쉽게 분말로 만드는데 이를 매쉬(Mash)라고 한다.
당화와 냉각	분쇄된 맥아에 물을 부어 당화조에 넣고 당화 후 효모균의 냉각시킨다.
발효	냉각된 당화액에 위스키용 순수 효모를 가해서 발효시킨다. 이때 알코올 5% 정도의 보리술이 생긴다.
증류	발효가 끝난 술은 단식 증류기(Pot Still)로 두 번 증류한다.(아이리시 위스키는 3번 증류)
저장	2차 증류를 마친 술은 오크통에 저장되고 장기 숙성에 들어간다. 저장기간은 산지별로 보통 2~4년 정도이지만 더 오래(20~30년) 저장할 수도 있다.
혼합	서로 다른 맛과 향을 가진 위스키를 혼합하는데 이를 '블렌딩(blending)'이라고 한다.
후숙 및 병입	블렌딩이 끝난 위스키는 다시 술통에 넣어 수년간 후숙시킨 뒤 병에 넣어 시판한다.

위스키의 제조방법은 국가별, 원료별, 증류법 등에 따라 약간씩 차이가 있지만 일반적으로 보리, 호밀, 옥수수, 귀리 등 곡류의 전분을 당화하기 쉽게 분쇄(Mashing)를 하고, 이를 발효(Fermentation)시킨 다음, 단식 또는 연속증류기에 증류(Distillation)시켜 알코올을 생성한다. 이 알코올을 참나무로 만든 오크(Oak)통에 수년간 저장하고 숙성(Aging)시키면 위스키가 완성된다. 위스키가 처음에 증류될 때에는 무색이지만 통에서 성숙되는 동안에 착색이 되고 향미가 생겨난다. 위스키의 경우 통속에서의 저장기간은 대략 30년이 한계이며, 알코올 도수는 증류기에서 나올 때는 90% 정도 되지만 저장기간을 거쳐 모든 과정이 끝난 후 병입을 할 때는 43% 전후가 된다.

2_

위스키의 분류

2.1 원료에 의한 분류

위스키는 사용되는 원료에 따라 몰트(Malt) 위스키, 그레인(Grain) 위스키, 블렌디드(Blended) 위스키, 콘(Corn) 위스키, 라이(Rye) 위스키 등으로 나누어진다.

(1) 몰트(Malt) 위스키

몰트(Malt) 위스키는 100% 보리(맥아)만을 발효시키고 증류하여 만든 위스키이다. 특히 맥아를 건조시킬 때 이탄(Peat)을 태워서 그 연기와 열풍으로 건조시키므로 훈향(燻香)이 살아있고, 전통적인 단식 증류장치(Pot Still)를 사용하여 증류한 후 오크통에서 다년간 숙성시키므로 맛이 진하고 무겁다. 몰트는 스카치 위스키의 주원료로서 대부분 그레인 위스키 등과 혼합하여 블렌디드(Blended) 위스키를 만드는데 사용하지만 순수한 몰트만 사용하여 순수 몰트 위스키를 만들기도 한다.

몰트 위스키 중에서도 여러 증류소에 만든 서로 다른 몰트 위스키끼리 섞은 경우 배티드 몰트 위스키(Vatted Malt Whisky)라고 하고, 단일 증류소에서 만들어진 몰트 위스키만을 사용하여 제품화한 경우 싱글 몰트 위스키(Single Malt Scotch Whisky)라고 한다.

(2) 그레인(Grain) 위스키

그레인(Grain) 위스키는 보리, 옥수수, 귀리 등의 잡곡을 당화시키고, 발효, 증류시킨 것이다. 이렇게 생성된 알코올을 증류할 때는 연속식 증류기를 사용하므로 맛이나 향이 거의 없는 가벼운 위스키가 된다. 숙성은 3년 남짓하고 주로 몰트 위스키와 블렌딩하기 위한 목적으로 만든다.

(3) 블렌디드(Blended) 위스키

블렌디드 위스키(Blended Whisky)란 여러 종류의 증류원소를 결합한 위스키를 말하는데 대부분 스카치 위스키의 경우 몰트 위스키와 그레인 위스키를 블렌딩(Blending)하여 만든다. 위스키는 저장해둔 오크통의 특성, 저장위치, 생산연도에 따라 각 통의 위스키는 맛, 향 그리고 색이 미묘한 차이를 띄게 되고, 블렌더(Blender)들은 이러한 원액을 적절히 배합하여 최상의 품질로 만들어 내는데 이때 위스키의 맛과 향이 결정된다. 이 과정을 블렌딩(Blending)이라고 한다. 블렌딩(Blending)의 목적은 몰트의 훈향(燻香)을 없애주고, 자기만의 독특한 위스키를 만들며, 품질의 지속성을 유지하기 위함이다. 그리고 블렌딩을 하는 기술자를 마스터 블렌더(Master Blender)라고 한다.

(4) 콘(Corn) 위스키

콘(Corn) 위스키는 옥수수(80%)와 다른 알곡을 섞어 만든 것인데 콘은 아메리칸 위스키(American Whiskey)의 주원료이다. 이를 버번(Bourbon) 위스키라고도 한다.

(5) 라이(Rye) 위스키

라이(Rye) 위스키는 51%의 호밀에 다른 알곡을 섞어 만든 것인데 라이는 캐나디언 위스키(Canadian Whisky)의 주원료이다.

[표 6-1] 원료 및 산지별 위스키

원료별 위스키	원료	산지별 위스키
몰트(Malt) 위스키	보리(麥芽)	스카치(Scotch) 위스키
그레인(Grain) 위스키	보리(麥芽), 옥수수, 귀리	아이리시(Irish) 위스키
블렌디드(Blended) 위스키	몰트(Malt)+ 그레인(Grain)	스카치(Scotch) 위스키 아이리시(Irish) 위스키
콘(Corn) 위스키	옥수수, 호밀	아메리칸(American) 위스키
라이(Rye) 위스키	호밀	캐나디언(Canadian) 위스키

2.2 산지별 분류

위스키는 통상적으로 영국의 스코틀랜드 지방의 스카치 위스키(Scotch Whisky), 아일랜드 지방의 아이리시 위스키(Irish Whiskey), 미국의 아메리칸 위스키(American Whiskey), 캐나다의 캐나디언 위스키(Canadian Whisky)의 4대 산지별로 분류한다. 위스키의 영어 철자는 스카치와 캐나디언 위스키 경우 'Whisky' 로 표기하고, 아이리시와 아메리칸 위스키의 경우 'Whiskey' 로 표기한다.

(1) 스카치 위스키(Scotch Whisky)

영국의 스코틀랜드 지방에서 생산되는 스카치 위스키는 전 세계 위스키 시장의 60%를 점유할 뿐만 아니라 그 종류는 3,000여 종에 이르며, 위스키의 명주는 대부분 스카치 위스키라고 해도 과언이 아니다. 스카치 위스키의 맛은 부드러우면서도 강하고, 미묘하면서도 독특한 향을 지니고 있다. 스카치 위스키가 유명한 이유는 다음과 같다.

첫째, 영국의 스코틀랜드 지방은 물이 부드럽고, 토질이 좋다.
둘째, 이곳의 보리는 지방질이 적고 단백질이 많아 이탄 불로 말릴 때 향취를 충분히 낸다.
셋째, 전통적인 단식 증류기(Pot Still)의 사용은 원료의 향미와 향취를 유지해 준다.
넷째, 이 지역의 참나무(Oak) 술통은 술을 숙성시키는데 결정적인 역할을 한다.

스카치 위스키는 품질에 따라 고급(Premium)과 보통급(Standard)으로 나누어지는데 몰트 위스키(Malt Whisky), 그레인 위스키(Grain Whisky)가 어떤 비율로 블렌딩(Blending)되었는가에 따라 구분된다. 즉 몰트 위스키 70%, 그레인 위스키 30% 비율로 블렌딩되면 고급 위스키이고, 몰트 위스키 30%, 그레인 위스키 70% 비율로 블렌딩되면 보통급 위스키이다. 또한 숙성기간이 12년 이상이면 프리미엄(Premium), 12년 미만은 스탠다드(Standard) 위스키로 분류하고, 특히 17년 이상이면 슈퍼 프리미엄(SP : Super Premium)이라고도 한다. 유명 스카치 위스키를 소개하면 다음과 같다.

❶ 발렌타인(Ballantine)

1827년 농부였던 조지 발렌타인(George Ballantine)이 개발한 술로서 선명한 호박빛과 매혹적인 오크향을 자랑한다. 발렌타인은 스탠다드급으로서 6년산인 파이니스트(Finest)에서부터 프리미엄급인 골드(12년산), 마스터스(Masters), 17년산, 21년산, 30년산 등 다양한 제품이 있으며, 전 세계에 연간 6,000만 병이 팔리는 유명 위스키이다.

파이니스트(Finest)

12년산

마스터스(Masters)

17년산

21년산

30년산

❷ 로얄 살루트(Royal Salute)

'왕에게 바치는 예포(禮砲)' 라는 뜻을 가지고 있는 로얄 살루트는 1931년 글렌리벳사가 21년 뒤 1953년 영국의 엘리자베스 2세 여왕의 즉위식(대관식)을 위하여 특별히 제조한 술이다. 1953년 대관식 당시 21발의 예포를 발사하였는데 그것을 기념하여 21년산만 생산한다. 로얄

살루트는 19세기 초 전통적인 형태의 문양을 수공으로 새겨 넣은 도자기 병에 넣어 출시되고, 영국 왕실의 왕관에 박혀 있는 루비, 사파이어, 에머럴드의 색깔을 각각 상징하는 자색, 청색, 녹색의 3가지가 병이 있다. 특히 이 3종을 함께 고급 나무상자에 담아 판매하는 로얄 살루트 컬렉션은 소장가치를 아는 명품 위스키 애호가들로부터 큰 사랑을 받고 있다. 2003년도에는 엘리자베스 2세 여왕의 즉위 50주년을 기념해 로얄 살루트 50년을 255병만 한정 생산한 바 있는데, 희귀성에 의하여 한 병에 우리나라 돈으로 1,200만 원에 판매되었다고 한다.

❸ 시바스 리갈(Chivas Regal)

시바스(Chivas)는 고대 스콜틀랜드의 한 작은 마을의 이름인데 이 마을 출신 사람들은 자신의 성(性)으로 시바스를 사용하곤 하였다. 시바스 리갈(Chivas Regal)은 영국 시바스 브라더스사가 위스키 원액을 엄선하여 블렌딩하여 만든 것으로서 1843년 빅토리아 여왕에게 진상할 최고급 제품의 이름으로 명명되었다. 즉 '국왕의 시바스'라는 뜻이다. 시바스 리갈은 200년 전통의 프리미엄 위스키로서 세계 1, 2위의 판매량을 자랑하고 있다. 우리나라에서는 고 박정희 대통령이 심복의 총탄을 맞고 숨지기 직전 마셨던 술로 유명하다.

❹ 커티 샥(Cutty Sark)

커티 샥(Cutty Sark)은 옛 스코틀랜드어로 '짧은 속치마'라는 뜻에서 유래되었다. 18세기 스코틀랜드 로버트 번스의 '탐 오 섄터(Tam O' Shanter)'라는 작품에 「아름다운 마녀가 짧은 속치마를 입고 춤을 추고 있었는데 탐은 자신도 모르게 "잘한다 커티 샥(짧은 속치마)"이라고 외쳤다. 그 소리에 마녀들은 무서운 속도로 그를 뒤쫓기 시작했다」라는 대목이 나온다. 그 후 당시 가장 빠른 속도를 자랑하던 한 범선에 커티 샥이라는 이름이 붙여졌다. 1923년 베리 브라더스 앤드 러드사의 직원들은 새 위스키에 붙일 이름을 찾고 있었는데 선원 출신의 한 예술가가 범선 커티 샥의 이름을 제안하였고, 회사는 그것을 받아들여 범선이 그려진 라벨도 만들었다. 커티 샥은 영국 자국 내의 대중적인 술로 유명하다.

❺ 죠니 워커(Johnnie Walker)

죠니 워커(Johnnie Walker)는 700mℓ기준 연간 약 9천1백만 병이 2백 개국 이상으로 수출돼 전 세계 스카치 위스키 중 가장 많이 팔리고 있는 스탠다드급인 레드 라벨(Red Label)을 비롯하여 블랙(12년산), 골드(18년산), 블루(30년산) 등 5개의 라벨이 있다. 블랙 라벨(Black Label)은 12년 전후의 숙성한 몰트를 많이 사용한 프리미엄급으로 94년 스카치 위스키 탄생 500주년기념 주류품평회에서 영예의 금상을 수상한 바 있다. 골드 라벨(Gold Label)은 죠니워커 탄생 100주년을 기념해 죠니워커 가문과 친구들만 즐기기 위해 만들어진 것으로 18년 이상 숙성된 최상급 싱글 위스키만을 선별해 제조되었다. 블루 라벨(Blue Label)은 죠니워커 가문 최고의 위스키로서 최상의 품질을 유지하기 위해 생산되는 모든 병마다 고유번호를 부여하고 있다. 최근에는 15년산의 그린 라벨(Green Label)도 출시되었다.

레드(Red) 라벨 / 블랙(Black) 라벨 / 그린(Green) 라벨 / 골드(Gold) 라벨 / 블루(Blue) 라벨

❻ 글렌피딕(Grenfiddich)

글렌피딕(Grenfiddich)은 사슴이 있는 골짜기라는 뜻에서 유래되었으며, 1886년 가을 윌리암 그랜트(William Grant)는 스코틀랜드 하일랜드의 깊숙한 곳에 땅을 구매하여 손수 글렌피딕 증류소를 세웠고 열성적인 노력 끝에 1887년 크리스마스에 첫 번째 글렌피딕을 완성하였다. 그랜트(Grant)가의 기술과 결단력으로 창조된 싱글 몰트 글렌피딕은 세기를 넘어 오늘날에도 그 제조과정은 변치 않고 이어져 오고 있는데 세계에서 가장 인기있는 싱글 몰트 스카지 위스키(Single Malt Scotch Whisky)로 성장하였다. 글렌피딕은 막대한 수요에도 불구하고, 질의 저급화를 초래하는 생산기술의 변화나 대량생산 등의 요구를 철저히 거부하는 등 100여 년 전의 그 장소에서 똑같이 엄선된 재료들로 같은 증류 과정으로 만들어지고 있다. 글렌피딕은 12년산(Glenfiddich Special Reserve 12 Years Old), 특유의 솔레라 오크통에서 숙성한 15년산(Glenfiddich Solera Reserve 15 Years Old), 18년산(Glenfiddich Ancient Reserve 18 Years Old) 그리고 30년산(Glenfiddich 30 Years Old)이 있다.

❼ 딤플(Dimple)

딤플(Dimple)은 1893년대 첫 시판될 당시는 창업자인 로버트 헤이그(Robert Haig) 이름을 사용하여 헤이그(Haig)로 판매되었으나 보조개 모양으로 음푹 패인 병모양이 독특해 1920년부터 보조개란 뜻의 딤플(Dimple)로 바뀌었다. 이 병의 디자인은 역시 헤이그가의 조지 오길비 헤이그(George Ogilvy Haig)가 당시 대부분 위스키 병들이 길고 단순한 디자인으로 대중에게 호응을 얻지 못했다는 점에 착안하여 섬세하면서도 부드러운 곡선을 지닌 독특한 디자인을 내놓았다. 사람들은 이 병을 보며 아름다운 위스키라며 찬사를 아끼지 않았고, 이 후 딤플은 '깊고 풍부한 맛을 가진 최고의 위스키' 라는 기존이 타이틀과 함께 '세계에서 가장 아름다운 위스키' 라는 명예를 하나 더 얻었다. 딤플(Dimple)은 숙성 기간이 12년 이상 된 프리미엄 위스키로 독일, 미국, 프랑스 등 세계 120여 나라에서 판매된다. 고급 스카치 위스키 가운데 판매량이 세계 4위를 차지할 만큼 사랑을 받고 있다.

❽ 올드 파(Old Parr)

올드 파 위스키 술병 뒷면에는 152세의 토마스 파(Thomas Parr) 옹이 새겨져 있는데, 그는 신장 155cm에 체중 53kg의 체격이었으나 술배가 따로 있다고 소문날 정도로 술꾼이었다. 또한 80세에 처음 결혼하였고, 102세 때 재혼할 정도로 건강하였다. 그의 노익장이 영국 전역에 소문나자 당시 찰스 1세가 그를 런던에 초대했는데 그때가 1589년 그의 나이 152세였다. 왕궁에서는 그 당시 유명한 화가 루벤스에게 초상화를 그리게 하였고, 그 초상화가 올드 파의 상표 모델이 되었다. 그 해 토마스 파 옹은 너무 포식하다가 몇 달 후에 급사하고 말았다. 올드 파는 피트(Peat)향이 진하고 맛이 깊고 부드러운 특징을 가지고 있다.

올드 파(Old Parr) 위스키와 병의 뒷면에 새겨진 토마스 파(Thomas Parr)

⑨ 클랜 캠벨(Clan Campbell)

스코틀랜드에서 가장 오래된 가문의 하나인 캠벨가에서 만든 것으로 12년산 미만은 라이트한 타입으로 여성들에게도 인기가 있으며, 12년산은 남성적인 풍미를 지니고 있다.

⑩ 로얄 스털링(Royal Stirling)

천혜의 기후와 맑은 물로 최상의 위스키산지로 주목을 받고 있는 하이랜드 스털링지역에서 생산되는 위스키로서 25년산과 17년산이 있다. 특히 25년산은 100% 프리미엄 몰트 위스키로서 크리스탈 병에 일련번호가 부여되어 한정 생산되고 있다.

⑪ 페이머스 그라우스(Famous Grouse)

하일랜드산 몰트위스키를 블렌드한 위스키로서 영국인들에게 중후한 맛으로 정평이 나 있다. 그라우스(Grouse)란 스코틀랜드에서 서식하는 꿩과의 새를 말하는데 라벨에 그 그림이 그려져 있다.

⑫ 스윙(Swing)

프리미엄급 위스키로 병을 탁자에 놓고 흔들면 그 자리에서 흔들리는 것에서 명칭이 유래되었다.

⑬ 제이앤비(J&B)

1749년 이탈리아계 자코모 저스테리니가 최초 설립한 것으로 미모의 오페라 가수를 열렬히 사랑한 나머지 그녀를 쫓아 영국으로 건너간 저스테리니는 귀족을 대상으로 한 주류회사를 창립하여 성공을 거두었고, 후에 새로운 경영자 브룩스를 맞이하면서 두 사람 이름의 첫 글자를 따서 J&B라는 명칭을 붙이게 되었다. 결국 한 여인에 대한 뜨거운 사랑이 J&B를 탄생시킨 것이다. 6년산은 레어(Rare), 12년산은 제트(Jet), 그리고 15년산 등이 있다.

(2) 아이리시 위스키(Irish Whiskey)

아일랜드(Ireland)에서 생산되는 아이리시 위스키(Irish Whiskey)는 최고의 전통을 자랑한다. 스카치 위스키의 원료가 100% 맥아인데 비해 아이리시 위스키는 발아시킨 보리 25~50%에 발아하지 않은 보리, 귀리, 호밀(rey) 등을 섞어 원료로 사용한다. 원료 면에서 볼 때 아이리시 위스키는 그레인 위스키에 가깝다. 아이리시 위스키는 몰트와 그레인 위스키를 블렌딩하여 만드는데 단식 증류기에서 3회(스카치 위스키가 2회)에 걸쳐 증류하므로 향과 색이 가볍고 부드러운 편이다. 특히 아이리쉬 커피를 만들 때 아이리시 위스키 대신에 스카치 위스키를 사용하면 맛이 제대로 나지 안 날만큼 아이리시 위스키의 맛은 독특한 편이다.

'Whisky' 에 'e' 자를 추가하여 'Whiskey' 로 표기하는 것은 아일랜드가 위스키의 원조라는 자부심을 강조하기 위한 것이다. 아이리시 위스키의 주요 품명으로는 제임슨(Jameson), 올드 부쉬밀(Old Bushmills), 털러모어 듀(Tullamore Dew) 등이 있다.

❶ 제임슨(Jameson)

780년 존 제임슨(John Jameson)이 더블린에 설립한 증류소에서 만든 위스키이다. 오랫동안 아이리시의 고전적인 증류법을 지켜온 것으로서 중후한 맛의 아일랜드 전통 위스키이다.

❷ 올드 부쉬밀(Old Bushmills)

숲 속의 물레방앗간이라는 뜻을 가진 올드부쉬밀은 북아일랜드에서 생산하며, 현존하는 아이리시 위스키 중에 가장 오랜 역사를 가지고 있다.

❸ 털러모어듀(Tullamore Dew)

털러모어듀(Tullamore Dew)란 아일랜드 중앙부에서 번영해 온 아름다운 거리 털러모어의 이슬이라는 뜻이며, 맛은 가볍고 매끄러운 것이 특징이다.

제임슨

올드부쉬밀

털러모어듀

(3) 아메리칸 위스키(American Whiskey)

미국산 위스키는 켄터키주를 중심으로 생산되는 버번 위스키(Bourbon Whiskey)와 테네시주를 중심으로 생산되는 테네시 위스키(Tennessee Whiskey)로 구분된다.

먼저 버번 위스키(Bourbon Whiskey)는 1783년 윌리엄스(Williams)에 의하여 최초로 개발되었으며, 옥수수 51%에 보리, 호밀 등을 섞어 만든다. 버번 위스키에 중화곡주(Neutral Grain Spirits)를 혼합하게 되면 블렌디드 위스키(Blended Whiskey)라고 하는데 버번 스트레이트 위스키 20% 이상에 중화곡주 80% 미만으로 섞는다. 블렌딩을 하지 않은 스트레이트(Straight) 버번 위스키는 미국의 특징을 잘 나타낸다. 버번(Bourbon)이란 명칭은 프랑스에서 이민 온 사람들이 1850년부터 고국의 부르봉왕조(루이16세)를 그리며 부르던 것이 구전되어 지명으로 정착되었다.

주요 품명으로는 짐빔(Jim Beam), 와일드 터키(Wild Turkey), 어얼리타임(Early Times), 아이.더블유 하퍼(I.W Harper) 등이 있다. 블렌디드 위스키로서 주요 품명으로는 시그램스 세븐 크라운(Seagram' s 7 crown), 센레이 리저브(Schenley Reserve) 등이 있다.

❶ 짐빔(Jim Beam)

맛이 부드러운 소프트 버번의 대명사로 인정받고 있다. 블랙라벨은 고급품이며 라벨에 101개월(8년 5개월)이라 적혀 있듯이 장기숙성에서 얻어진 마일드한 풍미가 특징이다.

❷ 와일드 터키(Wild Turkey)

매년 사우스 캐롤라이나주에서 열리는 야생칠면조 사냥에 모이는 사람들을 위해 제조된 데서 비롯된 위스키이다. 8년산은 미국을 대표할 정도로 잘 알려져 있고, 레어 브리드(Rare Breed)급은 버번위스키 중 최고의 품질을 자랑한다.

❸ 어얼리타임(Early Times)

링컨 대통령이 취임한 1860년 켄터키주 카운티에서 탄생한 버번위스키이다. 전통적인 풍미와 부드러운 감촉이 특징이며 미국에서 인기가 매우 높다.

짐빔

와일드터키

어얼리타임

두 번째 테네시 위스키(Tennessee Whiskey)는 버번 위스키를 단풍나무 숯으로 한번 더 여과시켜 만들어진 위스키이다. 이 단풍나무 숯은 테네시 고산지대에서 산출되는데 이 숯으로의 여과과정은 숙성과정을 제외한 어떠한 과정보다도 오래 걸리며, 이로 인하여 부드러운 맛과 독특한 향을 지닌 위스키가 만들어진다. 주요 품명으로는 잭 다니엘(Jack Daniel), 조지딕켈(George Dickel) 등이 있다.

❹ 잭다니엘(Jack Daniel)

테네시 위스키로서 미국을 대표하고 가장 많이 팔리는 위스키 중의 하나이다. 잭 다니엘은 소년시절부터 위스키를 증류하는 일을 돕다가 1846년 테네시주 린치버그 마을에서 창업하였다. 잭 다니엘 위스키는 창업이래 계속하여 테네시 고산지대에서 자라는 단풍나무 숯으로만 여과하고 속성하여 만드는데 이 여과방법 때문에 순하고 원만한 맛을 지닌 술이 되었다.

잭 다니엘은 탁월한 마케팅 감각의 소유자였는데 위스키에도 브랜드가 필요하다고 생각하여 일찌감치 자신의 술에 '올드 넘버 7(Old No.7)'이라는 이름을 붙여 판매했고, 가격이 저렴하고 포장하기 쉬운 둥근 술병 대신 네모난 술병을 고집하였다. 즉 둥근 병들 사이에서 눈에 띌 수 있는 사각형 술병은 정직한 판매상을 상징할 수 있다고 주장하여 오늘날까지 사각형의 독특한 스타일을 유지하고 있다.

⑤ 조오지디켈(George Dickel)

잭 다니엘과 똑같은 타입의 위스키로 조오지 디켈에 의해서 1870년 테네시주 달라호마에서 처음으로 제조되었다. 이곳은 석회석의 층을 지난 물과 단풍나무를 쉽게 얻을 수 있기 때문에 위스키를 제조하는데 용이하였다.

(4) 캐나디언 위스키(Canadian Whisky)

캐나다는 18세기 후반부터 위스키를 제조하였으나 영국으로부터 수입한 위스키에 눌려 빛을 보지 못하다가 1920년대 미국의 금주법으로 말미암아 자국의 위스키를 미국에 대량 밀반출하여 널리 알려지게 되었다. 캐나디언 위스키는 호밀(Rye)을 주원료로 하여 만든 라이(Rye) 위스키에, 몰트 위스키를 혼합하여 만든 블렌디드 위스키(Blended Whisky)로서 맛은 가볍고 순한 편이며, 스트레이트 위스키는 법으로 금하는 등 정부와 제조회사가 품질을 엄격하게 관리하고 있다. 주요 품명으로는 캐나디언 클럽(Canadian Club), 씨그램스 브이.오(Seagram's V.O), 크라운 로얄(Crown Royal), 블랙 벨벳(Black Velvet), 캐나디언 미스트(Canadian Mist) 등이 있다.

❶ 캐나디안 클럽(Canadian Club)

1858년에 탄생한 캐나디안 클럽은 C.C라는 애칭으로 전세계에 알려져 있으며, 1898년 빅토리아 여왕 이래로 영국왕실에 납품하고 있어 라벨에 영국 왕실의 문장을 표시하고 있다. 캐나디언 클럽은 어느 위스키보다도 부드럽고 순하고 풍부한 맛을 지니고 있다.

❷ 크라운 로얄(Crown Royal)

크라운 로얄은 왕관의 모양을 본뜬 위스키로서 1939년 영국 국왕 조지 6세 내외가 캐나다를 방문했을 때 씨그램사가 심혈을 기울여 만든 진상품이다.

❸ 블랙 벨벳(Black Velvet)

옥수수와 호밀을 주원료로 만든 술로 보드카와 비슷한 맛의 위스키이다. 1970년에 미국에 처음 수출되어 인기 브랜드가 되었다.

❹ 캐나디안 미스트(Canadian mist)

미국의 브라운 포맨(Brown-Forman)사가 1971년 이 브랜드를 인수하여 세계적 위스키로 만들었고, 캐나다 몬타리오 주에서 생산되는 옥수수와 맥아가 주 원료이며, 맛은 라이트하고 부드럽다.

캐나디안 클럽

크라운 로얄

블랙 벨벳

캐나디안 미스트

3_

한국의 위스키

서양의 위스키가 우리나라에 처음 들어 온 것은 1876년이며, 당시엔 위스키를 유사길(惟斯吉)로 표기하였는데, 위스키(Whisky)의 영어 발음을 한자로 표기한 것으로 추측된다. 대한제국 시절 서구 열강에 문호를 개방하면서 외국 공관과 함께 서구의 문물이 밀려들어올 때 위스키가 본격적으로 도입되었다. 그 후 해방과 함께 우리나라에 미군이 주둔하게 되면서 군 매점을 통해 위스키가 시중으로 유출되었고, 그 맛에 매료된 사람들은 수요를 충족하기 위하여 50~60년대에는 소주에 색소를 섞은 가짜 위스키가 유행하였다. 70년대 우리나라 경제가 도약을 하면서 기업가들의 접대용으로 국산위스키가 처음 시판되었는데 그 효시는 1976년 백화 양조에서 개발한 '조지 드레이크'이다. 그러나 이 술은 위스키 원액을 수입하여 거기에 주정을 섞은 유사 위스키로서 주조법상으로는 기타 재제주로 분류되었다. 그러다가 1978년에 역시 기타 재제주인 베리나인이 개발되면서 1984년까지 국내 위스키 시장을 석권하다시피 했다.

세계적인 기준에 맞는 원액 함량 100% 위스키는 1984년에 처음으로 개발되었고, 88서울 올림픽에 대비하여 위스키의 수질을 향상시켜야 할 필요성을 느낀 정부에서 원액 함량 100% 위스키 개발을 승인해 주었다. 당시 위스키 3사(베리나인, 진로 위스키, 오비씨그램)가 같은 시기에 스코틀랜드의 스카치 위스키 메이커들과 제휴하였으며, 몰트 위스키와 그레인 위스키를 수입하여 독자적으로 블렌딩한 원액 함량 100% 위스키를 개발하였다. 패스포트, 비아이피(VIP), 썸싱 스페셜이 이때 나온 제품들이다. 위스키 3사는 1984년부터 위스키 원액을 국산화하기 위하여 원액 제조설비를 갖추고 생산을 개시했으나, 국산 원액은 가격 경쟁력을 갖지 못한 탓으로 5~6년 후 생산이 중단되고 말았다.

1991년 주류의 수입이 개방되면서 세계 각국의 양주류가 대량으로 쏟아져 들어왔다. 이에 국내의 위스키회사들도 기존 위스키와의 차별화를 위해 원액의 주령이 12년인 신제품을 개발하여 시장에 내놓기 시작했다. 1994년에 나온 진로의 '임페리얼'과 1996년에 생산되기 시작한 두산 씨그램의 '윈저 12년산'이 국내 브랜드로서 상당한 명성을 얻었다.

2000년대 이후 최근에는 위스키의 고급화에 따라 SP(Super Premium)급인 17~18년산이 국내 위스키 시장의 주도권을 놓고 업체 간의 경쟁이 치열한 양상을 보이고 있다. 국내 SP급 위스키로는 디아지오코리아의 '윈저 17년산', 하이트맥주 계열사인 하이스코트의 '랜슬럿 17년산', 롯데칠성음료의 '스카치블루 17년산', 두산주류의 '피어스클럽 18년산', 진로 발렌타인스의 '임페리얼 17년산' 등이 있다. 그러나 국내 주류회사들이 시판하고 있는 대부분의 위스키는 국내에서 순수 제조된 것이 아니라 영국 현지에서 만들어 국내 브랜드로 수입 판매하는 형식을 취하고 있다.

[그림 6-2] 우리나라의 위스키

위/스/키/상/식 **가짜 양주 구별하기**

1. 병 상태가 조악하다.
2. 라벨의 인쇄상태가 좋지 않거나 탈 · 부착의 흔적이 남아 있다.
3. 뚜껑의 로고가 선명하지 않다.
4. 병마개부분의 납세증지 인쇄상태가 조잡스럽다.
5. 술 색깔이 혼탁하다.
6. 병을 뒤집어 보면 양주 윗 부분에 자잘한 물방울이 생긴다. 진품은 타원형의 큰 물방울이 생긴다.
7. 병을 흔들면 기포들이 2~3분 후에 사라진다.(진품은 곧 사라짐)

제7장

브랜디

1_ 브랜디의 개요

1.1 브랜디의 개념

과일을 발효시키고 증류한 술을 총칭하여 브랜디라고 한다. 협의의 브랜디(Brandy)는 포도를 비롯한 과일을 발효시키고 그것을 증류한 다음, 숙성 및 블렌딩 과정을 거쳐 만든 술을 말한다. 포도로 만든 브랜디로는 코냑과 알마냑이 있는데 1909년 제정된 프랑스의 국내법에 의하여 코냑 지방에서 생산되는 브랜디만을 '코냑(Cognac)', 알마냑 지방에서 생산되는 브랜디만을 '알마냑(Armagnac)'이라고 부른다. 코냑과 알마냑을 제외한 프랑스의 브랜디를 프렌치 브랜디(French Brandy)라고 하며, 연속식으로 증류하여 단기 숙성한 원액을 이용하여 제품화하는 것이 일반적이고, 등급 저촉을 받는 규정이 없기 때문에 코냑과 알마냑과는 차원이 다르다.

포도 이외에 다른 과실로도 브랜디를 만들 수 있는데 이를 오드비(Eaux de vie)라고 하며, 대표적인 것으로는 노르망디 지방의 사과 브랜디인 칼바도스(Calvados), 알사스 지방의 체리 브랜디인 키르쉬(Kirsh) 등이 있다.

코냑이 처음 탄생한 것은 16세기로 추정되는데 코냑 지방의 와인을 특히 좋아했던 스칸디나비아인들이 와인의 품질을 그대로 보존하고 운반을 용이하게 위해 농축시켜 양을 줄이는 방법을 생각하면서 코냑 원액(오드비)을 개발하였고, 이 원액을 원하는 곳에서 다시 희석시켜 마시게 된 것이 시초로 알려져 있다. 또한 17세기경에는 프랑스 코냑(Cognac) 지방에서 발생한 전쟁으로 인하여 포도밭이 황폐화되고, 제조한 와인이 품질이 좋지 못하자 네덜란드 상인들이 증류를 권유하여 만들게 되었으며, 당시 네덜란드 상인들은 스칸디나비아 지역과 영국을 주무대로 무역을 하였는데 이 지역이 춥고 습하여 사람들이 독주를 좋아한다는 것에 착안했던 것이다.

[그림 7-1] 브랜디의 분류

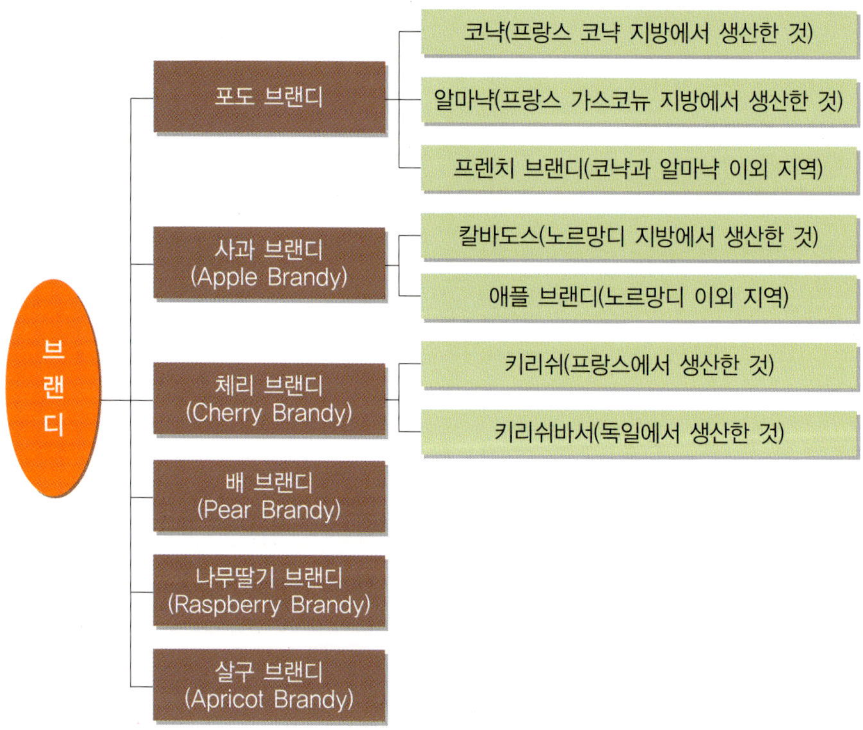

브랜디라는 명칭은 포도로 만든 와인을 다시 증류하였다는 방 브룰레(Vin Brule) 즉 '와인을 끓인 것' 이라고 속칭한데에서 유래되었으며, 브랜디를 무역해서 판매하던 네덜란드인이 네덜란드어로 직역하여 '브란데 웨인(Brande Wijn)' 이라고 한 것을 영국인들이 축약해서 브랜디(Brandy)로 부르게 된 것이다.

1.2 브랜디의 등급과 품질결정 요소

(1) 브랜디의 등급

대부분의 코냑 회사들은 저장연도에 따라 품질등급을 3-스타(☆☆☆), 4-스타(☆☆☆☆), 5-스타(☆☆☆☆☆) 등 3개로 구분하고, 라벨에는 브이.오(V.O), 브이.에스.오(V.S.O), 브이.에스.오.피(V.S.O.P), 나폴레옹(Napoleon), 엑스.오(X.O), 엑스트라(Extra) 등으로 표기한다. 엑스트라급 이상은 각 회사 특유의 별칭을 붙이기도 한다. 그러나 이러한 등급표시는 법적으로 규정된 것이 아니며, 각 사의 공통된 숙성연도를 표시하는 것도 아니다. 다만 코냑 회사의 관습일 뿐이다.

품질등급을 별로 표시하게된 유래는 혜성이 나타난 1811년에 고급 브랜디가 생산되자 상인들 중에 한 사람이 자기 브랜디 상표에 별 하나를 그려 놓았다. 다음해에도 뛰어난 브랜디가 생산되자 별 두 개를 그렸다. 이때부터 별 다섯 개에 이를 때까지 관행으로 삼았다는 설이 있다.

이러한 품질 표시는 가문마다 달랐으나, 1975년 프랑스 법에서 3-스타만 최소 2년 반 이상 오크통에서 숙성되어야 한다고 규정하고 있다. 그 외의 표시와 숙성기간에 대한 법적 구속력은 없으며, 같은 나폴레옹급일지라도 코냑 회사마다 숙성연도가 다르다. 프랑스에서 가장 권위있는 코냑 메이커인 헤네시(Hennesy)사의 경우 5-스타급인 엑스.오는 50년 이상, 엑스트라는 70년 이상으로 비교적 높은 숙성기간을 설정하고 있다. 코냑은 25년에서 50년 숙성시켰을 때 최고가 된다. 이러한 기간은 물론 오크 통 속에 있는 기간만을 말하며, 코냑은 일단 병입되면 변화하지도 숙성되지도 않는다.

[표 7-1] 브랜디의 등급

라벨	품질등급	숙성기간
V.S(Very Superior)	☆☆☆	5~9년
V.O(Very Old)	☆☆☆☆	12~20년
V.S.O(Very Superior Old)	☆☆☆☆	
V.S.O.P(Very Superior Old Pale)	☆☆☆☆	
Napoleon	☆☆☆☆☆	20~50년
X.O(Extra Old)	☆☆☆☆☆	
X(Extra)	☆☆☆☆☆	

※ 브랜디 회사마다 등급규정과 숙성기간이 다름. 상기 표는 일반적인 평균을 의미함.
※ V.S.O와 V.S.O.P에서 'S'에 해당하는 'Superior'를 'Special'로 표기하기도 한다.

(2) 브랜디의 품질결정 요소

브랜디의 품질을 결정하는 3대 요소는 ① 원재료인 와인 ② 증류과정 ③ 저장이다.

첫째, 증류를 하고자 하는 와인은 브랜디의 질을 결정하는 가장 중요한 요소이다. 일반적으로 잘 숙성된 와인은 사용하지 않으며, 막 발효되어 나온 묵지 않은 화이트 와인을 사용한다. 즉 산도가 높은 화이트 와인은 가장 좋은 브랜디를 생산하는 원료이다.

둘째, 증류과정에서 대부분의 브랜디는 170Proof(85%) 이상이 넘지 않는 도수로 증류된다. 만약 그 이상으로 증류시키면 원료의 특성이 없어져 버린 중성의 브랜디가 되어 버리기 때문이다. 또한 증류과정에서 단식증류기를 사용하는데 유명한 코냑과 알마냑도 대부분 단식 증류기로 만들어진다.

셋째, 목재로 만든 통에서의 저장은 최종적으로 브랜디의 품질을 결정짓는데 영향을 준다. 즉 목재 통에서의 숙성과정은 브랜디 특유의 섬세한 맛을 내는데 결정적인 역할을 한다.

2_

브랜디의 종류

2.1 코냑

프랑스 샤랑트강을 중심으로 형성된 코냑 지방에서 생산되는 코냑(Cognac)은 지리상의 경계와 증류의 과정 및 방법 등을 엄격하게 규제받기 때문에 규격에 맞지 않으면 코냑이라는 명칭을 사용할 수 없다. 이 지역의 포도는 산도가 높아 와인을 만들면 신맛이 강한 저급의 와인이 되지만 증류를 하게되면 독특하고 미묘한 향기를 풍기는 고급 브랜디로 탈바꿈하게 된다.

세계적으로 유명한 코냑은 위니블랑(Ugny Blanc), 꼴롱바르(Colombard) 등의 품종으로 만든 화이트 와인만을 증류한 것을 말하며, 2번의 증류과정을 거치게 되는데 1차 증류에서는 알코올 농도 27~30%, 2차 증류에서는 67~72% 정도의 알코올 도수가 생성된다. 증류과정이 끝나면 오크(참나무)통에서 숙성과정을 거치게 되는데 숙성은 코냑의 완성도를 높이는데 결정적인 역할을 한다. 즉 숙성과정에서 참나무 성분이 추출되고 점점 산화가 되면서 착색되고 섬세한 맛을 만들어 낸다. 마지막으로 병입하기 전에 새로 제조된 원액과 오래 묵은 원액을 블렌딩하여 알코올 도수를 40% 정도로 희석시킨 다음 설탕을 태운 캐러멜로 착색하면 비로소 코냑이 탄생하게 된다.

'코냑의 친구는 시간이다' 라는 말이 있는데 코냑은 오크통에서 오래 숙성되어야 제맛과 빛깔을 낸다. 해마다 4월 1일을 공식적으로 증류가 끝난 날로 정하며, 다음 해 4월 1일이 되면 숙성 1년으로 계산한다. 코냑 생산의 3대 메이커는 헤네시(Hennessy), 마르텔(Martell), 꾸르브아지에(Courvoisier)이며, 5대 메이커에는 레미 마르탱(Remy Martin)과 카뮈(Camus)가 추가된다.

(1) 헤네시(Hennessy)

1765년 아일랜드 출신 리처드 헤네시가 설립한 회사로서 당시 그는 루이 14세 근위대원으로 코냑 지방에 주둔하면서 토속주였던 코냑의 장래성이 매우 좋다고 판단하였다. 100년 후 4대째인 모리조 헤네시에 의하여 본격적으로 품질이 향상되었으며, 최초로 코냑이라는 명칭을 상품명으로 병에 표시하였다. 헤네시사는 원주 보유량도 많고, 세계시장의 점유율도 가장 높은 회사로서 1971년 동 페리뇽으로 유명한 샴페인 회사인 모에 샹동(Moet & Chandou)과 합쳐서 모에 헤네시 그룹으로 운영되고 있다. 헤네시의 맛은 오랫동안 축적된 증류 및 숙성기술로 주질이 중후하고 은은한 바닐라 향이 나는 것이 특징을 가지고 있다. 특히 설립자의 이름을 딴 '리처드 헤네시(Rechard Hennessy)' 는 이 회사의 최고급 코냑으로서 200년 이상 된 원액이 들어있는 유일한 코냑이다.

헤네시(Hennessy) V.S.O.P

헤네시(Hennessy) X.O

리처드 헤네시
(Rechard Hennessy)

(2) 마르텔(Martell)

1715년 장 마르텔이 설립한 회사로서, 그 후 지금까지 창업자의 가문에서 운영하고 있는 순수혈통을 자랑하는 회사이다. 마르텔은 역사와 전통, 생산규모 그리고 음주가의 신뢰도 등을 고려한다면 코냑을 대표하는 명주라고 할 수 있으며, 가장 전통적이고, 고전적인 회사로 블렌딩도 세습되어 오면서 그 맥과 전통을 유지하고 있다.

(3) 꾸르브아지에(Courvoisier)

1835년 파리의 와인 상인인 꾸르브아지에가 설립한 회사로서 당시 나폴레옹과 안면이 있던 그는 자사의 코냑을 나폴레옹에게 바쳤으며, 나폴레옹 3세 때에는 황실납품업체로 지정받기도 했다. 따라서 꾸르브아지에 코냑은 나폴레옹이 즐겨 마시는 술이라고 하여 '나폴레옹의 코냑'이라 불리게 되었으며, 마르텔, 헤네시와 함께 코냑의 3대 메이커로 자리 잡았다. 꾸르브아지에의 특징은 달콤한 나무통 냄새와 함께 강한 여운을 남기는 뒷맛이 나는데 특히 V.S.O.P급은 향기가 우아하고 매력적이고, 나폴레옹급은 깊고 부드러운 맛이 나며, X.O급은 이 회사의 높은 블렌딩 수준을 보여주는 술로서 깊은 맛과 중후한 향이 일품이다.

마르텔(Martell)

꾸르브아지에(Courvoisier)

(4) 레미 마르탱(Remy Martin)

레미 마르탱은 헤네시, 마르텔 등과 함께 세계시장에서 점유율이 가장 높은 메이커 중의 하나로 1724년도에 창립된 오랜 역사와 전통을 자랑하는 회사이다. 이 회사는 증류한 원주를 10개월에서 1년 정도 새로 만든 오크통에서 숙성하고, 그 후 매년 블렌딩해가면서 5년동안 숙성시킨다. 최근까지 3Star급을 만들지 않고 전부 V.S.O.P급 이상만 생산하는 정책을 고수했으나 현재는 V.S라는 비교적 숙성기간 짧고 값이 싼 제품을 영국과 미국에 수출하고 있다. 특히 레미 마르탱이 생산하는 코냑 가운데 가장 명품은 '루이 13세' 로서 100% 그랑 상파뉴 포도로 만들어지고 40~100년간 숙성된 120여 가지의 코냑 원액이 블렌딩되는데 국내 판매가격이 무려 300만 원을 호가하고 있다.

(5) 카뮈(Camus)

1863년 카뮈가 만든 회사로 1934년 카뮈의 손자인 미셸 카뮈가 사장으로 취임하고 나서 카뮈라는 현재의 상표를 사용하게 되었다. 특히 1963년 창립 100주년을 기념하여 카뮈 나폴레옹이라는 고급 코냑을 개발하여 나폴레옹 탄생 200주년이 되는 1969년을 기해서 시판해 세계시장에서 명성을 얻었으며, 코냑 업계에 확고한 위치를 차지하게 되었다.

카뮈사의 코냑은 전체적으로 묵직하고 숙성도가 깊게 느껴지는 것이 특징적이다.

(6) 비스키(Bisquit)

1819년 비스키에 의하여 설립된 회사로서 이 회사의 코냑은 라이트하고 부드러우며, 감미로운 뒷맛이 특징이다.

카뮈(Camus)

비스키(Bisquit)

(7) 샤토 폴레(Chateau Paulet)

1848년 창업된 회사로서 이 회사의 코냑은 장기숙성에 의한 품질이 우수한 것으로 평가되고 있으며, 오랜 동안 프랑스 대통령관저인 엘리제궁이나, 스페인 왕족 등의 귀빈접대에 사용되어 왔다.

(8) 오지에(Augier)

1643년 피에르 오지에가 설립한 회사로서 현재 조업 중인 코냑메이커 중 최고의 역사를 자랑하지만 1966년 소유권이 씨그램사로 넘어갔다. 이 회사의 코냑은 오크통의 향이 적절히 배합된 것이 특징이다.

(9) 오타르(Otard)

상파뉴 지구의 원주만을 사용하여 만들어지며, 전체적으로 향기와 맛 등이 섬세하고, 병모양이 길쭉한 것이 특징이다.

오지에(Augier)

오타르(Otard)

(10) 고띠에르(Gautier)

1644년 에그르에 의하여 창립된 고띠에르는 샤랑드강 상류에 있는 두 개의 지류가 만나는 곳에 있기 때문에 주변에 수중기가 많아서 코냑이 숙성되는 동안 부드러운 맛을 더해주고, 묵직하면서도 원만한 맛을 가진 제품을 생산하고 있다. X.O급은 35년 이상의 원료를 블랜딩하여 만들며, 아름다운 칼라와 아로마 향이 그윽하다. 특히 고티에르의 X.O급 이상 고가의 술병은 비행기, 등 모양의 랜턴(Lantern), 범선의 휠(Ship's Wheel) 등 독특한 모양을 하고 있는 것이 특징이다.

(11) 하디(Hardy)

하디 코냑은 샹파뉴 지역의 질 좋은 포도원액을 오크통에 장기간 숙성시킨 후 블랜딩 마스터에 의하여 수십여 차례 블랜딩하여 최상의 향미를 자랑하며, 호박색의 원액에서 우러나오는 중후한 향미는 매력적이다. 특히 엑스트라급은 그랑 샹파뉴 지역의 크뤼(CRU)급 와인만을 엄선하여 숙성 후 리무진 오크통에 50년 이상 숙성된 제품 중에서도 가장 좋은 품질만을 추출해서 크리스탈 병에 한정생산되고 있어 소장가들이 가장 갖고 싶어 하는 코냑 중의 하나이다.

2.2 알마냑

알마냑은 코냑과 비견되는 브랜디로서 보르도의 남쪽 피레네 산맥 부근의 가스코뉴 지역에서 생산한 것을 알마냑(Armagnac)이라고 한다. 코냑과 포도의 품종은 같은 위니블랑(Ugny Blanc), 꼴롱바르(Colombard) 등을 사용하지만 증류하는 과정에서 다소 차이가 있다. 즉 알마냑은 이 지방 특유의 연속적인 방법을 사용하여 한 번 증류를 거친 50~55% 정도의 무색 알코올을 블랙 오크통에서 숙성시킨다.

블랙 오크통은 코냑을 숙성시키는 화이트 리무진 오크통보다 훨씬 빨리 숙성시키므로 8년이면 아주 훌륭하게 숙성되고 12년이면 완전히 숙성된다. 코냑과 마찬가지로 숙성과정에서 참나무의 성분과 탄닌 성분이 어우러져 향기가 강화되고 섬세한 맛이 생성된다. 숙성상태가 충분한 수준에 이르면 생산지와 생산연도가 서로 다른 원액을 혼합하여 일정한 품질을 유지한다.

알마냑의 생산량은 코냑의 1/5 정도이고, 코냑에 비해서 숙성이 훨씬 빨라 25년 묵은 알마냑은 코냑의 최고급품과 맞먹으며, 포도의 향도 코냑보다 더 진하다. 또한 캐러멜로 착색치 않으므로 코냑보다 더 드라이하고 짜릿한 맛이 입안에 오래도록 남는 게 특징이다. 코냑이 우아한 맛의 특징을 갖고 있다면 알마냑은 코냑에 비해 독한 편이며, 살구 맛에 가까운 향을 갖고 있다. 대표적인 품명으로는 샤보(Chabot), 자뉴(Janneau), 몽테스큐(Montesquiou), 말리악(Malliac) 등이 있다.

(1) 샤보(Chabot)

16세기 초 프랑스 최초의 해군원수인 필립 드 샤보는 자신의 배에 실어 놓은 와인이 오랜 항해 기간 중에 자주 변질되어 고심했는데 증류한 독한 술은 항해에도 맛이 변하지 않는 데다 통 속에서 오히려 점점 더 맛이 좋아진다는 사실을 알게 되었다. 그 뒤 알마냑 지방의 샤보 가문 등지에서 생산되는 모든 와인을 증류하도록 하였는데 이것이 알마냑 브랜디의 기원이다. 처음에는 프린스 드 샤보(Prince de Chabot)라는 명칭으로 제품을 출하했는데, 이후 명칭이 간략화되어 샤보라는 명칭을 사용하게 되었다. 샤보는 1회만 증류하여 블랙 오크통에서 숙성하기 때문에 원주의 질은 중후하지만 부드러운 풍미를 자아내며, 알마냑 중에서 가장 이름이 알려진 메이커로서 수출량도 가장 많다.

(2) 자뉴(Janneau)

1851년 설립된 자뉴사는 오래된 전통을 갖고 있는 회사로서 정교한 증류기술과 긴 숙성기간이 요구되는 알마냑의 순수성을 가장 잘 표현하고 있으며, 감칠맛과 높은 향기를 자랑하고 있다. 특히 자뉴 엑스트라는 뛰어난 주질과 독특한 병 모양으로 유명하다.

(3) 몽테스큐(Montesquiou)

알마냑 출신의 몽테스큐가에서 만든 것으로 블랙 오크 통에서 숙성시켜 독특한 맛을 자랑한다. 특히 X.O급은 진한 황금색에 마일드한 맛이 특징이다.

(4) 생 비봉(Saint Vivant)

프랑스 개스코니 지역의 풍미가 많은 오드비를 산출하여 전통적인 오크통에서 숙성방법만을 고집하여 더욱 강화시켰으며 목 부분에 밀랍으로 새겨진 인장 및 양피지 라벨과 병목이 휘어진 것이 특징이다.

자뉴(Janneau)

몽테스큐(Montesquiou)

생 비봉(Saint Vivant)

라벨표기	품질등급	숙성기간
V.S(Very Superior)	☆☆☆	3년
V.O(Very Old)	☆☆☆☆	4년
V.S.O(Very Superior Old)	☆☆☆☆	
V.S.O.P(Very Superior Old Pale)	☆☆☆☆	
Napoleon	☆☆☆☆☆	6~10년
X.O(Extra Old)	☆☆☆☆☆	
X(Extra)	☆☆☆☆☆	

2.3 칼바도스

칼바도스(Calvados)는 사과를 증류하여 만든 애플 브랜디(Apple Brandy)로서 프랑스 노르망디(Normandy) 지역에서 생산되는 것을 말한다. 프랑스 A.O.C법 즉 아펠라시옹 꽁뜨로레 칼바도스 뒤 뻬이도쥐(Appellation Controlee Calvados du Pays d' Auge)에 따라 통제 관리하에 생산된 것에 한하여 칼바도스라는 명칭을 붙일 수 있고, 그 이외의 지역에서 생산된 것은 오드비 드 시드르(Eaux de vie de cidre)라고 한다. 칼바도스는 사과발효(1개월) → 증류(단식 2번) → 숙성(1년)의 과정을 거쳐 완성되며, 향미와 향취가 우수하다. 등급의 표시는 별(Star) 대신 사과(Apple)로 표기하기도 하며, 등급별 숙성기간이 코냑보다 짧은 편이다. 예를 들어 V.S.O.P급의 경우 칼바도스는 5년 정도의 숙성기간을 나타낸다.

2.4 프렌치 브랜디의 종류

(1) 도빌(Dorville)

나폴레옹의 근위대장이었던 루이 도빌이 1819년 창건한 회사로서 라벨에는 'L. Dorville' 라고 표기한다.

(2) E&J

독특한 오크 향과 부드러운 맛으로 세계 여러 나라로부터 사랑을 받는 브랜디이다.

(3) 드뷔시(Debussy)

드뷔시 X.O는 코냑 전문 제조사인 하디 코냑사의 질 좋은 포도원액을 엄선하여 오크 통에 장기간 숙성시킨 제품으로서 풍미가 강한 제품이며, 나폴레옹급은 보급형의 프렌치 브랜디라고 할 수 있다.

그 외 프리티져스(Prestigiou), 꾸데르(Coudert), 볼링(Bowling), 생앙리(St. Henry), 보샤드(Bouchard), 맥심스(Maxim' s), 퀸탈(Quintal), 레이네(Laine), 랑쏘(Lanceau), 벨라미(Bellamy), 마제스티(Majesty), 골든(Golden), 카르노(Carnot), 보나파르트(Bonaparte), 판테온(Pantheon), 아스콧(Ascott) 등 수 없이 많은 프렌치 브랜디들이 독특한 향과 맛을 자랑하고 있다.

브/랜/디/상/식 브랜디 마시는 법

브랜디는 섬세한 과정을 거쳐 제조되는 술이기 때문에 그 음주방법도 독특하다. 브랜디는 위스키와 같은 증류주이지만 눈으로 색을 감상하고, 코로 향기를 맡은 다음, 혀끝으로 천천히 음미하며 마시는 술이라는 점에서 와인을 마시는 법과 유사하다. 브랜디의 글라스는 아래가 넓고 위쪽이 좁은데 그것은 향기를 오랫동안 보존하기 위해서이며, 또한 글라스의 손잡이가 짧은데 그것은 손가락을 끼워 잔을 감싸고 체온을 전달하면서 마시기 위함이다. 브랜디는 위스키처럼 물을 타거나 얼음을 넣어 마시지 않고 스트레이트로 마셔야 한다.

브랜디는 식후주(After Dinner Drink)이다. 브랜디는 식후의 소화촉진뿐만 아니라 특유의 풍부한 무드가 식후의 여유 있는 기분에 잘 조화되는 술이다. 그리고 거의 모든 주류가 산성식품인 곡류를 원료로 하고 있지만, 브랜디만은 알칼리성 식품인 포도를 원료로 제조하는 유일한 증류주라는 특성을 가지고 있다. 브랜디를 마실 때는 스트레이트로 마셔야 하고 식후에 한 잔에서 석 잔 정도까지가 적당하며, 위스키처럼 병 채로 한자리에서 모두 비우는 술이 아니다.

제8장

진/보드카/럼/테킬라

1_ 진

1.1 진의 개요

진(Gin)은 호밀 등의 곡류를 발효시켜 증류하고 쥬니퍼 베리(Juniper Berry : 두송열매)라는 열매의 향료를 착향하여 만든다. 진의 원산지는 네덜란드이며, 많은 증류주 중에서 잘 취하지 않는 음료이고 숙취회복이 빠른 것이 특징이다. 진이 여러 술 중에서 숙취 현상이 가장 적은 술이라는 것이 인체 실험에 의해 밝혀진 바 있다.

역사적으로 진은 1660년경 네덜란드의 라이덴(Leiden) 대학 의학교수인 프란시스쿠스 실비우스(Franciscus Sylvius)에 의해 처음으로 제조된 것으로 알려져 있다. 그는 쥬니퍼 베리(노간주나무 열매)를 알코올에 침전시켜 증류하여 약용주로 만들었고, 당시 배가 아플 때 특효약으로 약국에서 사용하였다고 한다. 이것이 널리 퍼지면서 네덜란드 선원들에 의해 제네바(Geneva)로 불리게 되었으며, 지금도 네덜란드에서는 진을 제네바라고 부른다.

이러한 약용주는 프랑스어로 두송의 열매를 의미하는 제니에불(Genievre)이란 이름을 붙여서 널리 판매되었는데 약으로서보다도 상쾌한 알코올 음료로서 더욱 사랑을 받았다. 이 제니에불이 17세기 후반에 영국으로 건너가 네덜란드에 능가하는 큰 인기를 얻으면서 진(Gin)이라고 불리게 되었고, 18세기 전반 영국은 진의 시대라고 불리울 정도로 진을 즐겨 마셨으며, 생산량도 원산지 네덜란드를 능가하였다. 1830년대가 되면서 영국에서 연속식 증류기로 진을 상품화하는데 본격화되고 주산지 자체를 네덜란드에서 영국으로 옮겨 온 것이다. 진은 그 후 미국에도 전파되어 칵테일 기주로서 애용되었다.

쥬니퍼 베리 이외 다른 과실로 향미를 첨가한 진을 'Flavored Gin'이라고 하며, 진 앞에 과실이름을 붙인다. 예를 들면 레몬 진(Lemon Gin), 오렌지 진(Orange Gin), 박하향 진(Mint Gin) 등이 있으며, 슬로 진(Sloe Gin)은 일반 진에다 오얏나무 열매(자두) 향을 첨가시킨 리큐르이다. 진의 맛은 대부분 드라이(Dry)한데 올드 탐 진(Old Tom Gin)과 같이 2% 정도의 당분을 첨가하여 약간 단맛이 나는 것도 있다. 진은 어느 술과도 잘 어울리기 때문에 스트레이트로 마시는 것보다 칵테일 기주로 많이 애용된다. 특히 진에 벌머스(Vermouth)를 믹스하여 올리브를 곁들인 마티니(Martini)와 진에 토닉워터를 첨가한 진토닉(Gin & Tonic)은 세계적인 칵테일로 유명하다.

1.2 진의 종류

(1) 네덜란드 진

일명 제네바(Geneva)라고 불리는 네덜란드 진(Holland Gin)은 향미가 짙고, 맥아의 향취가 남아있는 중후한 스타일이다. 옥수수, 호밀, 대맥 같은 곡물을 당화시켜 발효한 다음 단식 증류기로 2회 증류하여 주니퍼 베리로 착향한 다음 다시 재증류하여 55도의 알코올로 만들며, 병입할 때는 희석하여 45도로 완성된다. 유명상표로는 볼스(Bols) 등이 있다.

(2) 영국 진

영국의 진(Gin) 중에 올드 탐 진(Old Tom Gin)은 드라이 진에 당분을 첨가하여 만든 것으로 유명하며, 런던 드라이 진(London Dry Gin)은 세계에서 가장 호평을 받고 있는 진으로서 네덜란드 진에 비하여 깔끔하고 부드러운 편이다. 세계 각국에서도 런던타입의 드라이진을 생산하고 있는데 그 명칭을 런던 드라이 진이라고 부르는 것이 일반화되어 있다. 제조과정은 네덜란드 진과 유사하며, 병입할 때 알코올 도수는 40~45도 정도이다.

유명 상표로는 런던탑의 근위병이란 뜻으로 라벨에 그 그림이 그려져 있고 상쾌한 향기와 부드러운 풍미가 특징인 비페터(Beefeater), 런던 진의 정통파인 골든스(Gordon's), 약초의 향기를 배합한 봄베이(Bombay), 길베이스(Gilbey's) 그리고 진 중에서 품질이 가장 우수한 것으로 평가받는 탱큐레이(Tanqueray) 등이 있다.

2_

보드카

2.1 보드카의 개요

보드카(Vodka)는 러시아의 국민주로서 감자, 옥수수, 호밀 등의 곡류를 발효하고 증류하여 자작나무 숯으로 여과하여 만든 술이다. 오늘날 대부분의 보드카는 95% 알코올(주정)에 물을 타서 다시 한번 숯으로 여과한 후 알코올 도수 40% 정도로 만들어 병입하는데 우리나라의 희석식 소주와 제조과정이 유사하다고 할 수 있다. 역사적으로 보드카는 12세기 무렵부터 러시아에서 전통적으로 마셔 온 증류주로 알려져 있으며, 러시아어로 물이라는 뜻의 '뷔타(Vcda)'에서 유래되어 18세기경부터 보드카(Vodka)로 불렸고, 19세기 중엽에는 연속식 증류기가 도입되어 현재와 같은 술이 만들어지게 되었다.

보드카가 러시아 민중의 사랑을 받게 된 것은 15세기 무렵부터 러시아 황제들은 보드카에 관심을 가지게 되었고, 보드카의 생산과 판매를 황제의 직접 관할 아래 두었다. 보드카 면허라는 주요한 재정수입원을 확보하게 된 러시아의 역대 황제들은 이를 활용해 황제권과 중앙집권적 국가조직의 권위를 확립했다. 하지만 황제의 권한이 약화되면 어김없이 밀주가 등장했고 밀주의 성행은 곧 황제권의 약화를 상징했다. 공산혁명 후 소련 공산당은 보드카를 다시 국영생산체제로 유지했지만 공산당의 통제가 약화되면서 소련에는 국가 공식 보드카보다는 밀주가 더 유행했다. 소련 말기 공산당 서기장이었던 고르바초프 등은 밀주의 단속과 금주령 등을 내렸지만 러시아인들의 반발만 샀다. 민주 러시아를 탄생시킨 보리스 옐친은 1992년부터 보드카 면허를 민간에 개방했다. 국가권력의 약화기로 상징되는 이 시기에 국가 소유 보드카 상표들도 무더기로 민간에 넘어갔다. 이후 푸틴 정부는 민간에게 넘어간 보드카 상표의 재국유화를 요구하고 있다.

이와 같이 보드카가 러시아 역사에서 집권세력의 권력을 상징하는 바로미터 역할을 했다는 것을 상기한다면 푸틴 정권의 보드카 상표 반환 소송은 러시아에서 다시 국가권력과 통치권의 힘이 강화되고 있음을 상징하는 것으로도 해석할 수 있다. 보드카가 해외에 알려지기 시작한 것은 모스크바에서 보드카를 제조하던 스미노프(Smirnoff)사의 사장인 스미노프 백작이 러시아 혁명 후 국외로 추방되면서부터이다.

러시아에서 보드카가 사랑받는 이유 중에 하나는 러시아인들이 이 술의 신비한 힘 또는 효능을 믿고 있기 때문이다. 열악한 의료시설밖에 없었던 시기에 보드카는 마취제의 역할을 하였으며, 약으로도 쓰였다. 배가 아프면 보드카에 소금을 타서 마시고, 감기에 걸리면 후추를 타서 마시고, 신체적 컨디션이 좋지 않으면 보드카를 마시고 마늘이나 양파를 먹고 증기목욕을 하러 갔다. 또한 보드카는 척박한 환경에서 생존해야 하는 사람들에게 배고픔과 추위 그리고 삶의 질곡을 잊게 해주는 좋은 친구였던 것이다.

보드카는 물처럼 투명하고 특별한 맛이 없으며 냄새가 없는 술이라는 점에서 무색(無色), 무미(無味), 무취(無臭)의 3무(無)의 술이라고 불린다. 추운 지방에서는 스트레이트로 마시지만 일반적으로 과즙음료를 비롯한 여려가지 재료를 이용한 칵테일로 기주로 애용된다. 특히 보드카는 철갑상어알(Caviar)과 잘 어울리는 술로서도 유명하다. 보드카가 러시아의 국민주이지만 정작 세계 제일의 생산국은 미국이며, 1939년경부터 캘리포니아를 중심으로 과일 주스를 섞어 칵테일 베이스로 인기를 얻기 시작하면서 가히 폭발적이라고 할 수 있을 정도로 붐이 일었다.

2.2 보드카의 종류

(1) 러시아산

러시아산 보드카의 유명상표로는 러시아어로 '수도'란 뜻을 가지고 있고 병채로 차게 하여 캐비어와 곁들이면 안성맞춤인 스톨리치나야(Stolichnaya)를 비롯하여 모스코프스카야(Moskovskaya), 스톨로바야(Stolovaya), 보르조이(Borzoi) 등이 있다.

(2) 미국산

미국산 보드카의 유명상표로는 스미노프(Smirnoff), 프리쉬만스(Freischman' s), 모나크(Monarch) 등이 있는데 특히 세계에서 가장 많이 팔리는 스미노프(Smirnoff)는 1818년 피에르 스미노프가 모스크바에서 창업하였으나 러시아 혁명 때 파리로 망명하여 조그만 보드카 공장을 운영하였고, 1933년에는 러시아 태생 미국인에게 제조권을 양도하여 현재는 미국의 Diageo사에서 생산되고 있는 보드카이다.

(3) 영국산

영국산 보드카의 유명상표로는 길베이스(Gilbey' s), 고든스(Gordon' s) 등이 있다.

(4) 스웨덴산

스웨덴산의 유명 보드카로는 400년의 전통의 압솔루트(Absolut)를 들 수 있는데 압솔루트 보드카(Absolut Vodka)는 스탠다드 형이고, 다음 표와 같이 다양한 맛의 보드카를 생산하고 있다.

[표 8-1] 압솔루트 보드카(Absolut Vodka)의 종류

종 류	내 용
① 압솔루트 보드카(Absolut Vodka)	스탠다드형 보드카
② 압솔루트 라스베리(Absolut Raspberry)	나무딸기 맛을 첨가한 보드카
③ 압솔루트 페파(Absolut Peppar)	매운맛을 첨가하여 매콤한 맛의 보드카
④ 압솔루트 시트롱(Absolut Citron)	레몬과 라임향을 첨가한 보드카
⑤ 압솔루트 루비 레드(Absolut Ruby Red)	자몽 맛의 보드카
⑥ 압솔루트 쿠란트(Absolut Kurant)	까만 까치밥 나무 열매를 첨가한 보드카
⑦ 압솔루트 만드린(Absolut Mandrin)	귤 맛을 첨가한 보드카
⑧ 압솔루트 어피치(Absolut Apeach)	복숭아 맛의 보드카
⑨ 압솔루트 바닐라(Absolut Vanilla)	바닐라 맛을 첨가한 보드카

그 외 지역으로서 네덜란드의 볼스(Bols), 핀란드의 핀란디아(Finlandia), 폴란드의 쯔브로우카(Zubrowka) 등의 보드카가 유명하다.

3_

럼

3.1 럼의 개요

럼(Rum)은 사탕수수로 즙을 내어 끓이고 시럽으로 농축하여 추출한 다음 발효해서 증류시킨 술이다. 럼은 과거 해적들이 즐겨 마셨다고 하여 해적의 술이라고도 하며, 자메이카, 쿠바, 멕시코, 푸에르토리코 등 주로 중남미 국가에서 생산하고 있는 알코올 도수 40%~75% 정도의 술이다. 럼의 제조과정은 당밀을 물로 묽게 하여 당분이 12~16% 정도 되게 한 후 발효시킨다. 이것을 다시 증류하여 얻은 주정에 태운 설탕(Caramel)으로 착색한 다음 오크통에 넣어서 수년간 저장한 후 마시게 된다.

럼의 원료인 사탕수수는 인도가 원산지로 스페인을 거쳐 중남미에 전파되었으며, 17세기경 발바도스(Barbados)섬에서 영국의 증류기술자가 사탕수수 줄기에서 즙을 내어 설탕을 만들고 나머지를 발효시키고 증류하여 처음으로 럼을 만들었다. 당시 이 술을 마신 원주민이 취해서 흥분하여 원주민의 말인 'Rumbullion(흥분하다, 소동하다)' 이라고 하였는데 이 말에서 럼(Rum)이 유래되었다. 그후 자메이카를 중심으로 사탕공업의 발달과 함께 번창하게 되었지만 불만이 있는 사람들이 럼을 마시고 폭동을 일으켜 평이 좋지 못한 하급주로 취급되기도 했다. 미국 보스턴 차 사건도 럼을 마시고 일으켰다고 한다. 그러나 1805년 영국 넬슨 제독이 전사하자 시신의 부패를 방지하기 위하여 럼을 담은 큰 통속에 넣어 본국으로 운송하였던 일로 '넬슨의 피(Nelson' s Blood)' 라는 별명을 얻기도 했다.

1862년에는 스페인에서 쿠바로 이주한 바카디(Bacardi)에 의해 투명한 라이트 럼(Light Rum)을 생산하게 되었으며, 럼이 세계적인 명성을 얻게 된 것은 1930년 미국에서 칵테일 럼이 성행하여 그 이후로 주목을 받았다.

3.2 럼의 분류

럼은 알코올 도수가 아닌 맛이나 향의 강약에 따라 헤비(Heavy), 미디엄(Medium), 라이트(Light)의 세 가지 타입으로 나뉘는데 이 기준은 당밀을 발효시킬 때 방법의 차이이다.

(1) 헤비 럼(Heavy Rum)

약 20일간의 발효기간을 거쳐 장기간 저장하여 만든 것으로 풍미가 강하고 진한 갈색을 띄고 있어 일명 다크 럼(Dark Rum)이라고도 한다. 특히 자메이카 산이 유명하고 품질도 우수하며, 유명상표로는 마이어스(Myer' s), 올드 자메이카 골든(Old Jamaica Golden), 론니코 151(Ronrico 151) 등이 있으며, 특히 엘도라도 럼 15년산(El Dorado Rum 15 Years)은 3세기에 걸친 비법에 의해 최소 15년간 숙성과정을 거친 고가의 정통 스페셜 럼으로서 엘도라도만의 진한 향을 지니고 있다.

(2) 미디엄 럼(Medium Rum)

일명 골드 럼(Gold Rum)이라고 하며, 헤비와 라이트의 중간적인 풍미와 색을 띄고 있다. 주로 도미니카(Dominica) 등지에서도 생산하는데 5~9일 발효시키고 증류한 다음 6개월~1년 정도 숙성시킨다. 유명상표로는 바카니 골드(Bacardi Gold), 오드 오크(Old Oak) 등이 있다.

(3) 라이트 럼(Light Rum)

일명 화이트 럼(White Rum)이라고 하며, 풍미가 연하고 색은 무색이다. 쿠바 푸에르토리코 산이 유명하며, 2~4일 발효하여 단기간(6개월) 저장하여 시판된다. 특히 라이트 럼은 칵테일 기주로 애용되며, 향취가 적고 감미가 없는 것이 특징이다. 유명상표로는 바카디 라이트(Bacardi Light), 론니코 화이트(Ronrico White) 등이 있다.

헤비 럼(Heavy Rum)

미디엄 럼(Medium Rum)

라이트 럼(Light Rum)

4_ 테킬라

4.1 테킬라의 개요

멕시코산 선인장인 용설란(Agave)을 원료로 하여 증기로 쪄서, 다시 잘게 부수어 당즙을 낸 다음 이 즙을 발효하면 풀케(Pulque)라는 양조주가 되고, 이것을 증류하면 테킬라(Tequila)가 된다. 예로부터 멕시코 인디언들은 사막에서 자라는 용설란이란 식물을 발효시켜 풀케를 빚어 마셨다고 한다. 이들은 풀케를 '생명의 물' 이라 부르며 성스러운 음료로 여겼다.

이후 17세기경 스페인으로부터 증류기술이 도입되어 오늘날과 같은 테킬라가 생산되었으며, 1968년 멕시코 올림픽 이후 세계적으로 널리 알려지게 되었다. 테킬라는 소금을 핥아 가면서 마시는 습관이 있는데 테킬라 병에는 작은 소금 1봉지가 묶여져서 판매되기도 한다. 강렬한 햇볕 아래 독한 테킬라만 마시고 술에 취해 잠들면 땀을 많이 흘려 실신되고 목숨을 잃게 되는 경우가 많았는데 그래서 소금을 안주 삼아 마시는 습관이 생겼다고 한다.

테킬라는 칵테일 조주에 많이 사용되고 있는데 멕시코에서는 차게하여 스트레이트로 즐겨 마신다. 테킬라를 스트레이트로 마시는 요령은 첫째, 소금을 왼손의 손등 엄지와 검지사이 부분에 올려놓고 둘째, 같은 손에 잔을 들고 오른손에는 레몬을 든 다음 셋째, 먼저 소금을 맛보고 테킬라를 마신 다음 레몬을 빨아먹는다.

테킬라는 색에 따라 화이트와 골드로 분류되는데 화이트 테킬라(White Tequila)는 숙성시키지 않은 테킬라로서 맛이 가볍고 색은 무색이며, 주로 칵테일 기주로 사용된다. 골드 테킬라(Gold Tequila)는 오크통 속에서 2개월 이상 또는 수년간 숙성시킨 테킬라로서 맛은 중후한 편이고, 색은 골드 색이며, 주로 스트레이트로 즐겨 마신다.

4.2 테킬라의 종류

(1) 카사노블(Casa Noble)

카사노블 제품의 카사노블 크리스탈(Casa Noble Crystal)은 화이트 테킬라로서 아름다운 크리스탈 병에 금속라벨을 사용하여 고가에 팔리고 있으며, 2000년 샌프란시스코 세계 스피리츠(Spirits) 경진 대회에서 메달을 수상하기도 했다. 이 회사의 골드 테킬라는 골드(Gold), 레포사도(Reposado), 아네조(Anejo)가 있는데 특히 카사노블 아네조는 한정 수량만 생산하는 제품으로 프랑스산 오크 통에서 5년간 숙성되며, 독특한 향과 병모양 그리고 18K 순금으로 만든 라벨이 특징이다. 또한 세계 최고의 증류주 중의 하나로 평가되는 등 최고가의 테킬라이다.

(2) 세라(Sierra)

세라 데킬라는 멕시코에서만 생산되는 지역 특산주로서 부드러운 맛과 품질을 인정받고 있으며, 병 뚜껑의 모양이 멕시코 전통 모자 솜브레로(Sombrero) 모양을 하고 있는 것이 특징이다.

세라(Sierra) 테킬라

Guide to Wines,
Beers, Spirits
Liqueurs
and Cocktails

주류학개론

제9장

리큐르

1_ 리큐르의 개요

1.1 리큐르의 정의와 역사

(1) 리큐르의 정의

리큐르는 증류주에 과일, 식물, 씨앗 등의 천연향료를 배합한 후 다시 설탕이나 꿀 등의 감미료 및 착색류를 첨가하여 만든 혼성주로서 색깔이 아름답고 다양하여 '액체의 보석' 이라고도 불린다. 양조주나 증류주의 고유한 향미는 발효를 거쳐서 만들어지는 물질과 나무통에서 숙성되는 과정에서 대부분 구성되지만 리큐르는 발효라는 미생물에 영향을 받지 않고 이미 만들어진 증류주에 향미만을 더하는 것이다. 국제적으로 리큐르는 알코올 농도 15% 이상에 엑기스분(증발하고 남은 분량)이 10% 이상 함유된 술로 정의되고 있다. 우리나라 주세법에서는 증발잔분이 2% 이상으로 규정하고 있어 보다 광범위하다고 할 수 있다.

리큐르(Liqueur)의 어원은 라틴어 '녹는다' 라는 뜻의 리케파세르(Liquefacere)에서 유래되었는데 즉 증류주에 식물 등의 성분이 '녹아 있다' 라는 의미였으며, 그후 불어로 리큐르(Liqueur)라고 부르게 되었다. 유럽지역에서는 리큐르(Liqueur)라고 하지만 영미지역에서는 코디알(Cordial)이라고 한다.

(2) 리큐르의 역사

고대 그리스의 히포크라테스는 쇠약한 병자에게 힘을 주기 위하여 포도주에 약초를 넣어서 일종의 물약을 만들었는데 이것이 리큐르의 시초라고 보는 견해도 있다. 옛날부터 동양을 비롯한 서양에서도 술이 약으로도 사용되었는데 술에다 주로 약재를 첨가하여 제조하였다. 어쩌면 리큐르는 인간은 생명의 회복이나 불로장생(不老長生)의 영약을 얻기 위한 수단으로 탄생했다고 볼 수 있다.

리큐르가 본격적으로 등장한 것은 13세기경인데 당시 연금술사들이 증류주에 약초나 향초 등을 넣어 병을 낳게 하는 약을 만드는 과정에서 비법의 술을 얻게 되었다. 이 기법은 수도원의 수도사들에게 전수되어 독특하고 다양한 리큐르가 만들어졌다. 18세기에는 주로 과일의 향미를 주재로 한 단맛의 리큐르를 만들어 식후주로 애용하였고, 19세기 후반에는 연속식 증류기의 개발로 인하여 고품질의 리큐르가 생산되기 시작하였다.

오늘날 리큐르는 브랜디처럼 식후주로 애용되고, 스트레이트로 마실 수도 있고, 칵테일의 기주로서 사용하기도 하는데 다양한 리큐르가 없었다면 다양한 칵테일도 만들 수 없었을 것이다. 또한 리큐르는 색채가 아름답고 향미가 좋아 여성에게 인기가 높은 술이며, 알코올 도수는 20~70%까지 다양하다. 우리나라에서도 오랜 세월 동안 가정에서 여러 가지 리큐르를 제조하여 마셔왔다. 주로 포도, 매실, 모과, 마늘, 인삼, 더덕 등 다양한 약재와 과일을 증류주인 소주에다 담가 먹었는데 이러한 술도 리큐르라고 할 수 있다.

1.2 리큐르의 제조방법

(1) 침전(Infusion)법

증류주에 과실이나 향초 등의 재료를 침전시키거나 향이 소멸될 때까지 스며들게 하는 것이다.

(2) 증류(Distillation)법

커피를 만드는 것과 비슷한데 과실이나 향초 등의 재료를 기계의 윗부분에 놓고 증류주를 밑 부분에 놓은 다음 열을 가하여 알코올이 함유된 증기가 윗부분의 재료를 통과하면서 향과 맛을 베이게 하고 그것이 액화되어 나오게 하는 방법이다. 색깔도 필요하면 첨가하게 되는데 색깔이 첨가된 후 다시 증류시키기도 한다.

(3) 혼합(Essence)법

주정에 향료를 첨가하여 만드는 것으로 품질은 좋은 편이 아니며, 독일에서 주로 이 방법을 사용한다.

2_ 리큐르의 분류와 세계 유명 리큐르

2.1 리큐르의 분류

(1) 과실(Fruits) 리큐르

과실류를 증류주에 넣어 수개월 동안 두면 색깔, 향취, 향미가 술에 옮겨가는데 이것을 여과시켜 설탕류 등을 가미하면 과실류 리큐르가 된다. 과실류 리큐르는 보통 식후주로서 애용되며 주로 사용하는 과실류는 살구, 검은 딸기, 버찌, 복숭아 등이다. 대표적인 리큐르로는 오렌지를 이용한 큐라소(Curasao)를 비롯하여 코인뚜루(Cointreau), 트리플섹(Triple-sec), 마라스키노(Maraschino), 슬로진(Sloe Gin) 등이 있다.

(2) 식물(Plants) 리큐르

약초(Herbs)나 향초(Spices) 등의 식물류를 증류주에 넣어두면 그 성분이 자연적으로 우러나오는데 그것을 증류기에 증류시킨 다음 캐러멜 등으로 착색하고 감미료를 첨가하면 식물류 리큐르가 된다. 식물류 리큐르는 주로 식물의 열매, 잎, 껍질 등을 사용하는데 대표적인 리큐르로는 엡신스(Absinthe), 아니세트(Anisette), 베네딕틴(Benedictine), 샤투루즈(Chartreuse), 갈리아노(Galliano), 캄파리(Campari) 등이 있다. 특히 캄파리는 그 맛이 드라이하여 식전주로 애용된다.

(3) 종자(Seeds) 리큐르

과실의 씨에 함유되어 있는 방향성의 성분이나 커피, 카카오, 바닐라 따위의 두류(豆類)를 이용하여 향기를 높인 리큐르로서 주로 식후에 마신다. 단순히 씨만 이용하는 경우는 드물고 몇 가지 향료를 혼합하는 것이 일반적이다. 대표적인 리큐르로는 크렘 드 카카오(Creme de Cacao), 크렘 드 모카(Creme de Moka), 티아 마리아(Tia Maria) 등이 있다.

2.2 세계 유명 리큐르

리큐르는 세계 각국에서 생산하고 있는데 그 종류는 헤아릴 수 없이 많으며, 주요 리큐르를 소개하면 다음과 같다.

(1) 압생트(Absinthe)

스위스에서 유래된 술로 증류한 알코올에 아니스(anise), 회향(fennel), 향쑥(wormwood) 등의 허브계 약초를 말려 부숴 넣은 후 그 혼합물을 다시 증류한 술이다. 이 상태에서는 무색투명한 색을 내기 때문에 여기에 여러 허브를 넣어 침출시켜 녹색으로 만드는 것이 일반적이나 무색이나 적색 등의 압생트도 있다. 일명 '녹색의 마주' 로 불린다.

리/큐/르/상/식 압생트(Absinthe) 이야기

1890~1900년대 프랑스 파리 거리는 압생트 향이 진동했다. 모파상, 마네, 피카소, 고흐 등 낭만주의 시인과 화가, 소설가들이 압생트를 즐겨 마셨다. 낭만주의 예술가들에게 이토록 인기가 있었던 이유는 녹색과 사과 맛 브랜디라는 압생트 특유의 맛도 있지만, 이 술 안에는 주원료인 향쑥에 포함된 투존(Thujone)이라는 환각성분이 들어 있기 때문이기도 했다. 투존은 중추신경에 심각한 장애를 동반하며, 지각장애와 정신착란 그리고 간질과 유사한 발작을 일으켜 결국 죽음에 이르게 하는 성분이다. 그러나 역설적으로 압생트의 환각성분은 화가들의 예술적 정서를 풍성하게 해주는 역할도 했다.

빈센트 반 고흐는 압생트를 즐겨 마신 나머지 심각한 알코올 중독 증세를 보였다. 환각 부작용으로 인해 한때 악마의 술이라고도 했다. 고흐가 귀를 잘라 자해한 것이나 자살한 이유도 바로 압생트에 중독되었기 때문이라는 설도 있다.

이러한 압생트의 중독 성분 때문에 유럽 여러 각국은 1910년을 전후에 대부분 압생트의 제조와 판매를 금지했다. 압생트가 치명적 독성을 띠고 있다는 소문이 돈 아유는 압생트 판매량이 와인 판매량을 초과하자 이를 경계한 프랑스의 와인 제조업자들의 로비가 한 몫을 했다고 전해진다.

이후 압생트에 대한 연구가 진행되었고, 결과에 의하면 압생트가 화가들을 괴롭힌 치명적인 중독을 불러일으킨 원인이 아니라는 점이 밝혀졌다. 투존의 양이 미미하다는 것이다. 압생트를 사랑했던 예술가들이 건강을 잃었던 이유는 압생트의 독성 때문이 아니라 알코올 중독 때문이었던 것이다. 마침내 1980년대경 유럽에서는 압생트 금지법이 폐지되었고, 일반적인 주류에는 35mg/L 이하의 투존 함유가 허용되었으며, 2007년에는 마침내 미국에서도 압생트 판매가 자유로워졌다. 그러나 국내에는 아직 정식으로는 수입되지 않고 있다.

대한민국에서도 투존이 들어간 정통 압생트의 제조 및 판매가 금지되었는데, 흔히 알려진 것처럼 향정신성의약품 또는 마약으로 분류되지는 않았지만 주 원료인 향쑥이 대한민국 법률상 '식용불가 재료'로 지정되었기 때문에 불가능했다. 현재 일부 수입 판매되는 제품들이 있지만, 대부분 진품 압생트가 아니라 모조품이다. 즉 체코 보헤미안 지방의 압생트 또는 그에 준하는 모조품이라고 할 수 있다.

고흐가 1886~1888년 파리 시절에 자신이 즐겨 마셨던 술을 그린 압생트 잔과 물병(Glass of absinthe and a carafe)

체코는 압생트가 금지된 적이 없는 국가인데, 이유는 간단하다. 한창 스위스와 프랑스에서 압생트가 유행할 당시 체코인들은 압생트라는 것이 있는지도 모르고 살았다. 그러다 1990년대에 들어서 체코의 한 증류장 사장이었던 란도밀 힐(Randomil Hill)이라는 사람이 압생트라는 것에 대해 어디서 주워듣고, 쓴쑥과 박하 등을 알콜에 우린 후 녹색으로 착색해 Hill's Absinth라는 이름으로 판매하기 시작했다. 이것이 보헤미안 압생트의 시작이다.

(2) 아쿠아비트(Aquavit)

아쿠아비트의 원산지는 노르웨이, 덴마크, 스웨덴 등 북유럽지방이며, 아쿠아비트(Aquavit)의 어원은 '생명의 물(Aqua Vite)' 이라는 라틴어에서 유래되었고, 덴마크에서는 아쿠바비트(Akvavit)라고 표기한다. 아쿠아비트는 감자를 익힌 다음 맥아로 당화 및 발효시켜 연속식 증류기로 증류한 후 95%의 고농도 알코올을 얻은 다음 물로 희석하고 회향초 씨(Caraway Seed)라는 향료를 넣어 제조한 알코올 도수 40%의 술이다.

(3) 베일리스(Baileys)

위스키에 생크림과 카라멜 등의 향료를 넣어 만든 아일랜드산 리큐르이다. 위스키에 우유를 곁들여 마시는 음주 방식은 기존에도 있었지만 위스키와 크림을 섞는 방식은 완전히 새로운 시도였다. 1974년 크림과 위스키를 섞는 혼합공정 기술이 완성되어 세계 최초의 크림 리큐어 베일리스가 탄생하였다.

(4) 베네딕틴 디오엠(Benedictine D.O.M)

1510년경 프랑스의 한 수도원에서 성직자가 만든 술로서 코냑에 엔젤리카(Angelica)를 주 향료로 하여 박하(Mint), 아니카(Anica)라는 약초 등을 첨가한 것이다. D.O.M은 라틴어 Deo Optimo Maximo의 약어인데 "최고로 좋은 것을 신에게 바친다"라는 뜻이다.

(5) 깜파리(Campari)

이탈리아 밀라노에서 생산되며, 오렌지 과피를 비롯하여 여러 가지 식물의 뿌리, 씨, 향료, 껍질 등 70여 종의 재료로 만든 리큐르이다. 소다수나 오렌지 주스를 섞으면 좋은 식전주(Aperitif)가 된다.

베일리스

베네딕틴 디오엠

깜파리

(6) 샤투루즈(Chartreuse)

17세기경 프랑스 샤투루즈 수도원에서 만든 술인데 브랜디에 각종 약초, 벌꿀 등을 만드는데 오늘날까지 처방은 비밀로 되어 있다. 알코올 43%의 옐로우(Yellow)와 알코올 55%의 그린(Green)의 두 종류가 있으며, 리큐르의 여왕이라고 불린다.

(7) 체리 헤링(Cherry Heering)

덴마크 코펜하겐의 헤링(Heering)가에서 170년 동안 전통적으로 만들어 왔던 것으로서 블랙 체리로 만든 체리 브랜디의 일종이다.

(8) 꼬인뚜루(Cointreau)

1849년 프랑스 르와르에서 탄생되었으며, 엄선된 오렌지의 에센스를 추출하여 고급 브랜디와 혼합하여 만든 술이다.

(9) 크림 드 카카오(Creme de Cacao)

'Creme' 이란 '최상' 이라는 뜻이고 브랜디에 과일, 약초 등을 넣어 감미를 더하여 만든 리큐르로서 코코아와 바닐라 향이 특징이며, 갈색(Brown)과 무색(White)의 두 종류가 있다.

샤투루즈

체리 헤링

꼬인뚜루

크림 드 카카오

(10) 크림 드 멘트(Cream de Menthe)

박하향을 가미한 리큐르로서 그린, 핑크, 화이트 등의 색이 있으며, 환상적인 색깔과 달콤하고 시원함이 특징이다. 일명 페퍼민트(Pepper Mint)라고 하며, 특히 화이트는 칵테일 '스팅거(Stinger)'의 기주로 유명하고, 그린은 잘게 부순 얼음 위에 부어서 시원하게 스트레이트로 마신다.

(11) 트리플 섹(Triple Sec)

남미의 베네주엘라 근처 큐라사오 섬에서 생산되는 리큐르로서 쓴맛의 강한 오렌지 껍질을 브랜디나 럼 등에 담구고 감미를 더하여 만든 것으로서 세 번 증류를 거듭했다는 뜻에서 트리플 섹(Triple Sec)이란 이름을 붙였다. 색상은 블루, 그린, 화이트(무색) 등이 있으며, 특히 블루색일 경우 '블루 큐라사오(Blue Curacao)' 라고 부른다.

(12) 드람부이(Drambuie)

드람부이는 "사람을 만족시킨다"라는 뜻을 가지고 있고, 스카치 위스키에 60여 종의 각종 향초 및 약초와 꿀을 넣어 만든 술이다.

크림 드 멘트

트리플 섹

드람부이

(13) 갈리아노(Galliano)

이탈리아의 밀라노 지방에서 생산되며, 증류주에다 아니스, 바닐라 등 70여 종의 약초와 향미를 더하여 만든 것으로 단맛 및 오렌지와 바이올렛 향이 강한 리큐르이다. 색상은 알코올 도수 35%의 노란색이 주종이지만 알코올 도수 28%의 적색도 있는데 아마레또(Amaretto)라는 별칭을 사용한다. 갈리아노는 병모양이 긴 것이 특징이며, 술의 이름은 「앤다재수스」라는 요새를 영웅적으로 방어한 「갈리아노」라는 소령의 이름에서 유래되었다.

(14) 그랜드 마니아(Grand Marnier)

3~4년간 숙성된 코냑에다 양질의 오렌지 껍질을 이용하여 만든 향기로운 리큐르로서 적색과 황색의 2종류가 있으며, 적색은 알코올 도수가 39.4%이고, 황색은 30%이다. 또한 적색은 향이 강한 것이 특징이며, 병에 리본이 달려 있어 구분이 용이하다.

(15) 깔루아(Kahlua)

멕시코의 커피 리큐르로 럼에 커피 열매, 코코아 열매, 바닐라 등으로 만든 술이며, 알코올 도수는 26% 정도이다.

(16) 말리부(Malibu)

1980년 스코틀랜드에서 시판되어 세계적인 칵테일 베이스로 자리잡은 말리부는 독특한 흰색 병의 백색주와 코코넛이 절묘하게 조화되어 부드럽고 마시기 쉬운 맛으로 독한 술에 거부감을 가진 애주가들에게 인기가 높다. 스트레이트와 온더락으로 마시거나 과일주스나 소다수 등을 섞어 칵테일로 마시기도 한다.

(17) 앙고스트라 비터(Angostra Bitter)

칵테일을 만들 때 양념(고미제)이 되는 술이 있다면 비터(Bitter)와 벌머스(Vermouth) 두 가지이다. 비터는 럼 등의 증류주에 여러 가지 초근목피를 섞은 리큐르인데 그 제법은 어느 제조원이나 모두 외부로 누설하지 않고 있다. 반면에 벌머스는 양조주인 와인에 약초를 넣어 만들었으므로 리큐르의 범주에 속하지 않고 혼성와인으로 분류된다. 앙고스트라 비터는 1824년에 베네주엘라 앙고스트라 마을에 있는 육군병원에서 군의관인 시이거트(Siegert)에 의해서 개발되었다. 앙고스트라 비터는 럼에 각종 약초를 넣어 만드는데 뛰어난 풍미와 향기로 인하여 소프트 드링크를 비롯하여 칵테일 등에 첨가음료로서 사용되고 있다. 앙고스트라 비터 외에 오렌지 비터(Orange Bitter), 진 비터(Gin Bitter) 등이 있다.

그랜드 마니아

깔루아

말리부

앙고스트라 비터

Guide to Wines,
Beers, Spirits
Liqueurs
and Cocktails

주류학개론

제10장

한국의 술

1_ 한국 술의 개요

1.1 술의 어원

'술'이란 단어의 어원은 아직까지도 명확히 밝혀진 것이 없으나, 범어(梵語)의 수라(sura : 쌀로 빚은 술)에서 유래되었다는 설과 술이 빚어지는 과정에서 그 어원을 찾고 있다. 후자의 경우 술은 찹쌀을 쪄서 차게 식힌 뒤 누룩과 물을 섞어 발효시키는데, 이때는 열을 가하지 않더라도 어느 정도의 시간이 지나면 부글부글 끓어오르면서 거품이 괴어오르는 화학적인 발효현상을 보고 옛 사람들에게 그야말로 신비롭고 경이로운 현상으로 비쳤을 것이다. 이 신비롭고 경이로운 현상을 보고 '난데없이 물에서 불이 붙는다'는 생각에서 '수-불'이라고 하였을 것이고, 결국 '수불'이 수블>수울>수을>술로 변하게 되었을 것이란 추측이다.

수불의 보다 정확한 표현은 '물-불'로 생각되지만 물은 한자로 수(水)에 해당하므로 '수불'로 바꾸어 표기했을 것으로 추측된다. 이러한 추측이 가능하다고 보는 근거는 고려 말엽의 「계림유사(鷄林類事)」와 조선시대 「조선관역어(朝鮮官譯語)」등의 여러 문헌에서 찾아 볼 수 있다.

술의 한자적 기원을 보면, 주(酒)자의 옛 글자는 '닭, 서쪽, 익을'을 뜻하는 유(酉)자였다. 유(酉)자는 밑이 뾰족한 항아리 상형문자에서 변천된 것으로 술의 침전물을 모으기 위해서 끝이 뾰족한 항아리에서 발효시켰던 것에서 유래되었다. 그 후 유(酉)자가 다른 뜻으로 쓰이게 되어 삼수변이 붙게 된 것인데, 옛 글자에는 삼수변이 오른쪽에 붙어 있다. 보통 삼수변의 글자는 자전에서 찾을 때 수지부(水之部)를 보게 되지만, 주(酒)자는 유지부(酉之部)에 들어 있다. 酉는 '지지 유' 또는 '익을 유'로 읽히는데, 원래 술항아리를 상형화한 것으로 술을 뜻한다.

1.2 한국 술의 역사

(1) 고려시대 이전의 술

우리나라 술의 기원은 삼국지 부여전과 고구려전 등의 문헌을 통하여 유추해 볼 수 있다. 즉 부여는 영고, 고구려는 동맹, 예는 무천이라는 제천의식을 통하여 풍년을 빌고 추수를 감사히 여기는 제를 올렸는데 그 기간 중에 사람들이 모여 음주가무를 즐겼다. 이와 같이 삼국시대 이전부터 고대인들은 제천의식을 통하여 술을 접했다는 기록을 미루어 볼 때 한국에서는 농사를 시작한 이후 2000년 전부터 술을 빚어 마셨고 모든 행사에는 술이 애용되었음을 알 수 있다.

이규보의 「동국이상국집」 동명왕 편에는 고구려를 세운 주몽(朱蒙)의 건국 설화가 소개되어 있는데 「하백은 해모수의 신통력을 시험한 뒤에 술을 권하였다」는 대목이 있고, 또한 천제의 아들인 해모수가 능신 연못가에서 하백의 세 딸을 취하려 할 때, 미리 술을 마련해 놓고 먹여 취하게 한 다음 수궁으로 들어가지 못하게 하여 세 처녀 중 큰딸인 유화(柳花)와 인연을 맺어 주몽을 낳았다고 설명하고 있다. 「삼국사기」에 의하면 고구려 대무신왕(大武神王) 11년에 맛있는 술이란 뜻의 '지주(旨酒)'

가 등장한다. 그리고 「위지(魏志)」 고구려전에는 '선장양(善藏釀)' 이라는 구절이 있는데 이는 고구려에서 술을 비롯한 발효제품이 많이 만들어졌음을 의미한다.

당나라 시인 이상은(李商隱)은 "한 잔 신라주의 기운이 새벽바람에 사라질까 두렵구나"라고 읊었는데 이 시구로 미루어 신라의 술이 당나라에서 인기가 풍류객들 사이에는 인기가 높았음을 알 수 있다. 또한 일본의 고사기(古事記)에 의하면 인번(人番)이라는 백제의 사람이 일본에 와서 누룩을 써서 술을 빚는 기법을 가르치고 주신(酒神)이 되었다는 기록이 있는데 이 시기에 우리나라의 술이 일본에 전파되었음을 알 수 있다. 이와 같이 고려시대 이전부터 술을 즐겼음을 알 수 있고 주로 곡류로 빚은 발효주를 만들어 마셨다.

(2) 고려시대의 술

삼국시대에는 나라 이름을 술의 이름으로 사용한 데 비해서, 고려시대에는 황금주(黃金酒), 백자주(栢子酒), 송주(松酒) 등 술의 재료와 특성을 나타내는 술이 나타나기 시작하였으며, 전통소주와 같은 증류주가 처음으로 개발하여 마시기 시작하였다. 또한 양온서(釀瑥署 : 궁중에서 술을 빚던 관청)를 두어 국가의식용 술을 빚었다.

송나라 사신 서긍의 고려도경(高麗圖經)에는 청주(淸酒)와 법주(法酒)를 언급하고 있는데 "고려에는 찹쌀이 없어 멥쌀과 누룩으로 술을 빚는다", "술의 맛이 독하여 쉽게 취하고 빨리 깬다", "일반적으로 고려사람은 술을 즐긴다. 그러나 서민들은 양온서에서 빚는 그러한 좋은 술을 먹기 어려워 맛이 박하고 빛깔이 짙은 것을 마신다"고 고려의 술이 묘사되어 있다.

명(明)나라 학자 이시진(李時珍)의 「본초강목」에 의하면 소주는 원(元)나라 때부터 시작되었다는 기록이 있는데, 페르시아에서 발달한 증류법이 몽고, 만주를 거쳐 고려 후기인 서기 1300년경에 우리나라에 들어왔는데 그 술은 아라비아어로 아락(Arag)이었다. 이때부터 증류주를 만들기 시작한 것으로 보인다. 따라서 고려시대는 우리나라 술의 3대 분류인 탁주, 약주, 소주의 기본형태가 완성된 시대였다고 할 수 있다.

(3) 조선시대의 술

조선시대는 유교가 성행하여 각 집안에서는 제례가 중요시 되었다. 제례의 가장 기본적인 음식은 술이었으므로 각 집안의 주부는 술 빚기를 가장 중요한 행사로 여겼다. 따라서 제조원료도 멥쌀에서 찹쌀로 바뀌고 발효기술도 발전하는 등 양보다는 질 좋은 술을 제조하기 시작하였다. 이 시대의 명주는 삼해주(三亥酒), 이화주(梨花酒), 부의주(浮蟻酒), 하향주(河香酒), 춘주(春酒), 국화주 등 무려 3백여 가지에 이른다. 소주도 날로 소비가 늘어 다산 정약용이 전국의 소주고리를 거두어 들여 식량난을 예방하고자 상소하기도 할 정도였다. 조선시대 후기에는 지방주의 전성기를 맞이하였는데 지방마다 비전(秘傳)되는 술들이 맛과 멋을 내기 시작하였다. 당시의 명주로는 서울의 약산춘(藥山春), 여산의 호산춘(壺山春), 충청의 노산춘(魯山春), 평안의 벽향주(碧香酒), 김천의 청명주(淸明酒) 등이 꼽혔다.

조선시대에는 서양의 술이 우리나라에 처음으로 들어오게 되었는데 최초로 수입된 술은 기록에 의하면 포도주로 유추된다. 조선 인조 때 호조판서 김 도령이 남긴 글에 포도주를 마셨다는 이야기가 나오고, 효종 때는 하멜이 표류해 와서 지방관에게 네덜란드 적포도주를 받쳤다고 한다. 이후 포도주는 외국인 신부들이 주로 가지고 들어 왔으며, 포교를 방해받으면 포도주를 주고 위기를 모면하였다.

증류주로는 1866년 고종 때 독일인 오펠트가 가지고 들어 온 앵주(櫻酒)라는 술인데 버찌를 원료로 해서 만든 증류주였다. 오펠트는 통상을 위하여 조선을 방문하였고, 「조선기행」이라는 책을 남겼다. 그가 처음으로 조선에 발을 딛은 곳은 충청도 서해안 해외현이었고, 그곳 관리들과 첫 상면을 하면서 접대를 한 광경을 다음과 같이 적었다. "번거로운 의식은 거의 한 시간이나 진행되었다. 이어서 여러 가지 음식과 포도주 그리고 내가 가지고 온 앵주가 나왔다. 참석자들은 특히 앵주를 극찬하였고 마신 후에는 유쾌해지는 것을 보았다"

오펠트는 2년 후 아산만을 통해서 다시 방문하였고, 다음과 같은 기록을 남겼는데 당시 우리나라의 술 문화를 엿볼 수 있다. "조선인은 독한 술을 애용하는 점에서 일본인과 다를 바 없으며, 음식을 먹을 때 절제하는 것을 볼 수 없었다. 특히 그들은 내가 제공한 앵주와 샴페인을 좋아하였고, 끝없이 폭음을 하였다. 조선인들은 독주를 좋아했고 적포도주는 너무 쓰다면서 별로 즐겨하지 않는 것 같았다" 오펠트의 기록을 살펴보면 포도주는 이전에 이미 들어왔고, 샴페인과 증류주는 그를 통해서 들어왔음을 알 수 있다.

(4) 근대 이후의 술

우리나라 전래 민속주는 조선시대 문헌에 전하는 것만 해도 200종을 훨씬 넘었는데 일제 식민지하에서 일본이 1909년 주세법을 만들어 술 제조에 세금을 매기고, 1916년에는 주세령을 실시하여 양조허가를 받은 사람 외에는 술을 만들지 못하도록 하였다 또한 해방 이후에는 부족한 식량사정에 따른 양곡정책 등으로 인하여 우리나라 고유주라 할 수 있는 민속주의 명맥이 단절되었다. 그러나 88서울올림픽 개최를 계기로 우리나라 전통문화를 전수 및 보전하고 외부적으로는 외국인 관광객에게 우리나라 술을 널리 알리기 위하여 관련 법조항을 개정하여 전통민속주 제조의 길을 열게 되었다.

소주는 근대에 이르러 대중화되기 시작하였는데, 일제시대인 1916년에는 전국에 2만 8천4백4개소의 양조장이 있었다. 진로와 같은 유명 소주회사들이 이 무렵에 설립되었으며, 소주는 이때부터 우리나라의 국민주로 자리 잡게 되었다.

우리나라에서 본격적으로 맥주를 생산한 것은 1933년 일본 삿포르 맥주회사의 전신인 다이닛폰 맥주(주)가 자회사인 조선맥주(주)를 서울 영등포에 설립하고, 같은 해 일본 기린맥주(주)도 자회사인 소화기린맥주(주)를 서울에 설립한 이후부터이다. 소화기린맥주는 1948년 동양맥주로 개명하였다. 이후 1990년대 후반 조선맥주(주)는 하이트맥주(주)로, 동양맥주(주)는 OB맥주(주)로 상호를 변경하여 오늘날까지 명맥을 이어가고 있다.

와인의 경우는 1977년에 (주)두산이 마주앙을 출시하면서 와인생산에 새로운 지평을 열었고, 이후 80년대에는 다양한 와인이 등장하였다. 특히 1987년에는 대선주조(주)가 정통 샴페인인 그랑쥬아를 탄생시켰다. 그러나 1990년대부터 고품질과 저가격대의 외국 와인이 대량으로 수입되면서 현재는 몇몇 와인만이 명맥을 유지하고 있다.

1.3 한국 전통주의 분류

한국의 전통주란 서양의 술이 아닌 옛부터 우리조상이 대대로 만들어 전래 민속주를 말하는데 이러한 민속주는 전통문화의 전수 및 보존의 차원에서 법적으로 관리되고 있다. 우리나라 전래의 술은 크게 약주(藥酒), 탁주(濁酒), 소주(燒酒)로 나눌 수 있다. 이들 술은 그 재료에 차이가 있는 것이 아니라 어떻게 걸러 냈느냐에 차이가 있다. 즉 우리가 약주라고 흔히 말하는 술은 쌀과 누룩으로 빚은 술이 익었을 때 대나무로 만든 바구니 형태의 용수를 박아 맑은 술만 떠낸 것이고, 탁주는 말 그대로 거르지 않아 탁한 빛의 술이다. 그리고 소주는 양조된 술을 소주고리에 담아 증류하여 얻어낸 것이다. 이 세 종류 외에 소주와 같은 증류주에다 각종 약초, 과실 등을 넣어 만든 약술(일명 리큐르)도 만들어 마셨다.

2_

약주

2.1 약주의 유래와 정의

(1) 약주의 유래

1123년(인종 1년) 송(宋)나라의 사신인 서긍이 한달 남짓 개성(開城)에 머물면서 체험한 견문을 바탕으로 편찬한 「고려도경(高麗圖經)」에 의하면 왕족들은 청주(淸酒), 법주(法酒)의 2종류를 매일 마셨던 것으로 기록하고 있는데 청주가 투명도가 높고, 법주는 그보다 투명도가 낮은 것으로 보인다. 그리고 법주는 양온서에서 '법대로 빚는다' 해서 이름이 붙여졌다. 또한 고려도경에 「~조정에서는 투명한 술을 만들고 민간에서는 탁하고 색이 진한 술이 만들어진다」라고 기술하고 있는데 이 내용으로 보아 상층계급과 서민 사이에 술의 종류가 다른 것으로 추정되며, 청주와 법주는 지금의 약주 또는 청주로, 탁하고 색이 진한 술은 탁주로 추정된다.

약주의 호칭에 대한 유래는 2가지 설이 있다. 먼저 조선 선조 때 서울의 약현(藥峴 : 현재의 중림동)에 서거정(徐居正)의 후손인 서약(徐藥)이 살았는데 그의 부인인 이씨가 약주 빚는 솜씨가 뛰어나 「약현에서 만들어진 술」이란 의미에서 약주(藥酒)라 부르게 되었다. 두 번째는 조선시대에는 술을 만들 수 없는 시기도 있었는데 특히 자연재해에 의한 식량

기근 때에는 금주령, 절주령이 발효되었다. 그러나 많은 백성이 식량난으로 굶주리고 있을 때에도 특권층에서는 술을 빚어 마셨으며 이를 정당화하기 위해 '약주(藥酒)'라 하였다고 한다. 즉 금주령에도 불구하고 술을 빚고 있다가 단속반에 적발되면 취하기 위해 빚은 것이 아니고 환자의 치료용으로 빚은 약(藥)이라는 얕은 꽤로 "이것은 약주(藥酒)입니다"라고 변명을 한 것에서 유래되었다는 것이다.

이러한 설 외에 그 이전부터 술은 약으로서의 효능을 보여 주었을 것으로 생각되는데 술은 '백약(百藥)의 으뜸'이라 하여 적당히 마시면 건강에도 좋다는 이야기가 전래되어 오면서 약주라는 명칭을 사용하였을 것으로 추측된다. 한편 우리나라 사람들은 술을 으레 '약주(藥酒)'라고 부르는 경향이 있었는데 본래 약주(藥酒)란 모든 술을 의미하는 것이 아니라 청주(淸酒)만을 의미하였다. 이후 약주는 '술'을 점잖게 이르는 말로도 사용하게 되었는데 예를 들면 "약주나 한 잔 하십시다" 등을 들 수 있다.

(2) 약주의 정의

우리나라 주세법상의 약주에 대한 정의는 다음과 같다.

1. 곡류와 국 및 물을 원료로 하여 발효시킨 술덧을 여과 · 제성한 것
2. 곡류외의 전분이 포함되어 있는 물료와 국 및 물을 원료로 하여 발효시킨 술덧을 여과 제성한 것
3. 곡류 · 곡류 외의 전분이 포함되어 있는 물료와 국 및 물을 원료로 하여 발효시킨 술덧을 여과 · 제성한 것
4. ① 내지 ③의 규정에 의한 주류의 원료에 당분을 첨가하여 발효시킨 술덧을 여과 · 제성한 것
5. ① 내지 ④의 규정에 의한 주류의 발효 · 제성과정에 대통령령이 정하는 물료를 첨가한 것

여기서 물료란 아스파탐, 스테비오사이드, 젖산, 주석산, 구연산, 아미노산류, 방향성초제, 식물약재를 비롯한 기타 국세청장이 정하는 물료 등 발효 및 제성과정에 첨가하는 것을 말한다.

(3) 약주와 청주의 차이

과거부터 약주라 함은 청주를 지칭했는데 오늘날에 와서는 첨가재료의 여부에 의하여 약주와 청주의 개념을 분리하고 있다. 즉 곡류 등의 원재료와 제조과정은 같지만 술을 빚을 때 약재 등의 재료가 들어가면 말 그대로 약주이고, 약재 없이 발효제로 입국만을 사용하여 순수하게 빚으면 청주이다. 우리나라의 주세법에서도 약주류의 품목은 약주와 청주로 구분하고 있으며, 약주의 알코올 농도는 대체적으로 13% 이하, 청주의 알코올 농도는 14%~25% 정도로 한정하고 있다.

2.2 약주류의 종류

(1) 약주

청주를 제외한 약주는 대부분 곡류로 빚은 양조주에 각종 약재 및 향초 등을 첨가하여 만드는데 일명 가향주(加香酒)라고 한다. 약주의 종류는 무수히 많은데 주요 전통약주로는 감홍로, 송절주, 도화주, 경주법주, 두견주, 계명주, 국화주 등이 있으며, 최근에 개발되어 시판되고 있는 약주는 백세주를 비롯한 100여 종에 이른다.

(2) 청주

고려시대에는 발효가 끝난 술덧을 잘 걸러내어서 부드럽게 마실 수 있도록 맑게 한 술을 청주라고 불렀을 것으로 추측된다. 오늘날의 청주는 찹쌀을 포함한 쌀을 주원료로 하고 있으며, 탁주보다 맑고 주정분(酒

精分)이 많은 술로서 농익은 탁주에 술이나 장 따위를 거르는 데 쓰는 기구인 용수를 박아 떠낸 맑은 술이다. 일본식 양조법으로 빚은 정종(正宗)도 이에 해당한다.

청주(淸酒)란 이름은 글자 그대로 '맑은 술'을 뜻하며, 맑지 않은 탁주(濁酒)에 비교되어 붙어진 이름인데 조선시대에 들어와서 약주라는 명칭으로 바뀌었다. 청주는 우리 민족 고유의 전통주이다. 청주라고 하면 일반적으로 일본의 술로 오해하고 있으나 앞에서 언급하였듯이 원조는 우리나라이다. 그런데 일제시대 때 일본 청주 상표의 하나인 '마사무네(まさむね, 正宗)'가 국내에 유입되면서 '청주' 대신 '정종'이 청주의 대명사처럼 쓰이기 시작했다. 정종은 일본에서 1884년 상표조례가 제정되었을 때 일본 정부가 상표 등록신청을 받자 정종이라는 술 상표 신청이 쇄도했고, 이에 일본 정부는 정종을 청주라는 의미로 일반화하였다. 또한 '사케(酒)'라는 일본어를 청주라고 부르는 것도 사실은 오용이다. 사케는 일본어로 '술'이라는 일반명사이기 때문이다. 그러나 지금은 일본에서도 사케가 양주와 구별되는 '일본 술'이라는 의미로 사용되고 있으며, 주로 청주를 뜻하고 있다. 우리나라에서 과거 청주를 약주라고 하였지만 오늘날 우리나라의 주세법에서는 청주에 대해서 약주와는 별개로 다음과 같이 보다 구체적으로 정의하고 있다.

1. 곡류 중 쌀(찹쌀을 포함한다) · 국 및 물을 원료로 하여 발효시킨 술덧을 여과 · 제성한 것 또는 그 발효 · 제성과정에 대통령령이 정하는 물료를 첨가한 것.
2. 앞의 규정에 의한 주류의 발효 · 제성과정에 대통령령이 정하는 주류 또는 물료를 혼합하거나 첨가하여 여과 · 제성한 것으로 대통령령이 정하는 알코올 분의 도수 범위 안의 것.

전통적인 청주로는 호산춘, 황금주 등이 있으며, 최근 시중에 시판되고 있는 청주는 순미(純米)로 빚은 고급청주인 국향과 일반청주인 수복과 청하 등이 있다.

2.3 탁주

(1) 탁주의 개요

곡류를 이용하여 만드는 양조주는 탁하게 빚을 수도 있고, 맑게 빚을 수도 있는데 탁하게 빚은 것을 탁주(濁酒), 반면에 맑게 빚은 것을 청주(淸酒)라고 한다. 탁주의 정확한 기원은 분명치 않으나 오랫동안 약주와 탁주의 구별은 없었던 것이 사실이다. 이러한 약주는 곡류 및 전분을 이용하여 누룩과 물을 혼합하여 발효시킨 다음 맑은 술을 떠내지 않고 막 걸러서 만든 혼탁한 술이라 하여 탁주(濁酒)라 불렀고, 마구 걸렀다는 뜻에서 막걸리로 표현하였다. 또한 탁주는 농사를 짓는 농부들이 땀을 흘린 후에 갈증을 해소하거나 새참에 요기를 하는 목적으로 마셨다고 하여 농주(農酒)라고도 하였다.

탁주는 예로부터 자가(自家) 제조로 애용되었기 때문에 각 가정마다 독특한 방법으로 만들어져 그 맛이 다양한 것이 특징이며, 대중주로서 오랫동안 유지되어 왔다. 탁주는 원래 찹쌀이나 쌀을 원료로 하여 제조해 왔으나 1963년부터는 정부의 식량정책상 원료를 쌀에서 밀가루로 대체하게 되었다. 그후 1980년도에 쌀 막걸리 생산이 다시 허용되면서 후발효로 인한 탄산가스의 발생을 억제하여 시한성을 극복하고, 산도 유지와 보존기간의 연장이 가능한 기술이 개발되어 품질의 향상을 기하게 되었으며, 플라스틱 용기의 도입으로 인하여 적절한 유통의 기회를 갖게 되었다.

탁주 중에서 부의주(浮蟻酒)를 일명 동동주라고 하는데 찹쌀과 누룩을 주원료로 하여 만든 다음 청주를 떠내거나 걸러 내지 않고 또한 쌀을 걸러내지 않아 밥알이 그대로 동동 떠있다고 하여 붙여진 이름인데 약주로 분류하기도 한다.

(2) 탁주의 정의

탁주란 우리 토속주의 하나로서 쌀, 밀가루, 옥수수와 같은 곡물에 국(누룩, 입국, 효소제)과 물을 잘 섞어 발효시킨 다음 체로 걸러서 만드는데, 물을 타서 알코올 도수를 6% 정도로 낮춘 술을 말한다. 우리나라 주세법에서는 탁주를 「곡류 기타 전분이 함유된 물료 또는 전분당(澱粉糖)과 국(麴) 및 물을 원료로 하여 발효시킨 술덧을 여과하지 아니하고 혼탁하게 제성한 것. 또는 그 발효, 제성과정에 대통령령이 정하는 물료를 첨가한 것」으로 정의하고 있다.

3_ 소주

3.1 소주의 역사와 어원

(1) 소주의 역사

소주는 고려 후기(1300년경으로 추정) 원나라에서 들어온 것으로 조선시대에는 귀한 분에게만 대접하던 것이었다. 일찍이 몽고(후에 원나라로 칭함)에서는 페르시아의 이슬람 문화를 받아들이면서 증류방식의 술을 들여왔는데, 우리나라에는 징기스칸의 손자 쿠빌라이가 일본 원정을 목적으로 한반도에 진출할 때 전해졌으며, 몽고의 전진기지였던 개성, 안동, 제주도를 중심으로 소주제조가 활발하였다.

소주가 우리나라에 도래한 시기를 밝혀주는 문헌으로는 19세기경 조선후기 실학자 이규경(李圭景)이 쓴 「오주연문장전산고(五洲衍文長箋散稿)」라는 책에서 찾을 수 있는데 다음과 같은 글이 있다. 〈我東亦有二次重燒者 曰還燒 酒名 曰甘紅露 一次 燒者 名曰 燒酎 或曰 露酒 自高麗始也〉. 즉 고려시대 이래 소주류의 음용이 있었다는 것을 알 수 있으며, 소주류 중에서 두 번 증류한 것을 감홍로(甘紅露)라 하였고, 한 번 증류한 것을 소주(燒酎) 또는 노주(露酒)라고 하였다. 당시 유명했던 소주로는 대쪽을 구워 빼낸 진액으로 만든 죽력고(竹瀝膏), 배즙과 생강즙을 넣어 만든 이강고(梨薑膏) 등이 있었다.

소주의 제조는 고려시대에서 조선말기까지 증류기 및 제조법이 다소 변하기는 하였으나 뚜렷한 변천은 없었다. 1916년에 일제가 주세법을 공포하고 시행함에 따라 일본인들이 많은 자본으로 소주 제조장을 기업화하기 시작하여 대량 생산체제를 갖추기 시작했다. 해방 이후 소주 산업은 정부의 식량 정책 등 환경적 여건에 의하여 사용원료 및 제조방법 등에 여러 차례의 변화가 있었다.

특히 1965년도의 양곡관리법 시행으로 소주의 원료 대체가 불가피하게 됨에 따라 전국의 수많은 증류식 소주업체들이 희석식 소주업체로 전환하여 본격적인 희석식 소주 시대를 맞이하게 되었다. 1970년에는 희석식 소주 회사가 254개 업체였는데, 저질 주류 생산과 치열한 판매경쟁으로 인한 유통질서의 문란으로 인하여 주류회사의 통폐합으로 국가 정책이 바뀌었다. 이러한 과정에서 1977년에는 각 지방별 제조장 기준으로 하여 각도에 1개씩 총 10개의 희석식 소주업체가 유지되어 현재에 이르게 되었다.

(2) 소주의 어원

소주(燒酒)란 단어는 한자어로서 단지 불같이 타오르는 술이란 뜻이며, 과거에는 소주(燒酎)라는 한자를 쓰기도 했다. 소주는 솥에 술밑을 채우고 그 위에 소주고리라는 증류기를 얹어 밀봉한 뒤 불을 때면 술 속의 휘발성이 강한 알코올 성분이 수분보다 먼저 증발하게 되고, 이 증기가 소주고리 윗 부분에 담긴 찬물에 닿아 이슬로 맺혀져 내려오면서 만들어진다. 이와 같이 이슬을 받아 내었다고 하여 소주를 노주(露酒)라고 하였고, 또한 불같은 술이라고 하여 화주(火酒), 무색이므로 백주(白酒), 기를 생성하는 술이라고 하여 기주(氣酒)라고도 하였다.

소주의 토속어는 고려시대에서 찾을 수 있는데 원래 증류주는 페르시아에서 시작되었고 이를 아랍어로 아락(Arag)이라고 하였다. 이 아락은 14세기 무렵 원(元)나라를 거쳐 고려에 전래되었고, 원나라에서는 아라키(阿剌吉)라고 하였으며, 고려에서는 아랭이 · 아라기 · 아래이라고 표현하였다. 이를 뒷받침하는 사례로는 우리나라의 평북 지방에서 산삼을 캐는 심마니들이 소주를 '아랑주' 라는 은어를 사용하였고, 하동, 목포, 강릉, 서귀포 등지에서 주로 사용하였으며, 경북 영천에서는 '아래기', 개성에서는 '아락주' 라고 하였다.

3.2 소주의 종류

(1) 증류식 소주

우리나라 주세법에서는 증류식 소주를 백미(白米)를 제외한 전분(澱粉)을 함유하는 물료 또는 과실을 제외한 당분을 함유하는 물료나 주백(酒柏), 국(麴)과 물을 원료로 하여 발효시켜 증류(재증류하는 것을 포함한다)한 것으로 정의하고 있다.

증류식 소주는 고래로부터 전해오는 전통민속주로서 일반소주(멥쌀소주), 찹쌀소주, 보리소주, 밀소주를 비롯하여 밑술을 고아서 이슬같이 받아낸다는 의미에서 붙여진 이름으로 조선조 중기 이래 널리 알려진 노주(露酒), 조선조 중엽 소주의 대명사로 알려질 정도로 성행했던 삼해주(三亥酒) 등이 있다. 삼해주란 원래 청주의 이름으로 정월 해일(亥日)에만 담가 먹었던 것이나 이것이 차차 바뀌어 해일이면 언제든 담가 먹게 되었으며, 이것을 고아 소주를 제조하게 된 것이다. 증류식 소주는 대부분 예부터 만들어 온 전통민속주로서 안동소주, 문배주, 옥로주 등이 오늘날까지 그 명맥을 유지하고 있다.

(2) 희석식 소주

현재 우리나라에서 대중들이 즐겨 마시는 소주는 희석식 소주이다. 우리나라 주세법에서는 희석식 소주에 대하여 주정을 물로 희석한 것, 또는 이에 대통령령이 정하는 물료를 첨가한 것으로 정의하고 있다. 희석식 소주는 보리, 고구마 등의 전분질 원료를 발효시켜 다단식 연속증류의 방법으로 만든 가장 순수한 주정에 법률로 허가된 물료(物料)만을 첨가하여 조미(調味) 배합된 것으로 과음시 부작용이 가장 적고 우리 입맛에 가장 잘 맞는 술이라고 할 수 있다.

희석이라는 말은 알코올 도수가 높은 주정에 물을 섞어 도수를 낮춘다는 말로 모든 증류주는 희석공정을 다 거치게 되는데도 불구하고 많은 사람들이 희석식 소주를 화학주로 오해하는 경우도 있다. 특히 희석식 소주의 맛은 원료인 물, 주정 그리고 첨가물의 질에 따라 결정된다. 물은 소주의 75%를 차지하는 주원료로서 주조 회사마다 맛이 좋은 소주를 만들기 위하여 좋은 물을 확보하려고 노력하고 있으며, 첨가물은 소주회사마다 갖고 있는 숨겨진 노하우이므로 자세히 알려진 바는 없으나 감미료와 산미료 등의 첨가물이 들어가는 것으로 알려져 있다.

희석식 소주의 알코올 도수는 1965년도에 30%로 출발하였으나 1973년도에 25%, 1999년도에 23%, 2001년도에 22%, 2004년도에 21%, 이후 16%대까지 점점 낮아지는 추세를 보이고 있다.

[표 10-1] 증류식 소주와 희석식 소주의 비교

구분	증류식 소주	희석식 소주
원료	전분이 함유된 물료 (쌀 포함) 증류식 소주+대통령령이 정하는 물료	• 희석식소주(주정+첨가물료) – 주정 : 쌀보리, 보리쌀, 고구마, 타피오카를 발효시켜 증류한 것. – 첨가물료 : 사탕, 구연산, 아미노산류, 솔비톨, 무기염류, 스테비오사이드, 아스파탐 또는 물엿 • 혼합식소주(희석식소주+증류식 소주 또는 곡물주정) – 첨가하는 증류식 소주(또는 곡물주정) 첨가량은 첨가 후 당해 주류의 알코올분 총량의 100분의 20을 초과하지 않도록 첨가.
알코올 도수	자유화	자유화
불휘발분	2도 미만	2도 미만
증류방법	재래식 증류방법인 단식증류기로 알코올 추출 (75~10%)	현대식 증류방법인 연속식 증류기로 95% 농도로 추출한 양질의 알코올을 물로 희석한 것
맛과 특징	고급 알코올취, 곡자취, 국취, 원료취, 탄내 등이 약하게 풍기며 짜릿한 맛, 쓴맛, 단맛 등 소주 고유의 풍미를 갖는 우리나라의 고유 전통주	불순성분이 전혀 없고 무취, 담백한 감미를 갖는 이취가 없는 술로서 현대 우리나라 고유의 서민대중주로 주목받고 있음.

※ 출처 : 대한주류공업협회

소/주/상/식 소주에 관한 오해

1. 희석식 소주는 화학주이다?

우리나라는 물론 세계적으로 화학반응을 통해 술을 만들 수는 없다. 오로지 효모를 통해 발효시켜 술을 만들 수 있다. 화학주로의 오해는 희석식이란 단어의 어감 때문에 생긴 해프닝이다. 따라서 모든 소주는 곡물+누룩으로 발효시킨 후 증류하여 빚기 때문에 화학주는 절대 아니다.

2. 소주도 유통기한이 있다?

막걸리나 약주, 맥주, 청주, 와인과 같은 발효주의 경우에는 기간이 오래되면 술이 변질되기 때문에 유통기한을 따로 정하고 있지만 소주, 위스키, 브랜디의 경우는 증류주로서 도수도 높고 변질될 소재가 술 안에 없기 때문에 유통기한이 없다. 국세청 기술연구소 연구결과에 의하면 알코올 도수가 20%를 초과하는 제품은 변질되지 않는다고 한다.

3. 소주 밑둥을 쳐서 따야 한다?

80년대 이전에는 소주의 뚜껑이 코르크 마개였다. 그래서 코르크 찌꺼기가 소주병에 떠있는 경우가 가끔 있었는데, 이것을 버리기 위해 술을 약간 버리는 습관이 있었다. 마찬가지로 소주 밑둥을 쳐서 따는 습관도 찌꺼기가 위로 모이게 하기 위한 하나의 방법이었다. 하지만 지금 생산되는 소주의 경우는 코르크를 사용하지 않기 때문에 이런 과정을 거칠 필요는 없다.

4. 소주에 고춧가루를 타서 마시면 감기가 낫는다?

소주가 감기에 효과가 있다는 것은 어느 정도 신빙성이 있어 보인다. 소량의 술을 지속적으로 마시는 사람은 마시지 않는 사람에 비해 감기에 걸릴 확률이 낮다는 연구가 있다. 그러나 소주에 고춧가루를 타서 마시면 땀을 나게 해 일시적으로 체온을 낮추는 효과는 있으나 오히려 상태를 더 악화시킬 우려가 있다.

5. 소주를 물과 함께 마시면 물이 소주가 되어 더 취한다?

그렇지 않다. 소주의 주성분은 에틸알코올인데 이것은 위와 장에서 흡수된다. 그 흡수 정도에 따라 취기가 오르는 것이다. 그런데 물을 마시면 이 알코올의 농도가 낮아지므로 당연히 취기가 덜 오르게 된다. 또한 물을 많이 마시면 소변을 자주 보게 되고 이 소변을 통해 알코올이 빠져나가는 효과도 볼 수 있다. 따라서 더 취한다는 말은 정반대이다.

6. 소주와 차는 궁합이 잘 맞는다?

한의학의 음양학 측면에서 볼 때, 술은 매운 성질을 가졌으며 먼저 폐로 들어가고(상승), 차는 쓴 성질을 가졌으며 음에 속하여 하강의 역할을 한다. 술을 마신 후 차를 마시면 술기운을 신장으로 보내 신장의 수분을 덥게 하여 냉이 뭉치고 소변이 빈번해져 음위 대변건조 등의 증상이 생긴다. 이시진의 본초강목에 의하면 '음주 후 차를 마시면 신장에 손상을 입혀 허리, 다리가 무거워지며, 방광이 냉해지고 아프며, 단음, 부종 증상이 생긴다'라고 기술하고 있다. 현대의학에서도 술은 심혈관에 자극성이 크고 차는 심장을 흥분시키는 역할을 하여 양자가 협력하면 심장에 대한 자극이 매우 커진다고 보고 있다. 따라서 궁합이 잘 맞는다는 말도 정반대이다.

7. 소주와 탄산음료를 섞어 마시면 좋다?

사이다나 콜라 같은 탄산수를 소주 등에 섞어 마시면 입의 감촉이 좋아지고 알코올 도수가 낮아져 마시기 쉽다. 또한 탄산수는 위 속의 염산과 작용, 탄산가스가 발생하면서 위의 점막을 자극해 알코올을 빨리 흡수시킨다. 따라서 빨리 취하기 때문에 과음을 피하는 측면에서는 좋을 수도 있다. 특히 물이나 우유를 술잔 옆에 놓고 희석시키거나 또는 그냥 자주 마시는 것은 권할 만하다. 물과 우유는 탈수를 막아줄 뿐 아니라 알코올 농도를 희석시켜 덜 취하게 한다. 특히 우유는 칼슘과 비타민B2가 들어 있는 양질의 단백질원으로 술을 우유로 희석해 마시면 음식을 먹는 것과 같은 효과가 있다.

8. 술마시고 얼굴이 빨개지면 간이 튼튼하다?

술을 몇 잔만 마셔도 얼굴이 금세 빨개지는 것을 보고 "건강하다는 신호" 또는 "간 기능이 좋기 때문"이라고 말하는 사람이 더러 있다. 그러나 이는 잘못된 이야기이다. 의학 전문가들은 알코올을 분해하는 아세트알데히드 탈수소효소가 선천적으로 결핍되어 있거나 부족한 사람에게 그 같은 안면 홍조 현상이 더 심하게 나타난다고 한다. 따라서 술 몇 잔만 마셔도 곧바로 얼굴이 붉어지는 사람은 특히 과음을 피하는 것이 좋다.

9. 술은 술로 풀어야 한다. 해장술은 몸에 좋다?

숙취를 술로 풀 수 있다고 그럴싸하게 포장해 나온 말이 '해장술'이다. 하지만 해장술은 뇌의 중추신경을 마비시켜 숙취의 고통을 잊게 해줄지는 모르지만 어디까지나 일시적일 뿐 몸을 더 망치는 결과를 초래한다. 따라서 해장술은 삼가는 것이 좋다.

※ 출처 : (주) 진로

4_

리큐르

4.1 리큐르의 정의

우리나라 주세법에서는 일반증류주와 리큐르를 불휘발분(술을 증발시켰을 때 증발하지 않고 남아 있는 성분)에 의하여 구분하고 있는데 불휘발분이 2% 이하이면 일반증류주, 불휘발분이 2% 이상이면 리큐르로 구분하고, 리큐르를 당분, 산분(구연산, 사과산 등), 조미료(아미노산, 무기염류), 향료, 색소, 식물약재, 과실, 기타 국세청장이 정하는 물료로 만든 술로 정의하고 있다.

구체적으로는 「전분이 함유된 물료 또는 당분이 함유된 물료를 주원료로 하여 발효시켜 증류한 주류에 인삼을 담가서 우려내거나 그 발효 · 증류 · 제성 과정에 인삼의 추출물을 첨가한 것」 또는 「전분이 함유된 물료 또는 당분이 함유된 물료를 주원료로 하여 발효시켜 증류한 주류에 과실(포도 · 사과 · 배 · 딸기 · 머루 등 발효시킬 수 있는 과실을 제외)을 담가서 우려내거나 그 발효 · 증류 · 제성 과정에 과실추출액을 첨가한 것」으로 정의하고 있다.

4.2 리큐르의 종류

우리나라의 리큐르는 곡류 등을 발효시켜 만든 양조주를 증류한 다음 각종 과실, 약초, 향초 등을 넣어 만드는데 대표적인 리큐르인 인삼주, 매실주 등을 포함한 주요 리큐르를 소개하면 다음과 같다.

(1) 인삼주

인삼은 한의학에 있어서 최고 최고의 약재로 알려져 있으며, 옛날부터 고려인삼은 세계적으로 그 약효가 인정되어 우리나라를 대표하는 가장 큰 수출품목 중에 하나였다. 인삼주는 인삼을 소주나 위스키, 브랜디 등의 증류주에 담가서 만드는데 고려인삼과 함께 외국에서도 호평을 받고 있다.

(2) 매실주

매실은 매화나무의 열매로 향기가 좋을 뿐만 아니라 예로부터 약용으로 널리 이용되어 왔다. 매실은 구연산 등의 유기산을 다량 함유하고 있고 미네랄이 풍부한 알칼리성 과실로서 식욕증진, 소화촉진, 피로회복, 노화방지, 피부미용에 효과가 있다. 예나 지금이나 매실주는 일반인에게 널리 음용되고 있는데 일반가정에서는 주로 소주에 매실을 넣어 만들뿐만 아니라 주조회사에서도 다양한 매실주를 생산하고 있다.

(3) 오가피주(五加皮酒)

오가피나무 뿌리의 껍질을 말린 생약재를 넣어 만든 술이다.

그 밖의 전통 리큐르로는 이강주, 송화백일주, 궁중주, 가야 곡왕주 등이 있다.

[표 10-2] 우리나라의 지역별 주요 전통주

구분	지역 및 전통주명	원료 및 특징
약주	송죽 오곡주	멥쌀, 조, 수수로 빚음
	김천 과하주	찹쌀, 누룩으로 빚음
	면천 두견주	찹쌀, 진달래꽃, 누룩으로 빚음
	경주 법주	멥쌀 80%와 찹쌀 20%로 빚은 뒤 한약재(구기자, 오미자, 산수유 등)를 넣어 순수 발효시킨 술
	한산 소곡주	멥쌀, 찹쌀, 엿기름으로 빚음
	계룡 백일주	멥쌀, 솔잎 등으로 빚음
	둔송 구기주	멥쌀, 찹쌀, 누룩, 구기자로 빚음
	경기 옥미주	현미, 고구마, 옥수수로 빚음
	인천 칠선주	멥쌀, 갈근, 인삼으로 빚음
	서울 송절주	송절(소나무 마디)을 삶은 물과 쌀로 빚음
	함양 국화주	쌀, 국화, 생지황, 구기자근피 및 누룩을 원료로 하여 빚음
	강원 감홍로	찹쌀, 쌀, 누룩, 계피, 정향 등의 원료로 하여 만든 술
	경기 계명주	옥수수, 수수, 조청으로 빚음
	경주 황금주	멥쌀, 찹쌀, 국화으로 빚음
	문경 호산춘	멥쌀, 찹쌀, 솔잎으로 빚음
탁주	산성 토산주	멥쌀, 누룩으로 빚음
증류주	홍천 옥선주	멥쌀, 옥수수를 발효시키고 증류한 술
	금산 인삼주	멥쌀, 인삼을 발효시키고 증류한 술
	안동소주	멥쌀, 누룩을 발효시키고 증류한 술
	경기 문배주	수수, 좁쌀을 발효시키고 증류한 술
	경기 옥로주	멥쌀, 율무를 발효시키고 증류한 술
리큐르	전주 이강주	소맥분, 보리쌀 및 누룩을 발효시킨 후 증류한 증류식 소주에 배, 생강, 울금, 계피를 침출시키고 꿀을 첨가
	송화 백일주	멥쌀, 찹쌀, 송화가루 및 누룩을 발효시켜 만든 증류주에 산수유, 구기자, 오미자, 솔잎을 침출시키고 꿀을 첨가
	가야 곡왕주	멥쌀, 찹쌀, 누룩 및 식물약재(참솔잎, 구기자, 야생국화)를 발효시킨 증류주에 꿀과 매실즙을 첨가

제11장

칵테일 이론

1_ 칵테일의 개요

1.1 칵테일의 정의와 유래

(1) 칵테일의 정의

칵테일(Cocktail)은 두 종류 이상의 술(Alcoholic Drink)을 혼합하거나 또는 한 종류 이상의 술에 음료(Non-Alcoholic Drink)를 섞어 만든 조주(調酒 : Mixed Drink)이다. 칵테일은 등장 초기에 서민들이 술을 썩어 단시간에 마심으로써 취기를 빨리 오르게 하는 목적 즉 경제적으로 술을 마시기 위함이었다. 그러나 오늘날의 칵테일은 적당한 취기의 목적으로 마시기도 하지만 맛, 향, 색의 3가지 요소가 잘 조화된 예술적 감각의 음료로서 주목을 받고 있다.

(2) 칵테일의 유래

칵테일은 미국의 금주법(1920~1933년)이 계기가 되어 본격적으로 만들게 되었다. 당시 밀주를 판매하던 업주들은 단속을 피하는 방안으로 다양한 부재료를 혼합하여 시각적으로 술이 아닌 것처럼 보이는 칵테일을 만들기 시작했는데 이때부터 칵테일은 체계화되고 발전하게 되었다. 칵테일(Cocktail)이란 명칭의 유래는 여러 설이 있는데 약에서 유래된 설과 닭의 꼬리(Cock's tail or Tail of Cock)에서 유래된 설이 유력한 한 것으로 알려져 있다.

먼저 약에서 유래된 설은 1795년에 미국의 루이지에나주 뉴올리언스에 이주해온 페이쇼드(Peychaud)라는 약사가 계란 노른자를 넣은 음료를 조합하여 약을 만들었는데 그 약 이름을 계란 노른자라는 뜻의 프랑스어인 코크티에(coquetier)라고 불렀다. 그 후 의약용으로서의 음료는 잊어버리고 그 명칭이 Cocktail로 변천하였다는 것이다.

닭의 꼬리(Cock's tail or Tail of Cock)에서 유래된 설은 여러 가지가 있는데 대표적인 유래 2가지를 소개하면 다음과 같다.

첫 번째 설은 미국의 독립전쟁이 한창일 때 뉴욕의 북쪽에 어느 미녀가 조그만 바(Bar)를 경영하고 있었는데 독립의 기상이 높은 장병들에게 동경의 대상이 되었다. 전쟁이 승리로 끝난 어느 날 밤 그녀가 자신의 팔을 흔들어 만든 럼 펀치의 대형 잔에 닭의 꼬리를 장식하였다. 어느 한 장교가 "이 훌륭한 꼬리를 어디서 얻었는가"하고 물으니 그녀는 "닭의 꼬리"라고 대답하였다. 그 장교는 그녀가 만든 술에 취해서 큰 소리로 "Viva, cock's tail(닭꼬리 만세)"라고 외쳤다고 한다. 즉 'Cock's tail'이 'Cocktail'로 변하게 되었다는 것이다

두 번째 설은 미국의 독립전쟁 무렵 멕시코만의 한 항구에 영국의 배가 짐을 싣기 위해 입항을 하게 되었다. 그 당시 영국 사람들은 알코올이 강한 술을 스트레이트로 즐겨 마셨지만 이 지역에서는 브랜디나 럼

등의 증류주에 음료를 혼합한 드락스(Dracs)라고 하는 혼성음료가 유행하고 있었다. 어느 날 영국 선원들이 찾은 조그만 술집에 한 소년이 드락스를 만들고 있었는데 영국의 선원들에게는 매우 신기하게 보였다. 그 소년은 술을 섞을 때 금속성의 스푼 대신 멋있게 만든 나무가지를 사용하였다. 한 선원이 그 음료의 이름을 묻자 소년은 그 나무가지의 이름을 묻는 줄 알고 '꼬라 드 갈로(Cora de Gallo)' 라고 하였다. 이 말은 스페인어로 닭의 꼬리라는 뜻인데 영어로 직역되어 'Tail of Cock' 으로 부르게 되었다. 그 후 영국의 선원들은 드락스를 주문할 때 'Tail of Cock' 이라고 불렀고, 은연중에 'Cocktail' 로 바뀌었다는 것이다.

1.2 칵테일의 분류

(1) 시간별 분류

❶ 식사 전 칵테일(Aperitif Cocktail)

식욕을 촉진시키기 위하여 맛은 신맛과 쓴맛이 나며, '칵테일의 여왕' 이라고 불리는 맨하탄(Manhattan)과 '칵테일의 왕' 이라고 불리는 마티니(Martini) 등이 대표적인 칵테일이다.

❷ 식사 중 칵테일(Before Dinner Cocktail)

신맛, 쓴맛, 단맛이 섞여 있으며 대표적인 칵테일은 맨하탄 미디엄, 마티니 미디엄 등이 있다.

❸ 식사 후 칵테일(After Dinner Cocktail)

단맛이 나는 칵테일로서 브랜디나 리큐르를 주재로 해서 만들며 대표적인 칵테일로는 알렉산더(Alexander) 등이 있다.

(2) 기주(基酒)별 분류

칵테일을 만들 때 주가 되는 술에 따라 분류한 것인데 일반적으로 다음과 같은 6대 증류주에 의하여 분류한다.

- 위스키 베이스 칵테일(Whisky Base Cocktail)
- 브랜디 베이스 칵테일(Brandy Base Cocktail)
- 진 베이스 칵테일(Gin Base Cocktail)
- 럼 베이스 칵테일(Rum Base Cocktail)
- 보드카 베이스 칵테일(Vodka Base Cocktail)
- 테킬라 베이스 칵테일(Tequila Base Cocktail)

(3) 용량에 의한 분류

❶ 쇼트 드링크(Short Drink)

알코올에 알코올을 더하여 조주한 술로서 주정이 강하다. 따라서 비교적 용량이 적은 6oz(180ml) 미만의 역삼각형(칵테일 잔이라고 함) 또는 샴페인 잔에 제공되며, 짧은 시간에 취기를 빨리 오르게 하는 칵테일이다.

❷ 롱 드링크(Long Drink)

알코올에 비알코올의 음료수를 첨가하여 조주한 술로서 주정은 비교적 약하다. 용량이 많은 8oz(240ml) 이상의 큰 잔에 제공되며, 시간을 두고 몇 번에 나누어 마시는 칵테일이다.

2_

칵테일 기물

2.1 글라스류

❶ 위스키 잔(Whisky Glass)

위스키 그 자체를 마시기 위한 잔으로서 스트레이트(Straight) 잔이라고도 한다. 싱글과 더블이 있으며, 용량은 싱글이 30ml, 더블은 60ml가 표준이다.

❷ 올드 패션 잔(Old Fashioned Glass)

일명 온 더 락 잔(on the rock)이라고도 하며, 얼음을 넣고 위스키를 부어서 마실 때 주로 사용한다. 표준용량은 180ml이며, 그 이상의 용량도 있다.

❸ 텀블러 잔(Tumbler)

일명 하이볼 잔(Highball Glass)이라고 하며, 주로 양이 많은 롱 드링크(Long Drink)의 칵테일을 낼 때 사용한다. 용량은 보통 240ml 정도이나 더 이상의 것도 있다.

❹ 칵테일 잔(Cocktail Glass)

삼각형 모양으로 생긴 잔으로 주로 알코올도수가 높은 숏 드링크(Short Drink)의 칵테일을 낼 때 사용한다. 용량은 75ml가 표준이나 그 보다 작거나 큰 것도 있다.

❺ 리큐르 잔(Liqueur Glass)

리큐르를 마실 때 사용하는 잔으로 용량은 30ml 정도이다. 보드카나 럼 등 스트레이트로 마실 때도 사용한다.

❻ 셰리 와인 잔(Sherry Wine Glass)

셰리 와인을 마실 때 사용하는 잔으로 용량은 60~75ml 정도이다. 리큐르 글라스와 와인 글라스 중간 크기이며, 위스키나 스피리츠(Spirits)를 스트레이트로 마실 때도 사용하기도 한다.

⑦ 샴페인 잔(Champagne Glass)

샴페인을 마시기 위한 잔으로서 용량은 120ml 정도이다. 샴페인 잔은 입구부분이 넓은 소서(Saucer)형과 가늘고 긴 플루트(Flute)형이 있다. 소서형은 샴페인을 빨리 마시고자 할 때 사용하고, 프라페(Frappe)나 프로즌(Frozen) 스타일의 칵테일 등에도 쓰이며, 플루트형은 탄산가스가 잘 빠져나가지 않으므로 식사용으로 천천히 마실 때 사용한다.

⑧ 브랜디 잔(Brandy Glass)

브랜디를 마실 때 사용되는 잔으로서 용량은 240~300ml 정도이며, 튤립 모양을 하고 있다. 잔의 대소에 관계없이 브랜디의 양을 1온스(30ml) 정도 따르고 손의 체온으로 잔을 따뜻하게 감싸고 향기를 음미하면서 마실 수 있는 잔이다.

⑨ 포트 와인 잔(Port Wine Glass)

포트 와인을 마시는 잔으로서 용량은 90ml 정도이다.

⑩ 화이트 와인 잔(White Wine Glass)

화이트 와인을 마시는 잔으로서 용량은 90ml가 표준이나 120ml의 잔도 있다.

⑪ 레드 와인 잔(Red Wine Glass)

레드 와인을 마시는 잔으로서 용량은 화이트 와인 잔보다 큰 120~150ml 정도이다.

⑫ 고블렛 잔(Goblet Glass)

용량은 240~300ml 정도이며, 주로 물 또는 롱 드링크를 낼 때 사용된다. 물 잔을 'water goblet' 이라고 한다.

⑬ 사우어 잔(Sour Glass)

가늘고 긴 잔으로서 사우어를 한 칵테일을 낼 때 사용하는 잔으로서 용량은 120ml 정도이다.

⑭ 콜린스 잔(Collins Glass)

원통형의 대형 잔으로서 주로 양이 많은 롱 드링크를 낼 때 사용되며 용량은 360ml 정도이다. 키가 크므로 일명 톨 글라스(Tall Glass) 또는 굴뚝이란 뜻의 침니(Chimney) 글라스라고도 한다.

⑮ 마가리타 잔(Margarita Glass)

소서형의 샴페인 잔과 비슷한 형태인데 크기가 크며, 잔 바닥이 오목하게 들어간 부분이 있다.

⑯ 필스너(Pilsner) 잔

원래 맥주전용 잔으로 사용하였으나 최근에는 롱 드링크 등의 칵테일용으로도 쓰인다. 용량은 240~360ml 정도이다.

⑰ 푸티드 필스너 잔(Footed Pilsner Glass)

필스너 잔에 받침대가 추가된 모습으로 각종 칵테일 자주 사용되기도 한다.

2.2 칵테일 조주 도구

칵테일 조주 도구

❶ 믹싱 글라스(Mixing Glass)

믹싱 글라스는 칵테일을 저어서 만들 수 있는 용기로서 일명 바 글라스(Bar Glass)라고 한다.

❷ 바 스푼(Bar Spoon)

재료를 혼합하기 위해 저어주는 도구로서 한쪽은 스푼으로 되어 있고, 다른 한쪽은 포크 형태로 되어 있다.

❸ 스트레이너(Strainer)

믹싱 글라스에서 만든 칵테일을 잔에 따를 때 얼음 조각이 나오지 않도록 받치는 역할을 하는 도구이다.

❹ 코르크 스크류(Cork Screw)

와인의 코르크 마개를 따는데 사용하는 도구로서 지렛대 형 등 몇 가지의 형태가 있다.

❺ 아이스 텅(Ice Tong)

얼음을 집을 때 사용하는 도구이다.

❻ 세이커(Shaker)

세이커는 칵테일을 믹스할 때 흔드는 도구로서 캡(Cap), 스트레이너(Strainer), 바디(Body) 3부분으로 되어 있다.

❼ 코스터(Coaster)

잔의 받침대로서 물기의 흡수나 안정성 유지 및 품위를 높이기 위하여 사용되는 것으로서 두꺼운 종이나 천으로 되어 있다.

❽ 스퀴즈(Squeezer)

레몬 등의 즙을 짤 때 사용하는 도구이다.

❾ 칵테일 픽(Cocktail Pick)

가니쉬를 위하여 체리, 올리브 등의 부재료를 꽂거나 장식을 위해 사용되는 도구이다.

❿ 포우러(Pourer)

병에 들어 있는 술 등의 음료가 한꺼번에 나오는 것을 방지하기 위한 도구로서 병에 이것을 꽂으면 작은 구멍을 통해서 작은 양이 나오게 된다.

⓫ 지거(Jigger)

일명 계량컵(Measure Cup)이라고 하며, 술이나 음료의 양을 측정하는 도구로서 한쪽은 작고, 다른 한쪽은 큰 두 개의 삼각형이 붙어있는 모양이다. 작은 쪽은 용량이 1온스이고, 큰 쪽은 $1\frac{1}{2}$온스이다.

그 밖에 얼음을 뜰 때 쓰는 도구로서 아이스 스쿠퍼(Ice Scooper) 또는 아이스 샤벨(Ice Shavel), 잔 속의 칵테일을 저을 때 사용하는 막대인 머들러(Muddler) 그리고 칼, 도마 등이 있다.

3_

칵테일 조주방법과 기법

3.1 칵테일 조주방법

칵테일 조주방법으로는 블렌딩(Blending), 스티어링(Stirring), 세이킹(Shaking), 플로팅(Floating), 빌딩(Building) 등의 방법이 있다.

(1) 블렌딩(Blending)

블렌딩은 칵테일 레시피에 과일이나 계란이 포함되어 있을 경우 믹스기 등의 전동기구를 사용하여 만드는 방법이다. 블렌딩을 할 때는 소다와 같은 발포성 음료는 넣지 말고 블렌딩이 끝난 후에 별도로 첨가하여 저어준다. 또한 블렌딩을 할 때는 네모난 얼음보다는 잘게 깨진 얼음을 사용하여 가능한 믹스기의 날이 상하지 않도록 한다.

(2) 스티어링(Stirring)

스티어링은 믹싱 글라스에 얼음을 먼저 넣고 음료를 부은 다음 바 스푼을 이용하여 휘저어야 만드는 방법이다. 만약 소다와 같은 발포성 음료를 함께 넣고 저을 때는 조심스럽게 짧게 해야 한다. 믹싱 글라스에 서리가 일 때는 따를 준비가 되었다는 표시이다.

[그림 11-1] 스티어링 방법

❶ 믹싱 글라스에 얼음을 넣는다.

❷ 레시피에 따라 재료를 넣는다.

❸ 바 스푼 또는 머들러로 젓는다.

❹ 스트레이너를 받치고 술을 따른다.

(3) 세이킹(Shaking)

세이킹은 셰이커를 이용하여 흔들어 만드는 방법이다. 만드는 순서 및 요령은 다음과 같다.

❶ 셰이커 바디에 얼음을 넣는다.

❷ 레시피에 따라 재료를 넣는다.

❸ 스트레이너와 캡을 닫는다.

❹ 셰이커를 흔든다. 이때 셰이커는 손바닥으로 잡는 것이 아니라 손가락으로 쥐는 것이다.

❺ 셰이커가 끝나면(셰이커에 서리가 일 때까지) 캡을 열고 글라스에 따른다.

❻ 가니쉬를 하여 칵테일을 완성한다.

[그림 11-2] 세이킹 방법

❶ 셰이커 바디에 얼음을 넣는다.

.❷ 레시피에 따라 재료를 넣는다

❸ 스트레이너와 캡을 닫는다.

❹ 셰이커를 쥔다.

❺ 셰이커를 흔든다.

❻ 잔에 따른다.

(4) 프로팅(Floating)

프로팅은 알코올 도수가 높은 증류주나 향을 내기 위한 리큐르 등을 다 만든 칵테일 위에 비중을 이용하여 소량 띄우는 것을 말한다. 띄울 때는 바 스푼 뒷면을 글라스 안쪽에 대고 기존 술과 섞이지 않도록 하여 조심해야 한다.

(5) 빌딩(Building)

빌딩은 제공되는 글라스에 직접 얼음과 재료를 넣고 저어서 만들어 주는 방법이다.

3.2 칵테일의 기법

(1) 에이드(Ade)

과일즙에 설탕시럽과 물을 혼합하는 기법으로서 일종의 비알코올성 칵테일이며, 대표적인 것으로는 레몬에이드(Lemonade)를 들 수 있다.

(2) 콜린스(Collins)

위스키, 진, 럼 보드카 등의 증류주에 레몬주스와 설탕시럽을 첨가하고 소다수로 채우는 것이 기법이다. 12oz 정도의 큰잔에 제공되는 롱 드링크이며, 대표적인 칵테일로는 톰 칼린스(Tom Collins) 등이 있다.

(3) 쿨러(Cooler)

증류주나 양조주에 라임주스, 설탕시럽 등을 첨가하고 소다수나 진저엘 등을 채워 갈증해소나 청량감을 느끼게 하는 음료를 만드는 기법이다. 대표적인 칵테일로는 와인 쿨러(Wine cooler) 등이 있다.

(4) 크러스터(Crusta)

글라스 가장자리에 레몬즙을 돌리고 설탕 또는 소금을 묻힌(Rimmed with Sugar or Salt) 다음 증류주에 소량의 리큐르와 레몬주스, 설탕 등을 혼합해서 만드는 기법이다. 일명 스노우 스타일(Snow Style)이라고 하며, 대표적인 칵테일로는 마가리타(Magarita) 등이 있다.

(5) 에그녁(Eggnog)

칵테일 제조시 계란과 우유를 첨가하는 기법으로서 대표적인 칵테일로는 브랜디 에그녁(Brandy Eggnog) 등이 있다.

(6) 데이지(Daisy)

귀여운 여자라는 뜻을 가지고 있는 데이지는 증류주에 리큐르 또는 레몬주스, 그레나딘 시럽 등을 첨가하고 고블렛이나 와인 글라스에 분쇄된 얼음을 채운 다음 과일을 장식하여 스트로우를 꽂아 제공하는 기법이다. 칵테일 명은 기주로 사용한 증류주에 데이지를 붙인다. 예를 들면 위스키 데이지(Whisky Daisy) 등을 들 수 있다.

(7) 피즈(Fizz)

진 등의 증류주를 기주로 하여 레몬주스, 설탕시럽, 소다수를 혼합하고 과일로 장식하는 기법이다. 대표적인 칵테일로는 진 피즈(Gin Fizz) 등을 들 수 있다.

(8) 플립(Flip)

와인이나 증류주에 계란 노른자와 시럽 등을 첨가하여 혼합한 후 너트멕을 뿌려 만드는 기법인데 에그녁과 비슷하지만 플립의 경우에는 노른자만 사용하고 우유를 사용하지 않는 차이점이 있다. 너트멕(Nutmeg)은 계간 특유의 비린내를 제거해 주는 향신료이다.

(9) 플로트(Float)

띄운다는 의미의 플로트는 술의 비중을 이용하여 몇 가지의 술이 서로 섞이지 않도록 띄우는 기법으로서 일명 포세 카페(Pouse Cafe)라고도 한다. 플로트를 하는 방법은 바 스푼을 뒤집어 글라스 안쪽에 대고 다른 술과 섞이지 않게 조심스럽게 따른다. 대표적인 칵테일로는 레인보우(Rainbow), 엔젤스 키스(Anger' s Kiss) 등이 있다.

(10) 프라페(Frape)

차갑게 냉각시킨다는 의미의 프라페는 칵테일 또는 샴페인 글라스에 잘게 부순 얼음 가루를 채운 다음 원하는 리큐르를 붓고 스트로우를 꽂아서 제공하는 기법이다. 대표적인 칵테일로는 민트 프라페(Mint Frape) 등이 있다.

(11) 하프 앤 하프(Half and Half)

두 종류의 알코올성 음료를 반반씩 섞는 기법을 말한다. 대표적인 칵테일로는 B&B가 있는데 브랜디와 베네딕틴을 반반씩 섞은 것이며, 영국에서는 흑맥주와 담색맥주를 반반씩 섞어 마시기도 한다.

(12) 하이 볼(High Ball)

텀블러 글라스에 얼음을 넣고 증류주를 부은 다음 소다수 또는 탄산음료 등을 채우면 위로 부풀어 오르는데 이를 하이 볼(High Ball)이라고 표현한 것이다. 대표적인 칵테일로는 버번 콕(Bourbon Coke), 진토닉(Gin Tonic) 등이 있다.

(13) 쥴렙(Julep)

19세기 미국 남부에서 처음으로 만들어졌으며, 민트 잎을 넣고 스푼으로 으깨어 향이 베어 나오게 한 다음 잘게 부순 얼음을 채우고 재료를 넣어 만드는 기법이다. 대표적인 칵테일로는 민트 쥴렙(Mint Julep) 등이 있다.

(14) 미스트(Mist)

프라페와 만드는 기법이 비슷한데 주로 위스키나 브랜디 등의 증류주를 사용한다. 미스트란 안개를 의미하는 것으로 글라스의 표면이 얼음의 냉각으로 인하여 하얗게 서리가 지는 것에서 붙여진 이름이다. 대표적인 칵테일로는 스카치 미스트(Scotch Mist)와 버번 미스트(Bourbon Mist) 등이 있다.

(15) 온더락스(on the rocks)

올드 패션 글라스에 얼음을 넣고 위스키 등의 증류주를 그 위에 붓는 기법이다. 얼음을 바위에 비유하여 바위 위에 붓는다는 의미로 붙여진 이름이다.

(16) 펀치(Punch)

파티에서 여러 사람이 떠서 마시는 음료로서 펀치 볼(Punch bowl)에 물, 증류주나 양조주, 과일, 설탕 등을 혼합하고 큰 얼음을 띄워 만드는 기법이다. 특히 술과 과일은 그 지역 특산물이나 계절과일을 최대한 이용하는 것이 특징이다.

(17) 릭키(Ricky)

증류주에 라임 열매의 즙을 넣어 소다수를 채우는 기법인데 라임을 구하기 어려울 때는 레몬을 쓰기도 한다. 특히 설탕시럽 등을 사용하지 않아 상쾌한 신맛이 특징이며, 대표적인 칵테일로는 진 릭키(Gin Ricky) 등이 있다.

(18) 생거리(Sangaree)

와인에 설탕이나 레몬주스를 넣고 물로 채우는 기법이다. 생거리(Sangaree)란 스페인어로 피를 의미하는데 적포도주를 묽게 한 것에서 유래되었다. 와인 외에 위스키나 브랜디 등을 사용하기도 한다.

(19) 슬링(Sling)

피즈(Fizz)와 만드는 기법이 비슷한데 피즈보다 용량이 많고 리큐르를 첨가하여 맛을 부드럽게 한다는 점이 다르다. 대표적인 칵테일로는 싱가폴 슬링(Singapore Sling) 등이 있다.

(20) 사우어(Sour)

사우어(Sour)란 '시큼한 산미'란 뜻인데 위스키를 비롯한 각종 증류주를 기주로 하여 레몬주스와 설탕시럽을 혼합하여 만드는 기법이다. 대표적인 칵테일로는 위스키 사우어(Whisky Sour) 등이 있다.

(21) 스쿼시(Squash)

과일즙에 소다수를 넣어 만드는 기법으로서 대표적인 것으로는 오렌지 스카시(Orange Squash) 등이 있다.

(22) 토디(Toddy)

하이볼 글라스에 설탕을 넣고 위스키나 럼 등의 증류주를 넣은 다음 뜨거운 물로 채우는 기법이다. 대부분의 칵테일이 얼음을 기본으로 하는 찬 드링크(Cold Drink)인 반면에, 토디는 핫 드링크(Drink)라고 할 수 있다.

(23) 트로피칼(Tropical)

열대성 칵테일으로서 럼에 각종 과일주스, 시럽 등을 넣고 과일로 장식하여 만드는 기법이다. 달콤하고 시원한 과일 맛이 특징이며, 대표적인 칵테일로는 마이 타이(Mai-tai) 등이 있다.

4_ 기타

4.1 칵테일 부재료

(1) 청량음료

칵테일의 부재로서 많이 사용되는 청량음료는 크게 탄산음료와 비탄산음료로 나누어진다. 탄산음료로는 콜라(Coke), 사이다(Cider), 소다수(Soda Water) 및 소다수에 생강의 맛과 향을 가미한 것으로 식욕증진이나 소화제로 효과가 있는 진저엘(Ginger ale), 소다수에 레몬주스와 설탕 등을 혼합하여 만든 음료로서 증류주에 잘 배합되는 콜린스(Collins), 무색 투명한 보건음료로서 퀴닌(Quinine) 성분이 들어있는 토닉 워터(Tonic Water) 등이 있다. 비탄산음료로는 생수(Mineral Water), 빅키수(Vicky Water), 에비안 워터(Evian Water) 등이 있다.

진저엘(Ginger ale)

토니 워터(Tonic Water)

소다수(Soda Water)

(2) 버무스(Vermouth)

버무스(이탈리아어 : 베르무뜨)는 와인에 여러 가지 향초를 넣어 만든 가향 와인으로서 특히 유명한 칵테일인 마티니와 맨하탄을 만들 때 없어서는 안 될 중요한 재료이다. 버무스의 유명 브랜드로는 이탈리아의 신자노(Cinzano)를 들 수 있으며, 드라이한 맛과 스위트한 맛, 화이트(Bianco)와 레드(Rosso) 등이 있다.

(3) 과즙류

칵테일의 부재로서 많이 사용되는 과즙류로는 레몬주스(Lemon Juice)와 라임주스(Lime Juice) 등이 있다. 라임은 레몬보다 약간 작은 과실로서 레몬보다 산미가 더 강한 주스이다.

신자노(Cinzano) 버무스

Lemon Juice와 Lime Juice

(4) 시럽류

칵테일에 자주 사용되는 시럽은 플레인 시럽(Plain syrup)과 그레나딘 시럽(Grenadine syrup)이 있는데 플레인 시럽(Plain syrup) 단순히 설탕을 녹여 액체로 만든 것으로서 심플 시럽(Simple syrup)이라고도 하며, 그레나딘 시럽은 과일향의 풍미와 적색을 띠고 있는 시럽으로서 단맛과 적색을 띠는 칵테일을 만들 때 유용하게 사용된다. 흔히 핫케이크 위에 뿌려먹는 메이플 시럽(Maple Syrup)은 칵테일에는 잘 사용하지 않는다.

(5) 향초류(Spice)

칵테일에 자주 사용되는 향초류로는 계란의 비린내를 제거해 주는 너트멕(Nutmeg), 핫 드링크(Hot drink)에 넣으면 달콤한 향이 나고 강한 냄새를 억제를 해주는 클로버(Clover) 그리고 계피(Cinnamon), 민트(Mint) 등이 있다.

(6) 가니쉬류

칵테일에 장식하는 과실류를 가니쉬(Garnish)라고 한다. 주로 사용되는 가니쉬로는 레몬, 오렌지, 체리, 올리브 등이다.

[그림 11-3] 각종 가니쉬(Garnish) 재료

[그림 11-4] 칵테일의 가니쉬

(7) 얼음

칵테일용으로 사용되는 얼음은 얼음 속에 공기가 들어가 있지 않고, 냄새가 없고 투명해야 하며, 물에 잘 녹지 않는 단단한 얼음이어야 한다. 칵테일에 사용되는 얼음의 종류는 다음과 같다.

❶ 큐브 아이스(Cube Ice)

입방체 모양의 네모 반듯한 각얼음으로 칵테일 조제 시 가장 널리 이용하는 얼음이다. 주스나 콜라 등의 음료를 제공할 때도 사용한다.

❷ 쉐이브드 아이스(Shaved Ice)

가루 얼음으로서 프로즌 스타일(Frozen Style), 프라페 스타일(Frappe Style)의 칵테일을 만들 때 주로 사용한다.

❸ 크러쉬드 아이스(Crushed Ice)

얼음을 으깨어 부스러기로 만든 것으로서 주로 열대성 칵테일을 만들 때 많이 사용한다. 얼음을 으깰 때는 수건 같은데 싸서 망치 등으로 두들긴다.

❹ 블럭 아이스(Block Ice)

1kg 이상의 덩어리 얼음으로서 보통 파티나 축제 때 대량으로 만들어 놓은 펀치나 컵을 오랜 시간 동안 차게 하기 위하여 사용한다.

❺ 럼프 아이스(Lump Ice)

직경 5인치 정도 크기의 덩어리 얼음으로서 화채와 같은 것을 오랫동안 차갑게 유지하기 위하여 사용한다.

❻ 크랙트 아이스(Cracked Ice)

아이스 픽(Ice Pick)으로 깬 얼음을 말한다.

4.2 칵테일 단위

(1) 대쉬(Dash)

약 1/6 티 스푼(Tea Spoon) 정도의 양을 말한다.

(2) 더블(Double)

일반적으로 싱글은 30ml이고, 더블은 60ml의 양을 말한다.

(3) 드롭(Drop)

떨어지는 방울의 양으로서 5드롭이 1대쉬의 양이다. 즉 1드롭은 1/5 대쉬 정도이다.

(4) 핑거(Finger)

텀블러 잔을 바닥에 놓고 손가락을 바닥에 붙여 잔을 쥐게 될 때 손가락 높이만큼의 양을 말한다. 1핑거는 약 30ml 정도이다.

(5) 온스(Ounce : oz)

1온스를 1샷(shot) 또는 1포니(Pony)라고 하며, 1온스의 양은 30ml 이다.

(6) 티 스푼(Tea Spoon : tsp)

1tsp는 약 1/8온스의 양이다.

(7) 파인트(Pint)

1 Pint는 470ml로서 약 16온스 정도이다.

(8) 센티 리터(cl)

1cl은 10ml이다.

4.3 칵테일의 알코올 도수 계산법

칵테일의 알코올 도수 계산의 공식은 다음과 같다.

$$\text{칵테일 알코올 도수} = \frac{(\text{A재료 알코올 도수} \times \text{사용량}) + (\text{B재료 알코올 도수} \times \text{시용량})}{\text{총사용량}}$$

예를 들어 칵테일 깁슨(Gibson)의 재료는 진 50ml, 벌무스 10ml로 만드는데 진의 알코올 농도는 43%이고, 드라이 벌무스는 18%라고 한다면 이 칵테일의 알코올 농도는 다음과 같다.

$$\text{칵테일 알코올 도수} = \frac{(\text{진 알코올 도수} \times \text{사용량}) + (\text{벌무스 알코올 도수} \times \text{시용량})}{\text{총사용량}}$$

$$= \frac{(43 \times 50) + (18 \times 10)}{60} = 38.8\%$$

일반적으로 2가지 이상의 술을 섞으면 알코올 도수가 올라가는 것으로 오해하고 있는데 위의 알코올 도수 계산법에서 보듯이 오히려 내려간다. 그런데 더 빨리 취하는 것은 우리나라의 폭탄주(맥주+위스키)에서 볼 수 있듯이 술을 섞어 마시면 해독을 담당하는 간장에 큰 부담을 주고 술에 섞여 있는 불순물이 서로 반응해 숙취를 심하게 만들기 때문이다.

제12장

칵테일 조주 실무

1_ 칵테일 조주의 개요

1.1 칵테일 조주의 절차

칵테일의 기본 5요소는 맛, 향, 색, 장식, 글라스이다. 칵테일을 만들 때는 이 5요소가 잘 조화가 되도록 한다. 이 점에 유의하여 칵테일을 조주할 때는 다음과 절차에 의하여 진행한다.

1. 레시피의 재료를 검토하고 준비한다.
2. 규정된 조주방법에 따라 사용할 잔, 도구, 가니쉬 등을 준비한다.
3. 해당하는 잔 또는 기물에 얼음을 넣는다.
4. 표준 조주법(Standard Recipe)의 규정된 양을 순서에 따라 넣는다.
5. 규정된 조주의 방법과 기법에 의하여 만든다.
6. 만든 칵테일을 잔에 따르고 제공한다(빌딩방법은 예외).
7. 적절한 장식(가니쉬)을 한다.
8. 정리정돈을 한다.

1.2 칵테일 조주 시 주의사항

❶ 제공될 잔에 얼룩이 있는지 금이 가거나 깨어진 것이 있는지 체크한다.

❷ 기물은 항상 깨끗한 상태를 유지한다.

❸ 가니쉬용의 과일은 신선한지 체크한다.

❹ 얼음의 양과 상태가 적정한지 체크한다.

❺ 셰이커는 캡, 스트레이너, 바디가 서로 잘 맞는지 점검한다.

❻ 칵테일 잔에 따를 경우 그 양은 잔의 8부를 넘지 않아야 한다.

❼ 칵테일을 잔에 따를 때는 넘어지지 않도록 왼손으로 잔의 받침을 고정시킨다.

❽ 과일을 가니쉬할 때는 작은 잔에는 작게, 큰 잔에는 크게 장식한다.

2__

조주기능사 자격시험

2.1 조주기능사의 개요

(1) 조주기능사 자격증이란?

조주기능사 자격증은 제공된 칵테일에 대한 재료의 선정 및 계량과 조주작업과 관련된 기구를 바르게 사용하여 칵테일을 만드는 업무수행의 능력을 인정하는 것이다. 조주기능사(Bartender)는 호텔의 바(Bar)를 비롯한 칵테일 하우스, 레스토랑 등지에서 전문적으로 칵테일을 만드는 사람을 말하며, 광의의 조주기능사는 주류 등을 전문적으로 판매하는 것도 포함한다. 따라서 조주기능사는 칵테일을 만드는 기술은 물론 각종 주류에 대해서도 해박한 지식을 가지고 있어야 한다.

(2) 진출분야 및 전망

주로 칵테일 하우스나 각종 양주를 판매하는 레스토랑과 주점, 호텔, 클럽이나 크루즈와 같은 여객선에 바로 진출할 수 있으며, 간혹 해외취업을 하기도 한다. 최근 외식문화의 발전과 더불어 양주문화의 보급 및 칵테일에 대한 관심이 높아져 조주기능사의 전망은 밝다고 하겠다.

최고수준의 조주사가 되기 위해서는 음료에 관한 많은 지식을 가져야 함은 물론이고 고객과의 원만하고 폭넓은 대화를 나눌 수 있는 소양을 갖추어야 하며, 외국인을 대할 기회가 많기 때문에 간단한 외국어 회화 능력을 갖추는 것이 유리하다.

2.2 조주기능사 시험의 개요

(1) 시행처

한국산업인력공단

(2) 시험과목

- 필기시험 주류학개론, 주장관리개론, 고객서비스영어
- 실기시험 칵테일 조주작업

(3) 합격규정

필기 및 실기 각각 평균 60점 이상

(4) 시행일

매년 4회

(5) 응시자격

연령, 성별, 학력, 실무경력 등 특별한 제한이 없음

(6) 수검원서 교부 및 접수

한국산업인력관리공단 4개 지역본부 및 14개 지방사무소

2.3 조주기능사 실기시험의 내용

(1) 시험방법

❶ 예상 공개 문제 39문제에서 출제하며 3명씩 1조를 이루어 임의로 선택된 칵테일 3가지를 만들도록 시험관이 요구한다.
❷ 선택된 칵테일 3가지를 7분 안에 만들어 제공한다.
❸ 채점 후에 3분 동안 주변 시설물을 정리한 후 퇴실한다.

(2) 배점방법

❶ 칵테일 방법(42점) : 주입량, 주입순서, 작품별 조주법, 기구취급법, 숙련도 테스트
❷ 각종 재료 및 기구 선택법(33점) : 글라스 및 베이스, 부재료 선택
❸ 위생상태(10점) : 사용기구 및 외모의 청결상태
❹ 주재료의 주입방법(9점) : 상표방향(손님쪽, 감독관), 따를 때 숙련도
❺ 서비스 상태(6점) : 냅킨, 코스터사용 여부, 글라스 취급 여부

(3) 수검자 유의사항

❶ 시험시간 전 2분 이내에 재료의 위치를 확인한다.
❷ 감독위원이 요구한 3가지 작품을 7분 내에 완료하여 제출한다.
❸ 검정장시설과 지급재료 이외의 도구 및 재료를 사용할 수 없다.

❹ 시설이 파손되지 않도록 주의하며, 실기시험이 끝난 수험자는 본인이 사용한 기물을 3분 이내에 세척 · 정리하여 원위치에 놓고 퇴장한다.

(4) 실격 처리

❶ 오작 : 3가지 모두의 주재료(주류) 선택이 잘못된 경우

❷ 미완성 : 요구된 작품 3가지 중 1가지라도 제출하지 못한 경우

[표 12-1] 조주기능사 실기 칵테일 39선(2022년부터 적용)

번호	칵테일	번호	칵테일
1	Pousse Cafe	21	Long Island Iced Tea
2	Manhattan Cocktail	22	Sidecar
3	Dry Martini	23	Mai Tai
4	Old Fashioned	24	Pina Colada
5	Singapore Sling	25	Cosmopolitan Cocktail
6	Brandy Alexander	26	Moscow Mule
7	Black Russian	27	Apricot Cocktail
8	Margarita	28	Honeymoon Cocktail
9	Rusty Nail	29	Blue Hawaiian
10	Whiskey Sour	30	Kir
11	New York	31	Tequila Sunrise
12	Daiquiri	32	힐링(Healing)
13	B-52	33	진도(Jindo)
14	June Bug	34	풋사랑(Puppy Love)
15	Bacardi Cocktail	35	금산(Geumsan)
16	Cuba Libre	36	고창(Gochang)
17	Grasshopper	37	Gin Fizz
18	Seabreeze	38	Fresh Lemon Squash
19	Apple Martini	39	Virgin Fruit Punch
20	Negroni		

위 칵테일 중 감독위원이 제시하는 3가지 작품을 7분 이내에 완성하여 제출해야 함.

2.4 칵테일 조주의 실제

(1) Pousse Cafe

조주법 float
글라스 리큐르 글라스
가니쉬 없음
레시피 그레나딘 시럽 1/3
크림 드 멘트(그린) 1/3
브랜디 1/3

여러 가지 색의 리큐어가 층을 이룬 칵테일

(2) Manhattan Cocktail

조주법 Stir
글라스 칵테일 글라스
가니쉬 체리
레시피 버번위스키 1 1/2oz
스위트 벌무스 3/4oz
앙고스투라 비터스 1dash

(3) Dry Martini

조주법 Stir
글라스 칵테일 글라스
가니쉬 그린 올리브
레시피 드라이진 2oz
드라이 벌무스 1/3oz

(4) Old Fashioned

조주법 Build
글라스 올드 패션드 글라스
가니쉬 오렌지 슬라이스와 체리
레시피

버번 위스키	1 1/2oz
슈가	1tsp
앙고스투라 비터스	1dash
소다수	1/2oz

(5) Singapore Sling

조주법 Shake & Build
글라스 푸티드 필스너 글라스
가니쉬 오렌지 슬라이스와 체리
레시피

드라이 진	1 1/2oz
레몬 주스	1/2oz
슈가	1tsp
체리 브랜디	1/2oz
소다수	잔에 적당량

드라이 진, 레몬 주스, 슈가를 넣어 세이킹하고 잔에 따른 후 소다수를 넣어 빌딩을 하며 마지막에 체리 브랜디를 바 스푼에 부어 잔에 띄운다.(물론 위로 뜨지 않고 아래로 가라앉는다)

(6) Brandy Alexander

조주법 Shake
글라스 칵테일 글라스
가니쉬 너트맥 파우다
레시피 브랜디 3/4oz
크림 드 카카오(브라운) 3/4oz
라이트 밀크 3/4oz

(7) Black Russian

조주법 Build
글라스 올드 패션드 글라스
가니쉬 없음
레시피 보드카 1oz
커피 리큐르 1/2oz

(8) Margarita

조주법 Shake
글라스 칵테일 글라스
가니쉬 잔의 림에 소금
레시피 테킬라 1 1/2oz
트리플 섹 1/2oz
라임 주스 1/2oz

조주기능사 실기 문제에서는 레몬 가니쉬가 없으나 레몬 가니쉬를 제공하기도 한다.

(9) Rusty Nail

조주법 Build
글라스 올드 패션드 글라스
가니쉬 없음
레시피

스카치 위스키	1oz
드람부이	1/2oz

(10) Whiskey Sour

조주법 Shake & Build
글라스 사우어 글라스
가니쉬 레몬 슬라이스와 체리
레시피

버번 위스키	1 1/2oz
레몬주스	1/2oz
슈가	1tsp
소다수	잔에 적당량

(11) New York

조주법 Shake
글라스 칵테일 글라스
가니쉬 레몬 껍질 트위스트
레시피

버번 위스키	1 1/2oz
레몬주스	1/2oz
슈가	1tsp
그레나딘시럽	1/2tsp

(12) Daiquiri

조주법 Shake
글라스 칵테일 글라스
가니쉬 없음
레시피

라이트 럼	1 3/4oz
라임주스	3/4oz
슈가	1tsp

(13) B-52

조주법 Float
글라스 셰리 글라스
가니쉬 없음
레시피

커피 리큐르	1/3
베일리스 리큐르	1/3
그랜드 마니아	1/3

(14) June Bug

조주법 Shake
글라스 콜린즈 글라스
가니쉬 파인애플과 체리
레시피

미도리(멜론 리큐르)	1oz
코코넛 향 럼	1/2oz
바나나 리큐르	1/2oz
파인애플 주스	2oz
스위트 & 사우어 믹스	2oz

(15) Bacardi Cocktail

조주법 Shake
글라스 칵테일 글라스
가니쉬 없음
레시피

바카디 화이트 럼	1 3/4oz
라임 주스	3/4oz
그레나딘 시럽	1tsp

(16) Cuba Libre

조주법 Build
글라스 하이볼 글라스
가니쉬 레몬
레시피

라이트 럼	1 1/2oz
라임 주스	1/2oz
콜라	적당량

(17) Grasshopper

조주법 Shake
글라스 샴페인 글라스(소스 형)
가니쉬 없음
레시피

크림 드 멘트(그린)	1oz
크림 드 카카오(화이트)	1oz
우유	1oz

(18) Seabreeze

조주법 Build
글라스 하이볼 글라스
가니쉬 레몬
레시피 보드카 1 1/2oz
크랜베리 주스 3oz
포도 주스 1/2oz

(19) Apple Martini

조주법 Shake
글라스 칵테일 글라스
가니쉬 사과 슬라이스
레시피 보드카 1oz
애플 퍽커 1oz
라임 주스 1/2oz

(20) Negroni

조주법 Build
글라스 올드 패션드 글라스
가니쉬 레몬 껍질 트위스트
레시피 드라이 진 3/4oz
스위트 벌무스 3/4oz
깜파리 3/4oz

(21) Long Island Iced Tea

조주법 Build
글라스 콜린즈 글라스
가니쉬 레몬
레시피

진	1/2oz
보드카	1/2oz
라이트 럼	1/2oz
테킬라	1/2oz
트리플 섹	1/2oz
스위트 & 사우어 믹스	1 1/2oz
콜라	적당량

(22) Side Car

조주법 Shake
글라스 칵테일 글라스
가니쉬 없음
레시피

브랜디	1oz
꼬잉뜨루(또는 트리플섹)	1oz
레몬 주스	1/4oz

(23) Mai Tai

조주법 Blend
글라스 푸티드 필스너 글라스
가니쉬 파인애플(오렌지)과 체리
레시피

라이트 럼	1 1/4oz
트리플섹	3/4oz
라임 주스	1oz
파인애플 주스	1oz
오렌지 주스	1oz
그레나딘 시럽	1/4oz

(24) Pina Colada

조주법 Blend
글라스 푸티드 필스너 글라스
가니쉬 파인애플과 체리
레시피

라이트 럼	1 1/4oz
피나콜라다 믹스	2oz
파인애플 주스	2oz

(25) Cosmopolitan Cocktail

조주법 Shake
글라스 칵테일 글라스
가니쉬 라임 또는 레몬 껍질 트위스트
레시피

보드카	1oz
트리플섹	1/2oz
라임 주스	1/2oz
크랜베리 주스	1/2oz

(26) Moscow Mule

조주법 Build
글라스 하이볼 글라스
가니쉬 라임 또는 레몬 슬라이스
레시피

보드카	1 1/2oz
라임 주스	1/2oz
진저 에일	적당량

(27) Apricot Cocktail

조주법 Shake
글라스 칵테일 글라스
가니쉬 없음
레시피

애프리코트 브랜디	1 1/2oz
드라이 진	1tap
레몬 주스	1/2oz
오렌지 주스	1/2oz

(28) Honeymoon Cocktail

조주법 Shake
글라스 칵테일 글라스
가니쉬 없음
레시피

애플 브랜디	3/4oz
베네딕틴 디오엠	3/4oz
트리플섹	1/4oz
레몬 주스	1/2oz

(29) Blue Hawaiian

조주법 Blend
글라스 푸티드 필스너 글라스
가니쉬 파인애플과 체리
레시피

라이트 럼	1oz
블루 큐라소	1oz
코코넛 럼	1oz
파인애플 주스	2 1/2oz

(30) Kir

조주법 Build
글라스 화이트 와인 글라스
가니쉬 레몬 껍질 트위스트
레시피 화이트 와인 3oz
크림 드 클라시스 1/2oz

(31) Tequila Sunrise

조주법 Build/Float
글라스 푸티드 필스너 글라스
가니쉬 없음
레시피 테킬라 1 1/2oz
오렌지 주스 적당량
그레나딘 시럽 1/2oz

(32) 힐링(Healing)

조주법 Shake
글라스 칵테일 글라스
가니쉬 레몬 껍질 트위스트
레시피 감홍로(40도) 1 1/2oz
베네딕틴 1/3oz
크림 드 카시스 1/3oz
스위트 & 사우어 믹스 1oz

(33) 진도(Jindo)

조주법 Shake
글라스 칵테일 글라스
가니쉬 없음
레시피

진도 홍주(40도)	1oz
크림 드 멘트(화이트)	1/2oz
청포도 주스	3/4oz
라스베리 시럽	1/2oz

(34) 풋사랑(Puppy Love)

조주법 Shake
글라스 칵테일 글라스
가니쉬 사과 슬라이스
레시피

안동 소주(40도)	1oz
트리플 섹	1/3oz
애플 퍼커	1oz
라임 주스	1/3oz

(35) 금산(Geumsan)

조주법 Shake
글라스 칵테일 글라스
가니쉬 없음
레시피

금산 인삼주(43도)	1 1/2oz
커피 리큐르(깔루아)	1/2oz
애플 퍼커	1/2oz
라임 주스	1tsp

(36) 고창(Gochang)

조주법 Stir
글라스 플루트형 샴페인 글라스
가니쉬 없음
레시피

선운산 복분자 와인	2oz
꼬잉뚜루 또는 트리플섹	1/2oz
스프라이트	2oz

(37) Gin Fizz

조주법 Shake/Build
글라스 하이볼 글라스
가니쉬 레몬 슬라이스
레시피

진	1 1/2oz
레몬 주스	1/2oz
설탕	1tsp
소다	적당량

(38) Fresh Lemon Squash

조주법 Build
글라스 하이볼 글라스
가니쉬 레몬 슬라이스
레시피

레몬	1/2개 스퀴즈
설탕	2tsp
소다	적당량

(39) Virgin Fruit Punch

조주법 Blend

글라스 푸티드 필스너 글라스

가니쉬 파인애플과 체리

레시피

오렌지 주스	1oz
파인애플 주스	1oz
크랜베리 주스	1oz
포도 주스	1oz
레몬 주스	1/2oz
그레나딘 시럽	1/2oz

Guide to Wines,
Beers, Spirits
Liqueurs
and Cocktails

주류학개론

제13장

주장관리

1_ 주장의 개요

1.1 주장의 의의와 종류

(1) 주장의 개념

주장(酒場)은 주로 음료(beverage)를 판매하는 곳으로 식당이 음식을 통하여 고객에게 식욕을 충족시켜주는 물적 공간이라면 주장은 음료와 유흥적 요소를 제공함으로서 고객의 기분을 회복시켜주는 정신적 공간이라고 할 수 있다.

(2) 주장영업의 중요성

호텔의 경우 식음료 영업은 크게 음식(food)과 음료(beverage)로 구분하고 있다. 음식은 레스토랑에서, 음료는 주장에서 판매하고 있는데 레스토랑에서도 음식과 더불어 음료를 판매하고 있다. 그런데 음식 코스트는 일반적으로 판매금액의 30~35% 정도를 차지하는데 비하여 음료 코스트는 15~25% 정도이다. 또한 음식은 주방인원을 고려할 때 단위당 노동생산성이 낮지만 음료는 높다고 할 수 있다. 따라서 음료는 음식보다 부가가치가 높다는 점에서 각 호텔에서는 음료판매에 주력하고 있는 실정이다.

(3) 주장의 종류

호텔에서 운영하고 있는 주장을 중심으로 종류를 살펴보면 다음과 같다.

① **바**(Bar)

바(Bar)는 손님과 바텐더 사이에 가로 놓여진 널 판을 말하는데 오늘날에는 바를 갖춘 주장을 총칭하는 의미로 사용되고 있다. 즉 바(Bar)는 카운터형의 판매대가 설치되어 있고 칵테일을 비롯한 각종 음료를 판매하는 주장으로서 바텐더(Bartender)에 의해 고객에게 술이 제공되는 장소를 말한다.

② **라운지**(Lounge)

소파형의 안락한 좌석과 생음악 등의 유흥적 분위기를 갖추어 음료를 판매하는 업장으로서 로비에 위치하면 로비 라운지(Lobby Lounge), 최상층에 위치하면 스카이 라운지(Sky Lounge)라고 한다.

③ **펍**(Pub)

'Pub' 은 'Public House' 의 약칭으로서 대중적 사교의 장이란 의미인데 비교적 가격이 저렴한 영국식 선술집 형식의 업장이다.

④ **엔터테인먼트 센터**(Entertainment Center)

캐주얼한 분위기의 종합 사교 유흥장으로서 각종 바(Bar), 다트게임(Dart Game), 당구대 등의 스포츠시설과 디스코테크 등의 시설을 갖추고 음료를 판매하는 업장을 말한다. 스포츠 바(Sports Bar)라고도 한다.

그 밖의 주장으로는 나이트클럽(Night Club), 디스코테크(Discotheque), 단란주점 등이 있다.

1.2 주장의 조직

주장의 조직도는 다음 그림과 같다.

[그림 13-1] 주장의 조직

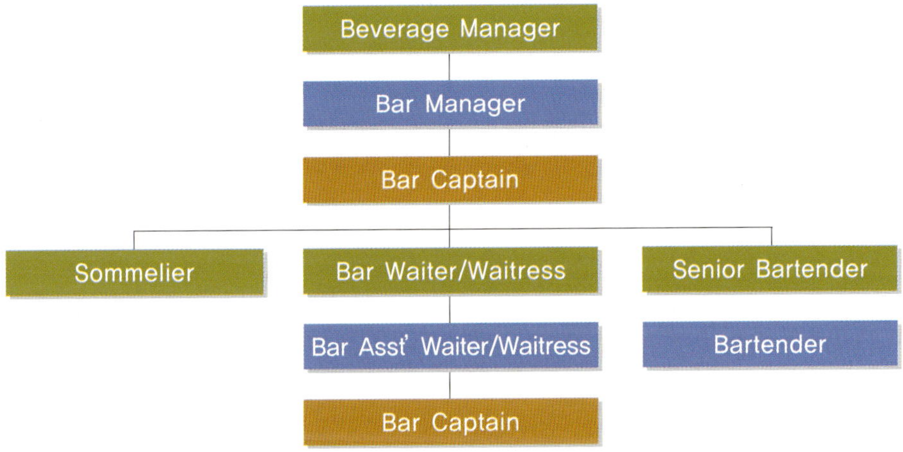

1.3 주장의 직무분석(Job Description)

(1) 바 지배인(Bar Manager)

바 지배인은 관리자로서 경영마인드를 가지고 자신이 맡고 있는 업장의 영업에 대하여 총괄책임을 지고 부하 직원을 지휘 감독을 하며, 음료에 대하여 풍부한 지식을 습득하고 있어야 한다. 구체적인 직무는 다음과 같다.

❶ 직원들의 근무를 편성하고 교육훈련을 담당한다.
❷ 고객영접과 불평처리를 담당한다.
❸ 영업향상을 위한 상품 및 촉진(Promotion)을 기획한다.

❹ 영업 종료 후 영업일지 점검 및 마감작업 확인을 한다.
❺ 기물 파손(Breakage) 등에 대해서는 적절한 조치를 취한다.

(2) 바 캡틴(Bar Captain)

바 캡틴은 바 지배인을 보좌하고 부재 시 그 업무를 대행하며 접객서비스에 있어서 바텐더(Bartender), 웨이터/웨이츄레스 등 부하 직원을 통솔하는 조장으로서의 역할을 한다. 구체적인 직무는 다음과 같다.

❶ 영업 전후의 업무를 관장한다.
❷ 고객을 영접하고 주문 및 서비스를 지휘한다.
❸ 음료 및 소모품 등의 재고를 파악하여 보충을 지시한다.
❹ 바의 청결 및 칵테일 도구, 제빙기, 냉장고 등을 점검한다.
❺ 바쁠 때는 바텐더를 도와서 직접 조주한다.
❻ 일일영업일지를 작성하여 지배인에게 보고한다.
❼ 칵테일 레시피(Recipe)에 대한 교육을 실시한다.
❽ 판매하는 품목의 상품지식과 서비스시간을 숙지하여야 한다.

(3) 조주사/바텐더(Bartender)

바텐더는 칵테일 조주법뿐만 아니라 각종 음료에 대한 지식을 가지고 있어야 하며, 바 카운터에 앉은 고객에게 직접 주문받고 서빙하기도 한다. 와인의 전문적인 판매는 소믈리에(Sommelier)가 담당한다. 바텐더의 구체적인 직무는 다음과 같다.

❶ 바의 청결상태를 유지한다.
❷ 글라스류 및 바 기물을 정비한다.
❸ 음료의 일일 적정재고(Par Stock)를 파악하여 사전에 준비한다.
❹ 칵테일 부재료 및 비품 등을 파악하여 사전 분비 및 보충 관리한다.

5. 영업종료 후 재고조사표(Inventory Sheet)를 작성하여 지배인에게 보고한다.

(4) 바 웨이터/웨이츄레스(Bar Waiter/Waitress)

바 웨이터/웨이츄레스는 고객에게 주문을 받아 바텐더에게 전달하고 바텐더로부터 생산된 칵테일 및 음료를 고객에게 서빙하는 역할을 한다. 구체적인 직무는 다음과 같다.

1. 영업 전후의 업무를 수행한다.
2. 테이블 및 서비스 기물을 정리정돈한다.
3. 고객에게 주문을 받는다.
4. 자기가 맡은 테이블의 주문서비스를 능동적으로 처리한다.
5. 계산서와 주문내용이 일치하는지 체크한다.
6. 고객이 떠난 테이블을 재정비(Resetting)한다.
7. 실습생을 지도하고 지배인 및 캡틴을 보좌한다.
8. 칵테일 및 음료에 대한 지식과 서비스방법 등을 숙지한다.

(5) 바 보조(Bus Boy)

바 보조는 일반적으로 실습생(Trainee)이 담당하며 바에서 바텐더를 보조하고 각종 잡무를 담당한다. 구체적인 직무는 다음과 같다.

1. 바텐더의 지시에 따라 음료, 얼음, 가니쉬(Garnish)용 과일, 글라스류, 은기류 등 바에서 필요한 모든 물품을 보급한다.
2. 바의 비품을 정리정돈하고 카운터 주위를 항상 청결하게 유지한다.
3. 사용된 기물 및 글라스류 등을 씻고 닦는다.
4. 홀이 바쁠 때는 웨이터/웨이츄레스의 업무를 도와준다.
5. 틈틈이 음료에 대한 공부를 하고 조주법을 익힌다.

2_

주장관리의 기본

2.1 구매관리

구매관리(Purchasing Management)란 기업이 생산활동에 필요한 원자재 및 중간재의 양을 적절한 시기에 적정가격으로 구매하기 위한 과학적인 관리활동을 말한다. 주류의 구매도 다음과 같은 원칙에 의한 관리가 필요하다.

(1) 시장조사

각종 주류에 대한 가격동향 및 고객의 취향을 주시하고, 특히 와인에 대해서는 외국의 산지별 정보를 획득하여 가장 적정하고 적합한 것을 찾아 구입할 수 있도록 한다.

(2) 납기관리

납기일이 늦지 않도록 구입하여야 한다. 아무리 가격이나 품질이 좋아도 납기일이 지나면 판매하는데 영향을 받는다.

(3) 적정재고(Par Stock)관리

재고관리는 적정량의 주류를 항상 보유함으로써 연속적인 판매를 촉진시키고 주류의 유통량이나 가격의 변동에서 오는 불확실성을 대비하는데 있다. 만약 재고가 적정량 이하가 되면 판매에 차질을 빚어 결국 고객의 상실로 인하여 사업의 기회를 놓치게 되고, 적정량 이상이 되면 유지 관리비용의 부담 및 품질의 저하를 초래할 수 있다.

(4) 우량 납품업체 선정

통상적으로 주류는 납품업체를 통하여 구매하는데 납품업체의 공급능력과 신뢰성을 고려하여 우량업체를 선정한다.

2.2 저장관리

구매된 주류는 수량 등을 주문사항과 대조하는 검수(Receiving)과정을 거쳐 저장을 하게 되는데 주류 저장의 원칙은 다음과 같다.

(1) 품목별 분류저장의 원칙

주류를 쉽게 불출하기 위해서 주류별로 즉 와인, 맥주, 위스키, 브랜디, 스피리츠, 리큐르 등 품목별로 저장관리를 한다.

(2) 선입선출(First-in, First-out)의 원칙

먼저 입고된 주류를 먼저 쓰는 원칙이다. 재료의 저장 기간이 짧으면 짧을수록 재고재산의 회전율이 높다. 특히 와인과 맥주 등 양조주의 경우 적절한 판매기간이 있으므로 그 기간을 넘지 않도록 유념해야 한다. 주류를 창고에 저장할 때도 들어온 순서대로 구분하여 적재하여 관리한다.

(3) 적정 온도유지의 원칙

주류 저장고의 위치는 통풍이 잘 되고 직사광선을 피할 수 있어야 하며, 습기가 없는 건조한 장소의 어두운 곳이 적합하다. 주류별 저장온도는 다음 표와 같으며, 저장온도와 서비스할 때의 온도는 차이가 있다는 점에 유의할 필요성이 있다.

[표 13-1] 주류 저장온도와 서비스온도

구분	저장온도	서비스온도
레드 와인	13~16℃	18℃
화이트 와인/샴페인	10℃	6~8℃
스피리츠(증류주)류	13~16℃	18℃
병맥주	6~10℃	여름철 : 6~8℃ 겨울철 : 10~12℃
생맥주	2~3℃	4℃
청량음료	13℃	여름철 : 6~8℃ 겨울철 : 10~12℃

2.3 원가관리

음료판매가격은 총원가에 일정 이익을 붙여서 결정되는데 총원가를 구성하는 요소는 재료비, 노무비, 판매비, 일반관리비 등의 경비로 구성된다. 특히 재료비는 직접원가로서 관리 여하에 따라 수익에 결정적으로 영향을 미친다. 따라서 재료의 낭비는 곧 원가상승의 원인이 되므로 효율적인 원가관리가 요구된다. 원가관리는 일별, 월별 등 정기적으로 실시하는 재고조사(Inventory)에 의하여 통제가 가능하며, 과학적이고 합리적인 재고조사를 위해서 칵테일의 경우 단위당 표준 조주법(Recipe)를 만들어 표준화할 필요성이 있다.

결국 표준 조주법(Standard Recipe)은 칵테일의 양과 맛에 대한 동일성을 유지할 수 있고, 재료의 손실과 낭비도 막을 수 있는 원가관리의 근거가 되며, 빠른 조주에 의한 노무비 절감의 효과를 가져다주는 수단이다.

2.4 판매관리

주류의 판매가격은 먼저 재료의 원가를 판매가격의 몇 %로 할 것인지 목표원가를 설정한 다음 판매가격을 산출한다. 물론 목표원가를 설정할 때는 인건비, 일반관리비, 판매경비 그리고 마진 등을 고려하여 배분해야 할 것이다. 예를 들어 판매가격을 100으로 하였을 때 인건비를 30%, 각종 비용을 30%, 마진을 20%로 상정한다면 직접 재료의 목표원가는 20%가 된다. 판매가격 산출의 공식은 다음과 같다.

판매가격 = 원가 ÷ 목표원가

(1) 병당 판매가격 산정법

예를 들어 맥주 1병의 원가가 1,000원이고, 이 재료비의 목표원가를 판매가격의 20%로 정한다면 맥주 1병의 판매가(P)는 다음과 같다.

P×20%=1,000원

P=1,000원÷20%=1,000원÷0.2=5,000원

예제 1

국산양주 한 병의 원가는 24,000원이고, 이 재료비의 목표원가를 판매가격의 20%로 정한다면 이 국산양주의 판매가(P)는 얼마인가?

P×20%=24,000원

P=24,000원÷20%=24,000원÷0.2=120,000원

∴ 답 : 120,000원

(2) 잔 당 판매가격 산정법

주장에서는 양주와 와인의 경우 잔 단위로 판매하기도 한다. 잔 당 판매가격 산정법을 예제를 통하여 설명하면 다음과 같다.

예제 2

예제 1의 국산양주 한 병의 양은 720ml이다. 잔당 얼마에 판매하면 되는가? 양주 스트레이트 1잔의 양은 30ml, 즉 1온스(oz)이다.

720ml÷30ml=24잔
120,000원÷24잔=5,000원　　∴ 답 : 5,000원

(3) 칵테일 판매가격 산정법

칵테일의 경우 2종류 이상의 음료 재료가 들어가게 되는데 판매가격 산정법을 예제로 설명하면 다음과 같다.

예제 3

스크류 드라이브 칵테일의 재료비 목표원가를 판매가격의 20%로 하여 가격책정을 하려고 한다. 스크류 드라이브의 표준 레시피는 보드카 $1\frac{1}{2}$온스, 오렌지 주스 5온스이다. 보드카 한 병의 원가는 12,000원이고 용량은 720ml(24온스)이며, 오렌지 주스의 원가는 2,500원이고 용량은 1,500ml(50온스)이다. 이 스크류 드라이브의 판매가격은?(1온스=30ml)

① 보드카의 양의 가격($1\frac{1}{2}$온스)
12,000원÷24온스=500원(즉, 보드카는 1온스 당 500원)
보드카 $1\frac{1}{2}$온스=500원+250원=750원

② 오렌지 주스 양의 가격(5온스)

2,500원÷50온스=50원(즉, 오렌지 주스는 1온스 당 50원)

오렌지 주스 5온스=50원×5온스=250원

스크류 드라이브의 재료비(①+②)는 750원+250원=1,000원이다.

따라서 스크류 드라이브 판매가격(P)은 다음과 같다.

P×20%(목표원가)=1,000원

P=1,000원÷20%=1,000원÷0.2=5,000원　　∴ 답 : 5,000원

3_

주장 서비스관리

3.1 글라스 서비스의 원칙

❶ 음료 글라스를 서빙할 때는 항상 츄레이(Tray)를 사용하여야 한다.

❷ 글라스의 손잡이가 있는 것은 손잡이(Stem)를 잡고 서빙하고, 손잡이가 없는 글래스는 글라스의 아래(Bottom) 부분을 잡고 서빙한다. 즉 고객이 입을 대는 위(Rim) 부분을 잡아서는 안 된다.

❸ 코스터(Coaster)가 있을 때는 코스터를 먼저 깔고 그 위에 글라스를 놓는다.

❹ 글라스를 놓을 때는 새끼손가락과 약지를 테이블에 대고 엄지, 검지, 중지로 쥐고 있는 글라스를 살짝 내리면 소리가 나지 않는다.

[그림 13-2] 글라스의 명칭

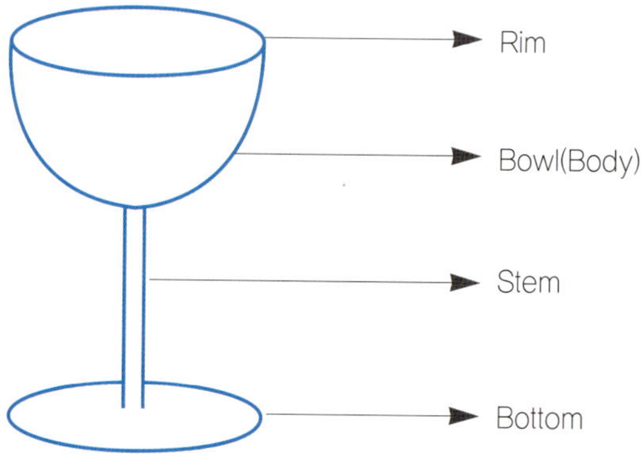

[그림 13-3] 글라스 취급요령

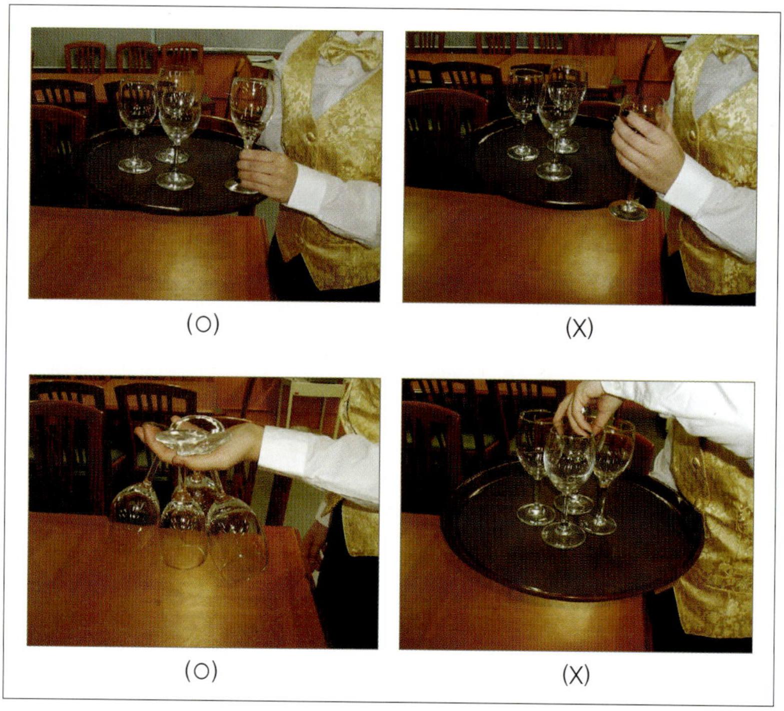

3.2 와인 서비스

(1) 와인 보관 및 와인 디캔팅(Decanting)

와인 디캔팅(Decanting)

와인은 코르크 마개를 통하여 공기와 접촉을 하여 병에 들어있는 상태에서도 계속 느린 속도로 숙성을 하고 있는데 이것을 와인과 공기가 결혼한다고 표현한다. 따라서 병을 세워서 보관하면 코르크 마개가 마르면서 와인이 변질되므로 반드시 눕혀서 보관해야 한다.

레드 와인은 장기간 저장하게 되면 앙금(Sediment)이 가라앉는데 와인 캐비넷에서 꺼내어 서비스할 때는 먼지만 살짝 털어서 앙금이 흔들리지 않도록 해야 한다. 와인 디캔팅(Decanting)이란 병을 서비스하기 전에 미리 1시간 정도 세워서 앙금을 가라앉히고 디캔터(Decanter)에 조심스럽게 붓다가 앙금이 나오면 멈추고 다시 디캔터에 와인을 따르는 등 앙금과 와인을 분리하는 작업을 말한다. 따라서 레드 와인을 서비스할 때 마지막 한잔 정도 남은 것은 따르지 않는다.

(2) 와인 서비스 절차

❶ 와인 리스트에 의하여 주문을 받는다.

❷ 화이트 와인 또는 샴페인을 주문할 경우 와인 스탠드와 얼음 쿨러를 준비한다.

❸ 레드 와인일 경우 보관된 장소에서 흔들리지 않도록 조심하여 꺼낸다.

❹ 주문된 와인은 내프킨에 싸서 받쳐들고 주문한 고객에게 상표를 확인받는다.

⑤ 화이트 와인의 경우 고객 테이블 옆에 와인 스탠드와 쿨러 속에 와인을 꽂고, 레드 와인의 경우는 와인 바스켓에 꽂아 테이블 위에 놓는다.

⑥ 고객 앞에서 코르크 스크류를 이용하여 마개를 오픈시킨다.

⑦ 코르크 마개를 빼낸 병입구를 암 타월로 닦아낸다.

⑧ 코르크 마개를 스크류에서 빼내어 주문한 고객에게 테스팅시킨다.

⑨ 와인을 주문한 고객(host)에게 1온스 정도 따른 다음 와인 테스팅을 시킨다.

⑩ 여성과 게스트에게 잔의 6부 정도를 따르고, 호스트에게는 마지막으로 잔의 6부 정도 채워준다.

⑪ 와인을 따르고 나서 들어올릴 때는 트위스트를 하여 주변에 방울이 떨어지지 않도록 주의를 기울인다.

⑫ 화이트 와인을 서비스할 때는 병의 목부분에 냅킨을 감싸서 서비스 중에 물기가 흐르는 것을 방지한다.

⑬ 와인은 잔의 6부 정도 따른다.

⑭ 와인의 양이 줄면 즉시 본래의 양만큼 리필(Refill)한다.

(3) 여러 와인을 서비스할 때

❶ 화이트 와인을 레드 와인보다 먼저 서비스한다.

❷ 드라이 와인을 스위트 와인보다 먼저 서비스한다.

❸ 맛이 가벼운 와인을 맛이 중후한 와인보다 먼저 서비스한다.

❹ 숙성기간이 짧은 와인을 오랜 숙성 와인보다 먼저 서비스한다.

(4) 샴페인 서비스

샴페인 서비스는 화이트 와인 서비스와 비슷하나 코르크 마개를 딸 때 주의해야 한다.

❶ 병목을 감싸고 있는 호일 캡을 벗긴다.

❷ 한 손으로 코르크 마개를 누르고 다른 손으로 코르크 마개를 감싸고 있는 철사를 푼다.

❸ 코르크 마개가 튀어 나가지 않도록 조심스럽게 돌려서 뺀다. 이때 갑자기 코르크 마개가 빠지면서 펑 소리와 함께 거품이 발산되지 않도록 유의한다.

❹ 병입구를 암 타월로 닦고 와인과 동일한 서비스를 한다.

3.3 맥주 서비스

(1) 생맥주 서비스

❶ 머그(Mug)잔에 부어서 제공한다. 단 피처(1000CC 이상)로 주문했을 때는 빈 머그잔을 제공한다.

❷ 생맥주를 따를 때는 술의 양은 7~8부, 거품은 2~3 정도로 한다. 만약 거품이 잘 생기지 않으면 탄산가스가 충분한지, 맥주가 너무 차거나 오래되었는지를 체크한다.

❸ 생맥주 술통의 압력은 12~14Pound로 일정하게 유지해야 한다. 12Pound보다 낮으면 천연가스가 노출되어 플래트(Flat) 현상 즉, 김이 빠진 맥주가 된다.

❹ 생맥주의 저장온도는 2~3℃, 서비스 온도는 3~4℃가 적당하다.

(2) 병맥주 서비스

❶ 병맥주를 고객에게 서비스할 때는 병이 글라스에 닿지 않아야 한다.

❷ 매주는 7~8부, 거품은 2~3부가 되도록 따르되 거품이 넘치지 않도록 한다.

❸ 다 따르고 난 뒤에는 병을 살짝 트위스트하고 멈추어 방울이 주변에 떨어지지 않도록 한다.

❹ 병을 테이블에 놓을 때는 상표가 고객에게 보이도록 놓는다.

❺ 병맥주의 저장온도는 3~4℃, 서비스온도는 5℃가 적당하다.

제14장 조주기능사 필기 과년도 출제문제

[2015년 1월 25일 시행]

1과목 주류학개론

1. Agave의 수액을 발효한 후 증류하여 만든 술은?

① Tequila ② Aquavit
③ Grappa ④ Rum

2. 우리나라 주세법상 탁주와 약주의 알코올도수 표기 시 허용 오차는?

① ± 0.1% ② ± 0.5%
③ ± 1.0% ④ ± 1.5%

3. 세계 3대 홍차에 해당되지 않는 것은?

① 아삼(Assam) ② 우바(Uva)
③ 기문(Keemun) ④ 다즐링(Darjeeling)

4. 다음 중 프랑스의 주요 와인 산지가 아닌 곳은?

① 보르도(Bordeaux) ② 토스카나(Toscana)
③ 루아르(Loire) ④ 론(Rhone)

5. 오렌지를 주원료로 만든 술이 아닌 것은?

① Triple Sec ② Tequila
③ Cointreau ④ Grand Marnier

정답 1.① 2.③ 3.① 4.② 5.②

6. 동일 회사에서 생산된 코냑(Cognac)중 숙성 년도가 가장 오래된 것은?

① V.S.O.P ② Napoleon
③ Extra Old ④ 3 star

7. 음료에 대한 설명이 틀린 것은?

① 칼린스믹서(Collins mixer)는 레몬주스와 설탕을 주원료로 만든 착향 탄산음료이다.
② 토닉워터(Tonic water)는 키니네(quinine)를 함유하고 있다.
③ 코코아(cocoa)는 코코넛(coconut)열매를 가공하여 가루로 만든 것이다.
④ 콜라(coke)는 콜라닌과 카페인을 함유하고 있다.

8. 네덜란드 맥주가 아닌 것은?

① 그롤쉬 ② 하이네켄
③ 암스텔 ④ 디벨스

9. 스카치 위스키(Scotch Whisky)가 아닌 것은?

① 시바스 리갈(Chivas Regal) ② 글렌피딕(Glenfiddich)
③ 존 제임슨(John Jameson) ④ 커티 샥(Cutty Sark)

10. 모카(Mocha)와 관련한 설명 중 틀린 것은?

① 예멘의 항구 이름 ② 에티오피아와 예멘에서 생산되는 커피
③ 초콜릿이 들어간 음료에 붙이는 이름 ④ 자메이카산 블루마운틴 커피

11. 4월 20일(곡우) 이전에 수확하여 제조한 차로 찻잎이 작으며 연하고 맛이 부드러우며 감칠맛과 향이 뛰어난 한국의 녹차는?

① 작설차 ② 우전차
③ 곡우차 ④ 입하차

12. 다음 중 양조주가 아닌 것은?

① 맥주(beer) ② 와인(wine)
③ 브랜디(brandy) ④ 풀케(pulque)

13. Scotch whisky에 꿀(Honey)을 넣어 만든 혼성주는?

① Cherry Heering ② Cointreau
③ Galliano ④ Drambuie

14. 발포성 포도주와 관계가 없는 것은?

① 뱅 무스(Vin Mousseux) ② 베르무트(Vermouth)
③ 동 페리뇽(Dom Perignon) ④ 샴페인(Champagne)

정답 6. ③ 7. ③ 8. ④ 9. ③ 10. ④ 11. ② 12. ③ 13. ④ 14. ②

15. 맥주용 보리의 조건이 아닌 것은?

① 껍질이 얇아야 한다.
② 담황색을 띠고 윤택이 있어야 한다.
③ 전분 함유량이 적어야 한다.
④ 수분 함유량 13% 이하로 잘 건조되어야 한다.

16. 버번위스키 1pint의 용량으로 맨해튼 칵테일 몇 잔을 만들어 낼 수 있는가?

① 약 5잔 ② 약 10잔
③ 약 15잔 ④ 약 20잔

17. Still wine을 바르게 설명한 것은?

① 발포성 와인 ② 식사 전 와인
③ 비발포성 와인 ④ 식사 후 와인

18. 발효방법에 따른 차의 분류가 잘못 연결된 것은?

① 비발효차 – 녹차 ② 반발효차 – 우롱차
③ 발효차 – 말차 ④ 후발효차 – 흑차

19. 전통주와 관련한 설명으로 옳지 않은 것은?

① 모주 – 막걸리에 한약재를 넣고 끓인 술
② 감주 – 누룩으로 빚은 술의 일종으로 술과 식혜의 중간
③ 죽력고 – 청죽을 쪼개어 불에 구워 스며 나오는 진액인 죽력과 물을 소주에 넣고 중탕한 술
④ 합주 – 물대신 좋은 술로 빚어 감미를 더한 주도가 낮은 술

20. 다음 중 Cognac지방의 Brandy가아닌 것은?

① Remy Martin ② Hennessy
③ Chabot ④ Hine

21. 독일와인에 대한 설명 중 틀린 것은?

① 아이스바인(Eiswein)은 대표적인 레드와인이다.
② Pr?dikatswein 등급은 포도의 수확상태에 따라서 여섯 등급으로 나눈다.
③ 레드와인보다 화이트와인의 제조가 월등히 많다.
④ 아우스레제(Auslese)는 완전히 익은 포도를 선별해서 만든다.

22. 양조주의 설명으로 옳은 것은?

① 단식증류기를 사용한다.
② 알코올 함량이 높고 저장기간이 길다.
③ 전분이나 과당을 발효시켜 제조한다.
④ 주정에 초근목피를 첨가하여 만든다.

정답 15.③ 16.② 17.③ 18.③ 19.④ 20.③ 21.① 22.③

23. 다음 중 지역명과 대표적인 포도 품종의 연결이 맞는 것은?

① 샴페인 – 세미용
② 부르고뉴(White) – 쇼비뇽 블랑
③ 보르도(Red) – 피노 누아
④ 샤또뇌프 뒤 빠쁘 – 그르나슈

24. 혼성주 특유의 향과 맛을 이루는 주재료로 가장 거리가 먼 것은?

① 과일
② 꽃
③ 천연향료
④ 곡물

25. 오렌지 껍질을 주원료로 만든 혼성주는?

① Anisette
② Campari
③ Triple Sec
④ Underberg

26. 술 자체의 맛을 의미하는 것으로 '단맛'이라는 의미의 프랑스어는?

① Trocken
② Blanc
③ Cru
④ Doux

27. 증류주에 대한 설명으로 옳은 것은?

① 과실이나 곡류 등을 발효시킨 후 열을 가하여 알코올을 분리해서 만든다.
② 과실의 향료를 혼합하여 향기와 감미를 첨가한다.
③ 종류로는 맥주, 와인, 약주 등이 있다.
④ 탄산성 음료를 의미한다.

28. 다음 중 발명자가 알려져 있는 것은?

① Vodka
② Calvados
③ Gin
④ Irish Whisky

29. 프랑스 수도원에서 약초로 만든 리큐르로 '리큐르의 여왕'이라 불리는 것은?

① 압생트(Absinthe)
② 베네딕틴 디오엠(Benedictine D.O.M)
③ 두보네(Dubonnet)
④ 샤르트뢰즈(Chartreuse)

30. 문배주에 대한 설명으로 틀린 것은?

① 술의 향기가 문배나무의 과실에서 풍기는 향기와 같다하여 붙여진 이름이다.
② 원료는 밀, 좁쌀, 수수를 이용하여 만든 발효주이다.
③ 평안도 지방에서 전수되었다.
④ 누룩의 주원료는 밀이다.

정답 23. ④ 24. ④ 25. ③ 26. ④ 27. ① 28. ③ 29. ④ 30. ②

2과목 주장관리개론

31. 다음 중 비터(Bitters)의 설명으로 옳은 것은?

① 쓴맛이 강한 혼성주로 칵테일에는 소량을 첨가하여 향료 또는 고미제로 사용
② 야생체리로 착색한 무색의 투명한 술
③ 박하냄새가 나는 녹색의 색소
④ 초콜릿 맛이 나는 시럽

32. 고객이 바에서 진 베이스의 칵테일을 주문할 경우 Call Brand의 의미는?

① 고객이 직접 요청하는 특정브랜드
② 바텐더가 추천하는 특정브랜드
③ 업장에서 가장 인기 있는 특정브랜드
④ 해당 칵테일에 가장 많이 사용되는 특정브랜드

33. 칵테일 글라스의 부위명칭으로 틀린 것은?

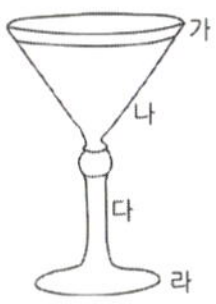

① 가 – rim ② 나 – face
③ 다 – body ④ 라 – bottom

34. Key Box나 Bottle Member제도에 대한 설명으로 옳은 것은?

① 음료의 판매회원이 촉진된다.
② 고정고객을 확보하기는 어렵다.
③ 후불이기 때문에 회수가 불분명하여 자금운영이 원활하지 못하다.
④ 주문시간이 많이 걸린다.

35. 주로 생맥주를 제공할 때 사용하며 손잡이가 달린 글라스는?

① Mug Glass ② Highball Glass
③ Collins Glass ④ Goblet

36. 다음 중 브랜디를 베이스로 한 칵테일은?

① Honeymoon ② New York
③ Old Fashioned ④ Rusty Nail

37. Mise en place 의 의미는?

① 영업제반의 준비사항 ② 주류의 수량관리
③ 적정 재고량 ④ 대기 자세

정답 31. ① 32. ① 33. ③ 34. ① 35. ① 36. ① 37. ①

38. Under Cloth에 대한 설명으로 옳은 것은?

① 흰색을 사용하는 것이 원칙이다.
② 식탁의 마지막 장식이라 할 수 있다.
③ 식탁 위의 소음을 줄여준다.
④ 서비스 플레이트나 식탁 위에 놓는다.

39. 업장에서 장기간 보관 시 세워서 보관하지 않고 뉘어서 보관해야하는 것은?

① 포트와인
② 브랜디
③ 그라파
④ 아이스와인

40. 소금을 Cocktail Glass 가장자리에 찍어서(Rimming) 만드는 칵테일은?

① Singapore Sling
② Side Car
③ Margarita
④ Snowball

41. 보드카가 기주로 쓰이지 않는 칵테일은?

① 맨해튼
② 스크루드라이브
③ 키스 오브 파이어
④ 치치

42. Gin Fizz를 서브할 때 사용하는 글라스로 적합한 것은?

① Cocktail Glass
② Champagne Glass
③ Liqueur Glass
④ Highball Glass

43. 칵테일의 부재료 중 씨 부분을 사용하는 것은?

① Cinnamon
② Nutmeg
③ Celery
④ Mint

44. 다음 중 기구에 대한 설명이 잘못된 것은?

① 스토퍼(Stopper) – 남은 음료를 보관하기 위한 병마개
② 코르크 스크루(Cork Screw) – 와인 병마개를 딸 때 사용
③ 아이스 텅(Ice Tongs) – 톱니 모양으로 얼음 집는데 사용
④ 머들러(Muddler) – 얼음을 깨는 송곳

45. 얼음을 거르는 기구는?

① Jigger
② Cork Screw
③ Pourer
④ Strainer

46. Pilsner Glass에 대한 설명으로 옳은 것은?

① 브랜디를 마실 때 사용한다.
② 맥주를 따르면 기포가 올라와 거품이 유지된다.

정답 38.③ 39.④ 40.③ 41.① 42.④ 43.② 44.④ 45.④ 46.②

③ 와인의 향을 즐기는데 가장 적합하다.
④ 옆면이 둥글게 되어 있어 발레리나를 연상하게 하는 모양이다.

47. 마신 알코올량(mL)을 나타내는 공식은?

① 알코올량(mL) × 0.8
② 술의 농도(%) × 마시는 양(mL) ÷ 100
③ 술의 농도(%) − 마시는 양(mL)
④ 술의 농도(%) ÷ 마시는 양(mL)

48. 프라페(Frappe)를 만들기 위해 준비하는 얼음은?

① Cube Ice
② Big Ice
③ Crashed Ice
④ Crushed Ice

49. 고객이 호텔의 음료상품을 이용하지 않고 음료를 가지고 오는 경우, 서비스하고 여기에 필요한 글라스, 얼음, 레몬 등을 제공하여 받는 대가를 무엇이라 하는가?

① Rental charge
② V.A.T(value added tax)
③ Corkage charge
④ Service charge

50. 다음 중 칵테일 계량단위 범주에 해당되지 않는 것은?

① oz
② tsp
③ jigger
④ ton

3과목 고객서비스영어

51. 다음은 레스토랑에서 종업원과 고객과의 대화이다. (   )에 가장 알맞은 것은?

G : Waitress, may I have our check, please?
W : (   )
G : No, I want it as one bill.

① Do you want separate checks?
② Don't mention it.
③ You are wanted on the phone.
④ Yes, I can.

정답 47.② 48.④ 49.③ 50.④ 51.①

52. What is the meaning of a walk-in guest?

① A guest with no reservation.
② Guest on charged instead of reservation guest.
③ By walk-in guest.
④ Guest that checks in through the front desk.

53. Which is the best wine with a beefsteak course at dinner?

① Red wine　　② Dry sherry
③ Blush wine　　④ White wine

54. Which one is the cocktail containing beer and tomato juice?

① Red boy　　② Bloody mary
③ Red eye　　④ Tomcollins

55. Which of the following represents drinks like coffee and tea?

① Nutrition drinks　　② Refreshing drinks
③ Preference drinks　　④ Non-Carbonated drinks

56. Which one does not belong to aperitif?

① Sherry　　② Campari
③ Kir　　④ Brandy

57. 호텔에서 check-in 또는 check-out시 customer가 할 수 있는 말로 적합하지 않은 것은?

① Would you fill out this registration form?
② I have a reservation for tonight.
③ I'd like to check out today.
④ Can you hold my luggage until 4 pm?

58. Which one is the cocktail name containing Dry Gin, Dry vermouth and orange juice?

① Gimlet　　② Golden Cadillac
③ Bronx　　④ Bacardi Cocktail

59. 다음 ( ) 안에 들어갈 단어로 가장 적합한 것은?

> Please ( ) yourself to the coffee before it gets cold.

① drink　　② help
③ like　　④ does

정답 52.① 53.① 54.③ 55.③ 56.④ 57.① 58.③ 59.②

60. What is the name of this cocktail?

「Vodka 30mL & orange Juice 90mL, build」 Pour vodka and orange juice into a chilled Highball glass with several ice cubes, and stir.

① Blue Hawaii ② Bloody Mary
③ Screwdriver ④ Manhattan

정답 60. ③

[2015년 4월 4일 시행]

1과목 주류학개론

1. 매년 보졸레 누보의 출시일은?

① 11월 1째 주 목요일 ② 11월 3째 주 목요일
③ 11월 1째 주 금요일 ④ 11월 3째 주 금요일

2. 위스키의 제조과정을 순서대로 나열한 것으로 가장 적합한 것은?

① 맥아 – 당화 – 발효 – 증류 – 숙성
② 맥아 – 당화 – 증류 – 저장 – 후숙
③ 맥아 – 발효 – 증류 – 당화 – 블렌딩
④ 맥아 – 증류 – 저장 – 숙성 – 발효

3. 샴페인의 발명자는?

① Bordeaux ② Champagne
③ St. Emilion ④ Dom Perignon

4. 포도주에 아티초크를 배합한 리큐르로 약간 진한 커피색을 띠는 것은?

① Chartreuse ② Cynar
③ Dubonnet ④ Campari

5. 나라별 발포성 와인(Sparkling Wine)의 명칭이 잘못 연결된 것은?

① 프랑스 – Cremant
② 스페인 – Vin Mousseux
③ 독일 – Sekt
④ 이탈리아 – Spumante

6. 혼성주(COmpounded Liquor)에 대한 설명 중 틀린 것은?

① 칵테일 제조나 식후주로 사용된다.
② 발효주에 초근목피의 침출물을 혼합하여 만든다.
③ 색채, 향기, 감미, 알코올의 조화가 잘 된 술이다.
④ 혼성주는 고대 그리스 시대에 약용으로 사용되었다.

7. 주류의 주정 도수가 높은 것부터 낮은 순서대로 나열된 것으로 옳은 것은?

① Vermouth 〉 Brandy 〉 Fortified Wine 〉 Kahlua
② Fortified Wine 〉Vermouth 〉 Brandy 〉 Beer
③ Fortified Wine 〉 Brandy 〉 Beer 〉 Kahlua
④ Brandy 〉 Sloe Gin 〉 Fortified Wine 〉 Beer

정답 1.② 2.① 3.④ 4.② 5.② 6.② 7.④

8. 프랑스의 와인제조에 대한 설명 중 틀린 것은?

① 프로방스 에서는 주로 로제 와인을 많이 생산한다.
② 포도당이 에틸알코올과 탄산가스로 변한다.
③ 포도 발효 상태에서 브랜디를 첨가한다.
④ 포도 껍질에 있는 천연 효모의 작용으로 발효가 된다.

9. 살균방법에 의한 우유의 분류가 아닌 것은?

① 초저온살균우유 ② 저온살균우유
③ 고온살균우유 ④ 초고온살균우유

10. 에스프레소에 우유거품을 올린 것으로 다양한 모양의 디자인이 가능해 인기를 끌고 있는 커피는?

① 카푸치노 ② 카페라테
③ 콘파냐 ④ 카페모카

11. 곡물로 만들어 농번기에 주로 먹었던 막걸리는 어느 분류에 속하는가?

① 혼성주 ② 증류주
③ 양조주 ④ 화주

12. 다음 중 혼성주에 속하는 것은?

① 그렌피딕 ② 코냑
③ 버드와이즈 ④ 캄파리

13. 코냑(Cognac) 생산 회사가 아닌 것은?

① 마르텔 ② 헤네시
③ 까뮈 ④ 화이트 홀스

14. 맥주 제조에 필요한 중요한 원료가 아닌 것은?

① 맥아 ② 포도당
③ 물 ④ 효모

15. 상면 발효 맥주가 아닌 것은?

① 에일맥주(Ale Beer) ② 포터맥주(Porter Beer)
③ 스타우트 맥주(Stout Beer) ④ 필스너 맥주(Pilsner Beer)

16. 차의 분류가 옳게 연결된 것은?

① 발효차 – 얼그레이 ② 불발효차 – 보이차
③ 반발효차 – 녹차 ④ 후발효차 – 자스민

정답 8.③ 9.① 10.① 11.③ 12.④ 13.④ 14.② 15.④ 16.①

17. 와인의 등급제도가 없는 나라는?

① 스위스 ② 영국
③ 헝가리 ④ 남아프리카공화국

18. 독일 와인 라벨 용어는?

① 로사토 ② 트로컨
③ 로쏘 ④ 비노

19. 보드카(Vodka)에 대한 설명 중 틀린 것은?

① 슬라브 민족의 국민주라고 할 수 있을 정도로 애음되는 술이다.
② 사탕수수를 주원료로 사용한다.
③ 무색(colorless), 무미(tasteless), 무취(odorless)이다.
④ 자작나무의 활성탄과 모래를 통과시켜 여과한 술이다.

20. 다음의 설명에 해당하는 혼성주를 옳게 연결한 것은?

> ㉠ 멕시코산 커피를 주원료로 하여 Cocoa, Vanila 향을 첨가해서 만든 혼성주이다.
> ㉡ 야생 오얏을 진에 첨가해서 만든 빨간색의 혼성주이다.
> ㉢ 이탈리아의 국민주로 제조법은 각종 식물의 뿌리, 씨, 향초, 껍질 등 70여 가지의 재료로 만들어지며 제조 기간은 45일이 걸린다.

① ㉠ 샤르뜨뢰즈(Chartreuse) ㉡ 시나(Cynar) ㉢ 캄파리(Campari)
② ㉠ 파샤(Pasha) ㉡ 슬로우 진(Sloe Gin) ㉢ 캄파리(Campari)
③ ㉠ 칼루아(Kahlua) ㉡ 시나(Cynar) ㉢ 캄파리(Campari)
④ ㉠ 칼루아(Kahlua) ㉡ 슬로우 진(Sloe Gin) ㉢ 캄파리(Campari)

21. 증류주가 아닌 것은?

① Light Rum ② Malt Whisky
③ Brandy ④ Bitters

22. 다음 중 양조주에 해당하는 것은?

① 청주(淸酒) ② 럼주(Rum)
③ 소주(Soju) ④ 리큐르(Liqueur)

23. 커피의 3대 원종이 아닌 것은?

① 피베리 ② 아라비카
③ 리베리카 ④ 로부스타

정답 17.④ 18.② 19.② 20.④ 21.④ 22.① 23.①

24. 비알콜성 음료(non-alcoholic beverage)의 설명으로 옳은 것은?

① 양조주, 증류주, 혼성주로 구분된다.
② 맥주, 위스키, 리큐르(liqueur)로 구분된다.
③ 소프트드링크, 맥주, 브랜디로 구분한다.
④ 청량음료, 영양음료, 기호음료로 구분한다.

25. 스코틀랜드의 위스키 생산지 중에서 가장 많은 증류소가 있는 지역은?

① 하이랜드(Highland)
② 스페이사이드(Speyside)
③ 로우랜드(Lowland)
④ 아일레이(Islay)

26. 곡류를 발효 증류 시킨 후 주니퍼베리, 고수풀, 안젤리카 등의 향료식물을 넣어 만든 증류주는?

① VODKA
② RUM
③ GIN
④ TEQUILA

27. 증류주에 대한 설명으로 가장 거리가 먼 것은?

① 대부분 알코올 도수가 20도 이상이다.
② 알코올 도수가 높아 잘 부패되지 않는다.
③ 장기 보관 시 변질되므로 대부분 유통기간이 있다.
④ 갈색의 증류주는 대부분 오크통에서 숙성시킨다.

28. 다음 중 소주의 설명 중 틀린 것은?

① 제조법에 따라 증류식 소주, 희석식 소주로 나뉜다.
② 우리나라에 소주가 들어온 연대는 조선시대이다.
③ 주원료로는 쌀, 찹쌀, 보리 등이다.
④ 삼해주는 조선 중엽 소주의 대명사로 알려질 만큼 성행했던 소주이다.

29. 영국에서 발명한 무색투명한 음료로서 키니네가 함유된 청량음료는?

① cider
② cola
③ tonic water
④ soda water

30. 다음 중 식전주로 알맞지 않은 것은?

① 셰리 와인
② 샴페인
③ 캄파리
④ 깔루아

정답 24.④ 25.② 26.③ 27.③ 28.② 29.③ 30.④

31. 다음 중 Tumbler Glass는 어느 것인가?

① Champagne Glass ② Cocktail Glass
③ Highball Glass ④ Brandy Glass

32. 다음 와인 종류 중 냉각하여 제공하지 않는 것은?

① 클라렛(Claret) ② 호크(Hock)
③ 샴페인(Champagne) ④ 로제(Rose)

33. 칵테일을 만들 때, 흔들거나 섞지 않고 글라스에 직접 얼음과 재료를 넣어 바스푼이나 머들러로 휘저어 만드는 칵테일은?

① 스크루 드라이버(screw driver) ② 스팅어(stinger)
③ 마가리타(magarita) ④ 싱가포르 슬링(singapore sling)

34. Wine Master의 의미로 가장 적합한 것은?

① 와인의 제조 및 저장관리를 책임지는 사람
② 포도나무를 가꾸고 재배하는 사람
③ 와인을 판매 및 관리하는 사람
④ 와인을 구매하는 사람

35. 칵테일에 사용하는 얼음으로 적합하지 않은 것은?

① 컬러 얼음(Color Ice) ② 가루 얼음(Shaved Ice)
③ 기계 얼음(Cube Ice) ④ 작은 얼음(Cracked Ice)

36. 조주용 기물 종류 중 푸어러(Pourer)의 설명으로 옳은 것은?

① 쓰고 남은 청량음료를 밀폐시키는 병마개
② 칵테일을 마시기 쉽게 하기 위한 빨대
③ 술병입구에 끼워 쏟아지는 양을 일정하게 만드는 기구
④ 물을 담아놓고 쓰는 손잡이가 달린 물병

37. 다음 중 가장 많은 재료를 넣어 만드는 칵테일은?

① Manhattan ② Apple Martini
③ Gibson ④ Long Island Iced Tea

38. 다음 중 Gin Base에 속하는 칵테일은?

① Stinger ② Old-fashioned
③ Dry Martini ④ Sidecar

정답 31. ③ 32. ① 33. ① 34. ① 35. ① 36. ③ 37. ④

39. 와인의 Tasting 방법으로 가장 옳은 것은?

① 와인을 오픈한 후 공기와 접촉되는 시간을 최소화하여 바로 따른 후 마신다.
② 와인에 얼음을 넣어 냉각시킨 후 마신다.
③ 와인 잔을 흔든 뒤 아로마나 부케의 향을 맡는다.
④ 검은 종이를 테이블에 깔아 투명도 및 색을 확인한다.

40. 맥주 보관 방법 중 가장 적합한 것은?

① 냉장고에 5~10℃ 정도에 보관한다.
② 맥주 냉장 보관시 0℃ 이하로 보관한다.
③ 장시간 보관하여도 무방하다.
④ 맥주는 햇볕이 있는 곳에 보관해도 좋다.

41. 주장(Bar)관리의 의의로 가장 적합한 것은?

① 칵테일을 연구, 발전시키는 일이다.
② 음료(Beverage)를 많이 판매하는데 목적이 있다.
③ 음료(Beverage) 재고조사 및 원가 관리의 우선함과 영업 이익을 추구하는데 목적이 있다.
④ 주장 내에서 Bottles 서비스만 한다.

42. Old Fashioned Glass를 가장 잘 설명한 것은?

① 옛날부터 사용한 Cocktail Glass이다.
② 일명 On the Rocks Glass 라고도 하고 스템(Stem)이 없는 Glass이다.
③ Juice를 Cocktail하여 마시는 Long Neck Glass이다.
④ 일명 Cognac Glass라고 하고 튤립형의 스템(Stem)이 있는 Glass이다.

43. 와인의 적정온도 유지의 원칙으로 옳지 않은 것은?

① 보관 장소는 햇빛이 들지 않고 서늘하며, 습기가 없는 곳이 좋다.
② 연중 급격한 변화가 없는 곳이어야 한다.
③ 와인에 전해지는 충격이나 진동이 없는 곳이 좋다.
④ 코르크가 젖어 있도록 병을 눕혀서 보관해야 한다.

44. 연회(Banquet)석상에서 각 고객들이 마신(소비한)만큼 계산을 별도로 하는 바(Bar)를 무엇이라고 하는가?

① Banquet Bar ② Host Bar
③ No-Host Bar ④ Paid Bar

45. Saucer형 샴페인 글라스에 제공되며 Menthe(Green) 1oz, Cacao(White) 1oz, Light Milk(우유) 1oz를 셰이킹하여 만드는 칵테일은?

① Gin Fizz ② Gimlet
③ Grasshopper ④ Gibson

정답 38.③ 39.③ 40.① 41.③ 42.② 43.① 44.① 45.③

46. 바 스푼(Bar Spoon)의 용도가 아닌 것은?

① 칵테일 조주 시 글래스 내용물을 섞을 때 사용한다.
② 얼음을 잘게 부술 때 사용한다.
③ 프로팅칵테일(Floating Cocktail)을 만들 때 사용한다.
④ 믹싱글라스를 이용하여 칵테일을 만들 때 휘젓는 용도로 사용한다.

47. 다음은 무엇에 대한 설명인가?

> 음료와 식료에 대한 원가관리의 기초가 되는 것으로서 단순히 필요한 물품만을 구입하는 업무만을 의미하는 것이 아니라, 바 경영을 계획, 통제, 관리하는 경영활동의 중요한 부분이다.

① 검수　② 구매
③ 저장　④ 출고

48. 플레인 시럽과 관련이 있는 것은?

① lemon　② butter
③ cinnamon　④ sugar

49. 볶은 커피의 보관 시 알맞은 습도는?

① 3.5% 이하　② 5~7%
③ 10~12%　④ 13% 이상

50. 조주기법(Cocktail Technique)에 관한 사항에 해당되지 않는 것은?

① Stirring　② Distilling
③ Straining　④ Chilling

3과목 고객서비스영어

51. 다음 질문의 대답으로 적합한 것은?

> Are the same kinds of glasses used for all wines?

① Yes, they are.　② No, they don' t.
③ Yes, they do.　④ No, they are not.

정답 46.② 47.② 48.④ 49.① 50.② 51.④

52. Which drink is prepared with Gin?

① Tom collins ② Rob Roy
③ B&B ④ Black Russian

53. 다음의 밑줄에 들어갈 알맞은 것은?

This bar ______ by a bar helper every morning.

① cleans ② is cleaned
③ is cleaning ④ be cleaned

54. 다음 대화 중 밑줄 친 부분에 들어갈 B의 질문으로 적합하지 않은 것은?

G1 : I'll have a Sunset Strip. What about you, Sally?
G2 : I don't drink at all. Do you serve soft drinks?
B : Certainly, Madam.
__________?
G2 : It sounds exciting. I'll have that.

① How about a Virgin Colada?
② What about a Shirley Temple?
③ How about a Black Russian?
④ What about a Lemonade?

55. What is the Liqueur on apricot pits base?

① Benedictine ② Chartreuse
③ Kahlua ④ Amaretto

56. 다음의 밑줄에 들어간 단어로 알맞은 것은?

Which one do you like better whisky ______ brandy?

① as ② but
③ and ④ or

57. Which of the following is not compounded Liquor?

① Cutty Sark ② Curacao
③ Advocaat ④ Amaretto

정답 52.① 53.② 54.③ 55.④ 56.④ 57.①

58. 다음 중 brand가 의미하는 것은?

> What brand do you want?

① 브랜디　　② 상표
③ 칵테일의 일종　　④ 심심한 맛

59. Which one is wine that can be served before meal?

① Table wine　　② Dessert wine
③ Aperitif wine　　④ Port wine

60. 다음에서 설명하는 혼성주는?

> The great proprietary liqueur of Scotland made of scotch and heather honey.

① Anisette　　② Sambuca
③ Drambuie　　④ Peter Heering

정답 58. ② 59. ③ 60. ③

[2015년 7월 19일 시행]

1과목 주류학개론

1. 음료에 대한 설명 중 틀린 것은?

① 소다수는 물에 이산화탄소를 가미한 것이다.
② 칼린스믹스는 소다수에 생강향을 혼합한 것이다.
③ 사이다는 소다수에 구연산, 주석산, 레몬즙 등을 혼합한 것이다.
④ 토닉워터는 소다수에 레몬, 키니네 껍질 등의 농축액을 혼합한 것이다.

2. 우유가 사용되지 않는 커피는?

① 카푸치노(Cappuccino)
② 에스프레소(Espresso)
③ 카페 라떼(Cafe Latte)
④ 카페 마키아토(Cafe Macchiato)

3. 아티초크를 원료로 사용한 혼성주는?

① 운더베르그(Underberg) ② 시나(Cynar)
③ 아마르 피콘(Amer Picon) ④ 샤브라(Sabra)

4. 당밀에 풍미를 가한 석류 시럽(Syrup)은?

① Raspberry syrup ② Grenadine syrup
③ Blackberry syrup ④ Maple syrup

5. 럼(Rum)의 분류 중 틀린 것은?

① Light Rum ② Soft Rum
③ Heavy Rum ④ Medium Rum

6. Dry wine의 당분이 거의 남아 있지 않은 상태가 되는 주된 이유는?

① 발효 중에 생성되는 호박산, 젖산 등의 산 성분 때문
② 포도 속의 천연 포도당을 거의 완전히 발효시키기 때문
③ 페노릭 성분의 함량이 많기 때문
④ 설탕을 넣는 가당 공정을 거치지 않기 때문

7. 다음 중 양조주가 아닌 것은?

① 그라파 ② 샴페인
③ 막걸리 ④ 하이네켄

정답 1.② 2.② 3.② 4.② 5.② 6.② 7.①

8. 다음 중 Gin rickey에 포함되는 재료는?

① 소다수(soda water) ② 진저엘(ginger ale)
③ 콜라(cola) ④ 사이다(cider)

9. 위스키(whisky)를 만드는 과정이 옳게 배열된 것은?

① mashing - fermentation - distillation - aging
② fermentation - mashing - distillation - aging
③ aging - fermentation - distillation - mashing
④ distillation - fermentation - mashing - aging

10. Grain Whisky에 대한 설명으로 옳은 것은?

① Silent Spirit라고도 불린다.
② 발아시킨 보리를 원료로 해서 만든다.
③ 향이 강하다.
④ Andrew Usher에 의해 개발되었다.

11. 비알코올성 음료에 대한 설명으로 틀린 것은?

① Decaffeinated coffee는 caffeine을 제거한 커피이다.
② 아라비카종은 이디오피아가 원산지인 향미가 우수한 커피이다.
③ 에스프레소 커피는 고압의 수증기로 추출한 커피이다.
④ Cocoa는 카카오 열매의 과육을 말려 가공한 것이다.

12. 소주에 관한 설명으로 가장 거리가 먼 것은?

① 양조주로 분류된다.
② 증류식과 희석식이 있다.
③ 고려시대에 중국으로부터 전래되었다.
④ 원료로는 백미, 잡곡류, 당밀, 사탕수수, 고구마, 파티오카 등이 쓰인다.

13. 로제와인(rose wine)에 대한 설명으로 틀린 것은?

① 대체로 붉은 포도로 만든다.
② 제조 시 포도껍질은 같이 넣고 발효시킨다.
③ 오래 숙성시키지 않고 마시는 것이 좋다.
④ 일반적으로 상온(17~18℃) 정도로 해서 마신다.

14. Gin에 대한 설명으로 틀린 것은?

① 진의 원료는 대맥, 호밀, 옥수수 등 곡물을 주원료로 한다.
② 무색 · 투명한 증류주 이다.
③ 활성탄 여과법으로 맛을 낸다.
④ Juniper berry를 사용하여 착향시킨다.

정답 8.① 9.① 10.① 11.④ 12.① 13.④ 14.③

15. Red Bordeaux wine의 service 온도로 가장 적합한 것은?

① 3~5℃ ② 6~7℃
③ 7~11℃ ④ 16~18℃

16. 다음 중 주재료가 나머지 셋과 다른 것은?

① Grand Marnier ② Drambuie
③ Triple Sec ④ Cointreau

17. 곡류를 원료로 만드는 술의 제조 시 당화과정에 필요한 것은?

① ethyl alcohol ② CO_2
③ yeast ④ diastase

18. 와인의 품질을 결정하는 요소가 아닌 것은?

① 환경요소(Terroir) ② 양조기술
③ 포도품종 ④ 제조국의 소득수준

19. 까브(cave)의 의미는?

① 화이트 ② 지하 저장고
③ 포도원 ④ 오래된 포도나무

20. 다음 중 버번 위스키가 아닌 것은?

① Jim Beam ② Jack Daniel
③ Wild Turkey ④ John Jameson

21. 쌀, 보리, 조, 수수, 콩 등 5가지 곡식을 물에 불린 후 시루에 쪄 고두밥을 만들고, 누룩을 섞고 발효시켜 전술을 빚는 것은?

① 백세주 ② 과하주
③ 안동소주 ④ 연엽주

22. 위스키의 종류 중 증류방법에 의한 분류는?

① malt whisky ② grain whisky
③ blended whisky ④ patent whisky

23. 나라별 와인을 지칭하는 용어가 바르게 연결된 것은?

① 독일 – Wine ② 미국 – Vin
③ 이태리 – Vino ④ 프랑스 – Wein

정답 15.④ 16.② 17.④ 18.④ 19.② 20.④ 21.③ 22.④ 23.③

24. 음료류의 식품유형에 대한 설명으로 틀린 것은?

① 무향탄산음료 : 먹는 물에 식품 또는 식품첨가물(착향료 제외)등을 가한 후 탄산가스를 주입한 것을 말한다.
② 착향탄산음료 : 탄산음료에 식품첨가물*(착향료)을 주입한 것을 말한다.
③ 과실음료 : 농축과실즙(또는 과실분), 과실주스 등을 원료로 하여 가공한 것(과실즙 10% 이상)을 말한다.
④ 유산균음료 : 유가공품 또는 식물성 원료를 효모로 발효시켜 가공(살균을 포함)한 것을 말한다.

25. 차에 들어있는 성분 중 타닌(Tannic acid)의 4대 약리작용이 아닌 것은?

① 해독작용 ② 살균작용
③ 이뇨작용 ④ 소염작용

26. 우리나라 민속주에 대한 설명으로 틀린 것은?

① 탁주류, 약주류, 소주류, 등 다양한 민속주가 생산된다.
② 쌀 등 곡물을 주원료로 사용하는 민속주가 많다.
③ 삼국시대부터 증류주가 제조되었다.
④ 발효제로는 누룩만을 사용하여 제조하고 있다.

27. 일반적으로 dessert wine으로 적합하지 않은 것은?

① Beerenauslese ② Barolo
③ Sauternes ④ Ice Wine

28. 다음의 제조 방법에 해당되는 것은?

> 삼각형, 받침대 모양의 틀에 와인을 꽂고 약 4개월 동안 침전물을 병입구로 모은 후, 순간냉동으로 병목을 얼려서 코르크 마개를 열면 순간적으로 자체 압력에 의해 응고되었던 침전물이 병 밖으로 빠져 나온다. 침전물의 방출로 인한 양적 손실은 도자쥬(dosage)로 채워진다.

① 레드 와인(Red wine) ② 로제 와인(Rose wine)
③ 샴페인(Champagne) ④ 화이트 와인(White wine)

29. 혼성주에 대한 설명으로 틀린 것은?

① 중세의 연금술사들이 증류주를 만드는 기법을 터득하는 과정에서 우연히 탄생되었다.
② 증류주에 당분과 과즙, 꽃, 약초 등 초근목피의 침출물로 향미를 더했다.
③ 프랑스에서는 알코올 30% 이상, 당분 30% 이상을 함유하고 향신료가 첨가된 술을 리큐르라 정의한다.
④ 코디알(Cordial)이라고도 부른다.

정답 24. ④ 25. ③ 26. ③ 27. ② 28. ③ 29. ③

30. 다음 중 보르도(Bordeaux) 지역에 속하며, 고급 와인이 많이 생산되는 곳은?

① 콜마(Colmar) ② 샤블리(Chablis)
③ 보졸레(Beaujolais) ④ 뽀므롤(Pomerol)

2과목 주장관리개론

31. 싱가폴 슬링(Singapore Sling) 칵테일의 재료로 가장 거리가 먼 것은?

① 드라이 진(Dry Gin)
② 체리 브랜디(Cherry-Flavored Brandy)
③ 레몬쥬스(Lemon Juice)
④ 토닉워터(Tonic Water)

32. 다음 중 High ball glass를 사용하는 칵테일은?

① 마가리타(Margarita) ② 키르 로열(Kir Royal)
③ 씨 브리즈(Sea Breeze) ④ 블루 하와이(Blue Hawaii)

33. Bartender가 영업 전 반드시 해야 할 준비사항이 아닌 것은?

① 칵테일용 과일 장식 준비 ② 냉장고 온도 체크
③ 모객 영업 ④ 얼음준비

34. Key Box나 Bottle Member제도에 대한 설명으로 옳은 것은?

① 음료의 판매회전이 촉진된다.
② 고정고객을 확보하기는 어렵다.
③ 후불이기 때문에 회수가 불분명하여 자금운영이 원활하지 못하다.
④ 주문시간이 많이 걸린다.

35. 잔 주위에 설탕이나 소금 등을 묻혀서 만드는 방법은?

① Shaking ② Building
③ Floating ④ frosting

36. Angostura Bitter가 1 dash정도로 혼합되는 것은?

① Daiquiri ② Grasshopper
③ Pink Lady ④ Manhattan

정답 30.④ 31.④ 32.③ 33.③ 34.① 35.④ 36.④

37. 재고 관리상 쓰이는 용어인 F.I.F.O의 뜻은?

① 정기구입　② 선입 선출
③ 임의 불출　④ 후입 선출

38. 서브 시 칵테일 글라스를 잡는 부위로 가장 적합한 것은?

① Rim　② Stem
③ Body　④ Bottom

39. 와인의 보관방법으로 적합하지 않은 것은?

① 진동이 없는 곳에 보관한다.　② 직사광선을 피하여 보관한다.
③ 와인을 눕혀서 보관한다.　④ 습기가 없는 곳에 보관한다.

40. 레몬의 껍질을 가늘고 길게 나선형으로 장식하는 것과 관계있는 것은?

① Slice　② Wedge
③ Horse's Neck　④ Peel

41. 다음 중 고객에게 서브되는 온도가 18℃ 정도 되는 것이 가장 적정한 것은?

① Whiskey　② White Wine
③ Red Wine　④ Champagne

42. 와인 서빙에 필요치 않은 것은?

① Decanter　② Cork screw
③ Stir rod　④ Pincers

43. Corkage Charge의 의미는?

① 적극적인 고객 유치를 위한 판촉비용
② 고객이 Bottle 주문 시 따라 나오는 Soft Drink의 요금
③ 고객이 다른 곳에서 구입한 주류를 바(Bar)에 가져와서 마실 때 부과되는 요금
④ 고객이 술을 보관할 때 지불하는 보관 요금

44. 칵테일 기법 중 믹싱 글라스에 얼음과 술을 넣고 바 스푼으로 잘 저어서 잔에 따르는 방법은?

① 직접넣기(Building)　② 휘젓기(Stirring)
③ 흔들기(Shaking　④ 띄우기(Float & Layer)

45. 다음 중 칵테일 장식용(Garnish)으로 보통 사용되지 않는 것은?

① Olive　② Onion
③ Raspberry Syrup　④ Sherry

정답 37.② 38.② 39.④ 40.③ 41.③ 42.③ 43.③ 44.② 45.③

46. 칵테일의 기본 5대 요소와 가장 거리가 먼 것은?

① Decoration(장식)
② Method(방법)
③ Glass(잔)
④ Flavor(향)

47. 다음 중 소믈리에(Sommelier)의 역할로 틀린 것은?

① 손님의 취향과 음식과의 조화, 예산 등에 따라 와인을 추천한다.
② 주문한 와인은 먼저 여성에게 우선적으로 와인 병의 상표를 보여 주며 주문한 와인임을 확인시켜 준다.
③ 시음 후 여성부터 차례로 와인을 따르고 마지막에 그 날의 호스트에게 와인을 따라준다.
④ 코르크 마개를 열고 주빈에게 코르크 마개를 보여주면서 시큼하고 이상한 냄새가 나지 않는지, 코르크가 잘 젖어있는지를 확인시킨다.

48. 다음 중 그레나딘grenadine)이 필요한 칵테일은?

① 위스키 사워(Whisky Sour)
② 바카디(Bacardi)
③ 카루소(Caruso)
④ 마가리타(Margarita)

49. 맥주를 취급, 관리, 보관하는 방법으로 틀린 것은?

① 장기간 보관하여 숙성시킨다.
② 심한 온도 변화를 주지 않는다.
③ 그늘진 곳에 보관한다.
④ 맥주가 얼지 않도록 한다.

50. 칵테일 제조에 사용되는 얼음(Ice)종류의 설명이 틀린 것은?

① 쉐이브드 아이스(Shaved Ice) : 곱게 빻은 가루 얼음
② 크렉드 아이스(Cracked Ice) : 큰 얼음을 아이스 픽(Ice Pick)으로 깨어서 만든 각얼음
③ 큐브드 아이스(Cubed Ice) : 정육면체의 조각 얼음 또는 육각형 얼음
④ 럼프 아이스(Lump Ice) : 각얼음을 분쇄하여 만든 작은 콩알얼음

3과목 고객서비스영어

51. 「먼저 하세요.」라고 양보할 때 쓰는 영어 표현은?

① Before you, please.
② Follow me, please
③ After you!
④ Let' s go

정답 46.② 47.② 48.② 49.① 50.④ 51.③

52. 아래의 설명에 해당하는 것은?

> This complex, aromatic concoction containing some 56 herbs, roots, and fruits has been popular in germany since its introduction in 1878.

① Kummel ② Sloe Gin
③ Maraschino ④ Jagermeister

53. Which is not scotch whisky?

① Bourbon ② Ballantine
③ Cutty sark ④ V.A.T.69

54. 다음의 ( ) 안에 적당한 단어는?

> I'll have a Scotch (㉠) the rocks and a Bloody Mary (㉡) my wife.

① ㉠ - on, ㉡ - for ② ㉠ - in, ㉡- to
③ ㉠ - for, ㉡ - at ④ ㉠ - of, ㉡ - in

55. 다음 중 밑줄 친 change가 나머지 셋과 다른 의미로 쓰인 것은?

① Do you have change for a dollar?
② Keep the change.
③ I need some change for the bus.
④ Let's try a new restaurant for a change.

56. Which one is made with vodka, lime juice, triple sec and cranberry juice?

① Kamikaze ② Godmother
③ Seabreeze ④ Cosmopolitan

57. 다음에서 설명하는 것은?

> A kind of drink made of gin, brandy and so on sweetened with fruit juices, especially lime.

① Ade ② Squash
③ Sling ④ Julep

정답 52.④ 53.① 54.① 55.④ 56.④ 57.③

58. "이것으로 주세요." 또는 "이것으로 할게요."라는 의미의 표현으로 가장 적합한 것은?

① I'll have this one.
② Give me one more.
③ I would like to drink something.
④ I already had one.

59. 다음의 ( )에 들어갈 알맞은 말은?

I am afraid you have the ( ) number. (전화 잘못 거셨습니다.)

① correct
② wrong
③ missed
④ busy

60. 다음 중 Ice bucket에 해당되는 것은?

① Ice pail
② Ice tong
③ Ice pick
④ Ice pack

정답 58. ① 59. ② 60. ①

[2015년 10월 10일 시행]

1과목 주류학개론

1. 멕시코에서 처음 생산된 증류주는?

① 럼(Rum)
② 진(Gin)
③ 아쿠아비트(Aquavit)
④ 테킬라(Tequila)

2. 맨해튼(Manhattan), 올드패션(Old fashion) 칵테일에 쓰이며 뛰어난 풍미와 향기가 있는 고미제로서 널리 사용되는 것은?

① 클로버(Clove)
② 시나몬(Cinnamon)
③ 앙코스트라 비터(Angostura Bitter)
④ 오렌지 비터(Orange Bitter)

3. 제조방법상 발효 방법이 다른 차(Tea)는?

① 한국의 작설차
② 인도의 다르질링(Darjeeling)
③ 중국의 기문차
④ 스리랑카의 우바(Uva)

4. 다음 중 셰리를 숙성하기에 가장 적합한 곳은?

① 솔레라(Solera)
② 보데가(Bodega)
③ 까브(Cave)
④ 플로(Flor)

5. 레드와인용 품종이 아닌 것은?

① 시라(Syrah)
② 네비올로(Nebbiolo)
③ 그르나슈(Grenache)
④ 세미용(Semillion)

6. 스카치위스키의 법적 정의로서 틀린 것은?

① 위스키의 숙성기간은 최소 3년 이상이어야 한다.
② 물외에 색을 내기 위한 어떤 물질도 첨가할 수 없다.
③ 병입 후 알코올 도수가 최소 40도 이상이어야 한다.
④ 증류된 원액을 숙성시켜야 하는 오크통은 700리터가 넘지 않아야 한다.

7. 샴페인 제조 시 블렌딩 방법이 아닌 것은?

① 여러 포도 품종
② 다른 포도밭 포도
③ 다른 수확 연도의 와인
④ 10% 이내의 샴페인 외 다른 지역 포도

정답 1.④ 2.③ 3.① 4.② 5.④ 6.② 7.④

8. 재배하기가 무척 까다롭지만 궁합이 맞는 토양을 만나면 훌륭한 와인을 만들어 내기도 하며 Romancee-Conti를 만드는데 사용된 프랑스 부르고뉴 지방의 대표적인 품종으로 옳은 것은?

① Cabernet Sauvignon ② Pinot Noir
③ Sangiovese ④ Syrah

9. 소주의 원료로 틀린 것은?

① 쌀 ② 보리
③ 밀 ④ 맥아

10. 보드카(Vodka) 생산 회사가 아닌 것은?

① 스톨리치나야(Stolichnaya) ② 비피터(Beefeater)
③ 핀란디아(Finlandia) ④ 스미노프(Smirnoff)

11. 다음 중 무색, 무미, 무취의 탄산음료는?

① 칼린스 믹스(Colins Mix) ② 콜라(Cola)
③ 소다수(Soda Water) ④ 에비앙(Evian Water)

12. Bourbon whisky "80 proof"는 우리나라의 알코올 도수로 몇 도인가?

① 20도 ② 30도
③ 40도 ④ 50도

13. 두송자를 첨가하여 풍미를 나게 하는 술은?

① Gin ② Rum
③ Vodka ④ Tequila

14. 클라렛(Claret)이란?

① 독일산의 유명한 백포도주(White Wine)
② 프랑스 보르도 지방의 적포도주(Red Wine)
③ 스페인 헤레스 지방의 포트와인(Pot Wine)
④ 이탈리아산 스위트 버무스(Sweet Vermouth)

15. 제조 시 향초류(Herb)가 사용되지 않는 술은?

① Absinthe ② Creme de Cacao
③ Benedictine D.O.M ④ Chartreuse

16. 우리나라의 증류식 소주에 해당되지 않는 것은?

① 안동 소주 ② 제주 한주
③ 경기 문배주 ④ 금산 삼송주

정답 8.② 9.④ 10.② 11.③ 12.③ 13.① 14.② 15.② 16.④

17. 적포도를 착즙해 주스만 발효시켜 만드는 와인은?

① Blanc de Blanc ② Blush Wine
③ Port Wine ④ Red Vermouth

18. 커피의 맛과 향을 결정하는 중요 가공 요소가 아닌 것은?

① roasting ② blending
③ grinding ④ weathering

19. 다음 중 Afrer Drink로 가장 거리가 먼 것은?

① Rusty Nail ② Cream Sherry
③ Campari ④ Alexander

20. 다음 중 비알코올성 음료의 분류가 아닌 것은?

① 기호 음료 ② 청량 음료
③ 영양 음료 ④ 유성 음료

21. 스카치위스키를 기주로 하여 만들어진 리큐르는?

① 샤트루즈 ② 드람부이
③ 꼬앙뜨로 ④ 베네딕틴

22. 다음 중 영양음료는?

① 토마토 주스 ② 카푸치노
③ 녹차 ④ 광천수

23. 다음 리큐르(Liqueur) 중 그 용도가 다른 하나는?

① 드람부이(Drambuie) ② 갈리아노(Galliano)
③ 시나(Cynar) ④ 꼬앙트루(Cointreau)

24. 나라별 와인산지가 바르게 연결된 것은?

① 미국 – 루아르 ② 프랑스 – 모젤
③ 이탈리아 – 키안티 ④ 독일 – 나파벨리

25. 스카치위스키(Scotch Whisky)와 가장 거리가 먼 것은?

① Malt ② Peat
③ Used sherry Cask ④ Used Limousin Oak Cask

26. 커피(Coffee)의 제조방법 중 틀린 것은?

① 드립식(drip filter) ② 퍼콜레이터식(percolator)
③ 에스프레소식(espresso) ④ 디켄터식(decanter)

정답 17.② 18.④ 19.③ 20.④ 21.② 22.① 23.③ 24.③ 25.④ 26.④

27. 다음에서 설명되는 약용주는?

> 충남 서북부 해안지방의 전통 민속주로 고려 개국공신 복지겸이 백약이 무효인 병을 앓고 있을 때 백일기도 끝에 터득한 비법에 따라 찹쌀, 아미산의 진달래, 안샘물로 빚은 술을 마심으로 질병을 고쳤다는 신비의 전설과 함께 전해져 내려온다.

① 두견주 ② 송순주
③ 문배주 ④ 백세주

28. 감미 와인(Sweet Wine)을 만드는 방법이 아닌 것은?

① 귀부포도(Noble rot Grape)를 사용하는 방법
② 발효 도중 알코올을 강화하는 방법
③ 발효 시 설탕을 첨가하는 방법
④ 햇빛에 말린 포도를 사용하는 방법

29. 맥주를 따를 때 글라스 위쪽에 생성된 거품의 작용과 가장 거리가 먼 것은?

① 탄산가스의 발산을 막아준다. ② 산화작용을 억제시킨다.
③ 맥주의 신선도를 유지시킨다. ④ 맥주 용량을 줄일 수 있다.

30. 독일맥주가 아닌 것은?

① 뢰벤브로이 ② 벡스
③ 밀러 ④ 크롬바허

2과목 주장관리개론

31. 다음 중 바 기물과 가장 거리가 먼 것은?

① ice cube maker ② muddler
③ beer cooler ④ deep freezer

32. 프로스팅(Frosting)기법을 사용하지 않는 칵테일은?

① Margarita ② Kiss of Fire
③ Harvey Wallbanger ④ Irish Coffee

33. 다음 칵테일 중 Mixing Glass를 사용하지 않는 것은?

① Martini ② Gin Fizz
③ Manhattan ④ Rob Roy

정답 27.① 28.③ 29.④ 30.③ 31.④ 32.③ 33.②

34. 다음 중 셰이커(shaker)를 사용하여야 하는 칵테일은?

① 브랜디 알렉산더(Brandy Alexander)
② 드라이 마티니(Dry Martini)
③ 올드 패션드(Old fashioned)
④ 크렘드 망뜨 프라페(Creme de menthe frappe)

35. 다음의 설명에 해당하는 바의 유형으로 가장 적합한 것은?

- 국내에서는 위스키 바라고 부른다. 맥주보다는 위스키나 코냑과 같은 하드리큐르 판매를 위주로 하기 때문이다.
- 칵테일도 마티니, 맨해튼, 올드 패션드 등 전통적인 레시피에 좀 더 무게를 두고 있다.
- 우리나라에서는 피아노 한 대를 라이브 음악으로 연주하는 형태를 선호한다.

① 째즈 바　② 클래식 바
③ 시가 바　④ 비어 바

36. 조주보조원이라 일컬으며 칵테일 재료의 준비와 청결유지를 위한 청소담당 및 업장 보조를 하는 사람을 의미하는 것은?

① 바 헬퍼(Bar helper)　② 바텐더(Bartender)
③ 헤드 바텐더(Head Bartender)　④ 바 매니저(Bar Manager)

37. 테이블의 분위기를 돋보이게 하거나 고객의 편의를 위해 중앙에 놓는 집기들의 배열을 무엇이라 하는가?

① Service Wagon　② Show plate
③ B & B plate　④ Center piece

38. Whisky나 Vermouth 등을 On the Rocks로 제공할 때 준비하는 글라스는?

① Highball Glass　② Old Fashioned Glass
③ Cocktail Glass　④ Liqueur Glass

39. Moscow Mule 칵테일을 만드는 데 필요한 재료가 아닌 것은?

① Rum　② Vodka
③ Lime Juice　④ Ginger ale

40. 다음 중 Sugar Frost로 만드는 칵테일은?

① Rob Roy　② Kiss of Fire
③ Margarita　④ Angel's Tip

정답 34.① 35.② 36.① 37.④ 38.② 39.① 40.②

41. 칵테일 기구인 지거(Jigger)를 잘못 설명한 것은?

① 일명 Measure Cup이라고 한다.
② 지거는 크고 작은 두 개의 삼각형 컵이 양쪽으로 붙어 있다.
③ 작은 쪽 컵은 1oz이다.
④ 큰 쪽의 컵은 대부분 2oz이다.

42. Sidecar 칵테일을 만들 때 재료로 적당하지 않은 것은?

① 테킬라 ② 브랜디
③ 화이트 큐라소 ④ 레몬주스

43. 주장에서 사용하는 기물이 아닌 것은?

① Champagne Cooler ② Soup Spoon
③ Lemon Squeezer ④ Decanter

44. 레스토랑에서 사용하는 용어인 "abbreviation"의 의미는?

① 헤드웨이터가 몇 명의 웨이터들에게 담당구역을 배정하여 고객에 대한 서비스를 제공하는 제도
② 주방에서 음식을 미리 접시에 담아 제공하는 서비스
③ 레스토랑에서 고객이 찾고자 하는 고객을 대신 찾아주는 서비스
④ 원활한 서비스를 위해 사용하는 직원 간에 미리 약속된 메뉴의 약어

45. 얼음의 명칭 중 단위랑 부피가 가장 큰 것은?

① Cracked Ice ② Cubed Ice
③ Lumped Ice ④ Crushed Ice

46. 믹싱 글라스(Mixing Glass)의 설명 중 옳은 것은?

① 칵테일 조주 시 음료 혼합물을 섞을 수 있는 기물이다.
② 셰이커의 또 다른 명칭이다.
③ 칵테일에 혼합되어지는 과일이나 약초를 머들링(Muddling)하기 위한 기물이다.
④ 보스턴 셰이커를 구성하는 기물로서 주로 안전한 플라스틱 재질을 사용한다.

47. 조주 서비스에서 Chaser의 의미는?

① 음료를 체온보다 높여 약 62~67도로 해서 서빙하는 것
② 따로 조주하지 않고 생으로 마시는 것
③ 서로 다른 두 가지 술을 반씩 따라 담는 것
④ 독한 술이나 칵테일을 내놓을 때 다른 글라스에 물 등을 담아 내놓는 것

48. Standard Recipe란?

① 표준 판매가 ② 표준 제조표
③ 표준 조직표 ④ 표준 구매가

정답 41. ④ 42. ① 43. ② 44. ④ 45. ③ 46. ① 47. ④ 48. ②

49. Liqueur Glass의 다른 명칭은?

① Shot Glass
② Cordial Glass
③ Sour Glass
④ Goblet

50. 블러디 메리(Bloody Mary)에 주로 사용되어지는 주스는?

① 토마토 주스
② 오렌지 주스
③ 파인애플 주스
④ 라임 주스

3과목 고객서비스영어

51. 다음 내용 중 옳은 것은?

① Cognac is produced only in the Cognac region of France
② All brandy is Cognac.
③ Not all Cognac is brandy.
④ All French brandy is Cognac.

52. 다음 ( ) 안에 공통적으로 적합한 단어는?

> (   ), which looks like fine sea spray, is the Holy Grail of espresso, the beautifully tangible sign that everything has gone right.
> (   ) is a golden foam made up of oil and colloids, which floats atop the surface of a perfectly brewed cup of espresso.

① Crema
② Cupping
③ Cappuccino
④ Caffe Latte

53. Please, select the cocktail based on gin in the following.

① Side car
② Zoom cocktail
③ Between the sheets
④ Million Dollar

54. 다음의 문장에서 밑줄 친 postponed와 가장 가까운 뜻은?

> The meeting was <u>postponed</u> until tomorrow morning.

① cancelled
② finished
③ put off
④ taken off

정답 49.② 50.① 51.① 52.① 53.④ 54.③

55. 다음의 ( ) 안에 들어갈 적합한 것은?

( ) whisky is a whisky which is distilled and produced at just one particular distillery. ( )s are made entirely from one type of malted grain, traditionally barley, which is cultivated in the region of the distillery.

① grain ② blended
③ single malt ④ bourbon

56. ( ) 안에 알맞은 리큐르는?

( ) is called the queen of liqueur. This is one of the French traditional liqueur and is made from several years aging after distilling of various herbs added to spirit.

① Chartreuse ② Benedictine
③ Kummel ④ Cointreau

57. 다음에서 설명하는 것은?

What is used to present the check, return the change or the credit card, and remind the customer to leave the tip.

① Serving trays ② Bill trays
③ Corkscrews ④ Can openers

58. What does 'black coffee' mean?
① Rich in coffee ② Strong coffee
③ Clear strong coffee ④ Coffee without cream and sugar

59. 'I feel like throwing up.'의 의미는?
① 토할 것 같다. ② 기분이 너무 좋다.
③ 공을 던지고 싶다. ④ 술을 더 마시고 싶다.

60. 손님에게 사용할 때 가장 공손한 표현이 되도록 다음의 __ 안에 들어갈 알맞은 표현은?

__________ to have a drink?

① Would you like ② Won't you like
③ Will you like ④ Do you like

정답 55.③ 56.① 57.② 58.④ 59.① 60.①

[2016년 1월 24일 시행]

1과목 주류학개론

1. 커피의 3대 원종이 아닌 것은?

① 로부스타종 ② 아라비카종
③ 인디카종 ④ 리베리카종

2. 이태리가 자랑하는 3대 리큐르(liqueur) 중 하나로 살구씨를 기본으로 여러 가지 재료를 넣어 만든 아몬드 향의 리큐르로 옳은 것은?

① 아드보카트(Advocaat) ② 베네딕틴(Benedictine)
③ 아마레또(Amaretto) ④ 그랜드 마니에르(Grand Marnier)

3. Malt Whisky를 바르게 설명한 것은?

① 대량의 양조주를 연속식으로 증류해서 만든 위스키
② 단식 증류기를 사용하여 2회의 증류과정을 거쳐 만든 위스키
③ 피트탄(peat, 석탄)으로 건조한 맥아의 당액을 발효해서 증류한 피트향과 통의 향이 배인 독특한 맛의 위스키
④ 옥수수를 원료로 대맥의 맥아를 사용하여 당화시켜 개량솥으로 증류한 고농도 알코올의 위스키

4. Ginger ale에 대한 설명 중 틀린 것은?

① 생강의 향을 함유한 소다수이다.
② 알코올 성분이 포함된 영양음료이다.
③ 식욕증진이나 소화제로 효과가 있다.
④ Gin이나 Brandy와 조주하여 마시기도 한다.

5. 우유의 살균방법에 대한 설명으로 가장 거리가 먼 것은?

① 저온 살균법 : 50℃에서 30분 살균
② 고온 단시간 살균법 : 72℃에서 15초 살균
③ 초고온 살균법 : 135~150℃에서 0.5~5초 살균
④ 멸균법 : 150℃에서 2.5~3초 동안 가열 처리

6. 다음 중에서 이탈리아 와인 키안티 클라시코(Chianti classico)와 가장 거리가 먼 것은?

① Gallo nero ② Piasco
③ Raffia ④ Barbaresco

정답 1.③ 2.③ 3.③ 4.② 5.① 6.④

7. 옥수수를 51% 이상 사용하고 연속식 증류기로 알코올 농도 40% 이상 80% 미만으로 증류하는 위스키는?

① Scotch Whisky ② Bourbon Whiskey
③ Irish Whiskey ④ Canadian Whisky

8. 사과로 만들어진 양조주는?

① Camus Napoleon ② Cider
③ Kirschwasser ④ Anisette

9. 스트레이트 업(Straight Up)의 의미로 가장 적합한 것은?

① 술이나 재료의 비중을 이용하여 섞이지 않게 마시는 것
② 얼음을 넣지 않은 상태로 마시는 것
③ 얼음만 넣고 그 위에 술을 따른 상태로 마시는 것
④ 글라스 위에 장식하여 마시는 것

10. 약초, 향초류의 혼성주는?

① 트리플섹 ② 크림 드 카시스
③ 깔루아 ④ 쿰멜

11. 헤네시의 등급 규격으로 틀린 것은?

① EXTRA : 15~25년 ② V.O : 15년
③ X.O : 45년 이상 ④ V.S.O.P : 20~30년

12. 다음은 어떤 포도품종에 관하여 설명한 것인가?

> 작은 포도알, 깊은 적갈색, 두꺼운 껍질, 많은 씨앗이 특징이며 씨앗은 타닌함량을 풍부하게 하고, 두꺼운 껍질은 색깔을 깊이 있게 나타낸다. 블랙커런트, 체리, 자두 향을 지니고 있으며, 대표적인 생산지역은 프랑스 보르도 지방이다.

① 메를로(Merlot)
② 삐노 느와르(Pinot Noir)
③ 까베르네 쇼비뇽(Cabernet Sauvignon)
④ 샤르도네(Chardonnay)

13. 세계의 유명한 광천수 중 프랑스 지역의 제품이 아닌 것은?

① 비시 생수(Vichy Water)
② 에비앙 생수(Evian Water)
③ 셀처 생수(Seltzer Water)
④ 페리에 생수(Perrier Water)

정답 7.② 8.② 9.② 10.④ 11.① 12.③ 13.③

14. 전통 민속주의 양조기구 및 기물이 아닌 것은?

① 오크통 ② 누룩고리
③ 채반 ④ 술자루

15. 담색 또는 무색으로 칵테일의 기본주로 사용되는 Rum은?

① Heavy Rum ② Medium Rum
③ Light Rum ④ Jamaica Rum

16. Irish Whiskey에 대한 설명으로 틀린 것은?

① 깊고 진한 맛과 향을 지닌 몰트 위스키도 포함된다.
② 피트훈연을 하지 않아 향이 깨끗하고 맛이 부드럽다.
③ 스카치 위스키와 제조과정이 동일하다.
④ John Jameson, Old Bushmills가 대표적이다.

17. 세계 4대 위스키(Whisky)가 아닌 것은?

① 스카치(Scotch) ② 아이리쉬(Irish)
③ 아메리칸(American) ④ 스패니쉬(Spanish)

18. 다음 중 연속식 증류주에 해당하는 것은?

① Pot still Whisky ② Malt Whisky
③ Cognac ④ Patent still Whisky

19. Benedictine의 설명 중 틀린 것은?

① B-52 칵테일을 조주할 때 사용한다.
② 병에 적힌 D.O.M은 '최선 최대의 신에게' 라는 뜻이다.
③ 프랑스 수도원 제품이며 품질이 우수하다.
④ 허니문(Honeymoon)칵테일을 조주할 때 사용한다.

20. 다음 중 이탈리아 와인 등급 표시로 맞는 것은?

① A.O.P. ② D.O.
③ D.O.C.G ④ QbA

21. 소주가 한반도에 전해진 시기는 언제인가?

① 통일신라 ② 고려
③ 조선 초기 ④ 조선 중기

22. 프랑스와인의 원산지 통제 증명법으로 가장 엄격한 기준은?

① DOC ② AOC
③ VDQS ④ QMP

정답 14.① 15.③ 16.③ 17.④ 18.④ 19.① 20.③ 21.② 22.②

23. 솔레라 시스템을 사용하여 만드는 스페인의 대표적인 주정강화 와인은?

① 포트 와인
② 쉐리 와인
③ 보졸레 와인
④ 보르도 와인

24. 리큐르(liqueur) 중 베일리스가 생산되는 곳은?

① 스코틀랜드
② 아일랜드
③ 잉글랜드
④ 뉴질랜드

25. 다음 중 스타일이 다른 맛의 와인이 만들어지는 것은?

① late harvest
② noble rot
③ ice wine
④ vin mousseux

26. 스파클링 와인에 해당 되지 않는 것은?

① Champagne
② Cremant
③ Vin doux naturel
④ Spumante

27. 주류와 그에 대한 설명으로 옳은 것은?

① absinthe – 노르망디 지방의 프랑스산 사과 브랜디
② campari – 주정에 향쑥을 넣어 만드는 프랑스산 리큐르
③ calvados – 이탈리아 밀라노에서 생산되는 와인
④ chartreuse – 승원(수도원)이라는 뜻을 가진 리큐르

28. 브랜디의 제조공정에서 증류한 브랜디를 열탕 소독한 White oak Barrel에 담기 전에 무엇을 채워 유해한 색소나 이물질을 제거하는가?

① Beer
② Gin
③ Red Wine
④ White Wine

29. 양조주의 제조방법 중 포도주, 사과주등 주로 과실주를 만드는 방법으로 만들어진 것은?

① 복발효주
② 단발효주
③ 연속발효주
④ 병행발효주

30. 다음 중 알코올성 커피는?

① 카페 로얄(Cafe Royale)
② 비엔나 커피(Vienna Coffee)
③ 데미타세 커피(Demi-Tasse Coffee)
④ 카페오레(Cafe au Lait)

정답 23.② 24.② 25.④ 26.③ 27.④ 28.④ 29.② 30.①

31. 영업 형태에 따라 분류한 bar의 종류 중 일반적으로 활기차고 즐거우며 조금은 어둡지만 따뜻하고 조용한 분위기와 가장 거리가 먼 것은?

① Western bar　② Classic bar
③ Modern bar　④ Room bar

32. 소프트 드링크(soft drink) 디캔터(decanter)의 올바른 사용법은?

① 각종 청량음료(soft drink)를 별도로 담아 나간다.
② 술과 같이 혼합하여 나간다.
③ 얼음과 같이 넣어 나간다.
④ 술과 얼음을 같이 넣어 나간다.

33. 우리나라에서 개별소비세가 부과되지 않는 영업장은?

① 단란주점　② 요정
③ 카바레　④ 나이트클럽

34. 칵테일 글라스의 3대 명칭이 아닌 것은?

① bowl　② cap
③ stem　④ base

35. 칵테일 서비스 진행 절차로 가장 적합한 것은?

① 아이스 페일을 이용해서 고객의 요구대로 글라스에 얼음을 넣는다.
② 먼저 커팅보드 위에 장식물과 함께 글라스를 놓는다.
③ 칵테일용 냅킨을 고객의 글라스 오른쪽에 놓고 젓는 막대를 그 위에 놓는다.
④ 병술을 사용할 때는 스토퍼를 이용해서 조심스럽게 따른다.

36. 오크통에서 증류주를 보관할 때의 설명으로 틀린 것은?

① 원액의 개성을 결정해 준다.
② 천사의 몫(Angel's share) 현상이 나타난다.
③ 색상이 호박색으로 변한다.
④ 변화 없이 증류한 상태 그대로 보관된다.

37. Blending 기법에 사용하는 얼음으로 가장 적당한 것은?

① lumped ice　② crushed ice
③ cubed ice　④ shaved ice

정답 31. ① 32. ① 33. ① 34. ② 35. ③ 36. ④ 37. ②

38. 비터류(bitters)가 사용되지 않는 칵테일은?

① Manhattan ② Cosmopolitan
③ Old Fashioned ④ Negroni

39. Bock beer에 대한 설명으로 옳은 것은?

① 알코올 도수가 높은 흑맥주
② 알코올 도수가 낮은 담색 맥주
③ 이탈리아산 고급 흑맥주
④ 제조 12시간 이내의 생맥주

40. 탄산음료나 샴페인을 사용하고 남은 일부를 보관할 때 사용하는 기구로 가장 적합한 것은?

① 코스터 ② 스토퍼
③ 폴러 ④ 코르크

41. 맥주의 보관에 대한 내용으로 옳지 않은 것은?

① 장기 보관할수록 맛이 좋아진다.
② 맥주가 얼지 않도록 보관한다.
③ 직사광선을 피한다.
④ 적정온도(4 ~10℃)에 보관한다.

42. 칼바도스(Calvados)는 보관온도 상 다음 품목 중 어떤 것과 같이 두어도 좋은가?

① 백포도중 ② 샴페인
③ 생맥주 ④ 코냑

43. 칵테일 Kir Royal의 레시피(receipe)로 옳은 것은?

① Champagne + Cacao
② Champagne + Kahlua
③ Wine + Cointreau
④ Champagne + Creme de Cassis

44. 바텐더가 bar에서 glass를 사용할 때 가장 먼저 체크하여야 할 사항은?

① glass의 가장자리 파손 여부
② glass의 청결 여부
③ glass의 재고 여부
④ glass의 온도 여부

45. Red cherry가 사용되지 않는 칵테일은?

① Manhattan ② Old Fashioned
③ Mai-Tai ④ Moscow Mule

정답 38.② 39.① 40.② 41.① 42.④ 43.④ 44.① 45.④

46. 고객이 위스키 스트레이트를 주문하고, 얼음과 함께 콜라나 소다수, 물 등을 원하는 경우 이를 제공하는 글라스는?

① wine decanter
② cocktail decanter
③ Collins glass
④ cocktail glass

47. 스카치 750mL 1병의 원가가 100,000원이고 평균원가율을 20%로 책정했다면 스카치 1잔의 판매가격은?

① 10,000원
② 15,000원
③ 20,000원
④ 25,000원

48. 일반적인 칵테일의 특징으로 가장 거리가 먼 것은?

① 부드러운 맛
② 분위기의 증진
③ 색, 맛, 향의 조화
④ 항산화, 소화증진 효소 함유

49. 휘젓기(stirring) 기법을 할 때 사용하는 칵테일 기구로 가장 적합한 것은?

① hand shaker
② mixing glass
③ squeezer
④ jigger

50. 용량 표시가 옳은 것은?

① 1 tea spoon = 1/32 oz
② 1 pony = 1/2 oz
③ 1 pint = 1/2 quart
④ 1 table spoon = 1/32 oz

3과목 고객서비스영어

51. "당신은 손님들에게 친절해야 한다."의 표현으로 가장 적합한 것은?

① You should be kind to guest.
② You should kind guest.
③ You' ll should be to kind to guest.
④ You should do kind guest.

52. Three factors govern the appreciation of wine. Which of the following does not belong to them?

① Color
② Aroma
③ Taste
④ Touch

정답 46.② 47.③ 48.④ 49.② 50.③ 51.① 52.④

53. '한잔 더 주세요.'의 가장 정확한 영어 표현은?

① I'd like other drink.
② I'd like to have another drink.
③ I want one more wine.
④ I'd like to have the other drink.

54. Which of the following is the right beverage in the blank?

> B : Here you are. Drink it While it's hot.
> G : Um... nice. What pretty drink are you mixing there?
> B : Well, it's for the lady in that corner.
> It is a " ", and it is made from several liqueurs.
> G : Looks like a rainbow. How do you do that?
> B : Well, you pour it in carefully. Each liquid has a different weight, so they sit on the top of each other without mixing.

① Pousse cafe
② Cassis Frappe
③ June Bug
④ Rum Shrub

55. 바텐더가 손님에게 처음 주문을 받을 때 사용할 수 있는 표현으로 가장 적합한 것은?

① What do you recommend?
② Would you care for a drink?
③ What would you like with that?
④ Do you have a reservation?

56. Which one is the right answer in the blank?

> B : Good evening, sir. What Would you like?
> G : What kind of ( ) have you got?
> B : We've got our own brand, sir. Or I can give you an rye, a bourbon or a malt
> G : I'll have a malt. A double, please
> B : Certainly, sir. Would you like any water or ice with it?
> G : No water, thank you, That spoils it. I'll have just one lump of ice.
> B : one lump, sir. Certainly.

① Wine
② Gin
③ Whiskey
④ Rum

정답 53.② 54.① 55.② 56.③

57. 'Are you free this evening?'의 의미로 가장 적합한 것은?

① 이것은 무료입니까?
② 오늘밤에 시간 있으십니까?
③ 오늘밤에 만나시겠습니까?
④ 오늘밤에 개점합니까?

58. ( ) 안에 들어갈 알맞은 것은?

> I don't know what happened at the meeting because I wasn't able to (   ).

① decline
② apply
③ depart
④ attend

59. Which one is not made from grapes?

① Cognac
② Calvados
③ Armagnac
④ Grappa

60. 다음 ( ) 안에 알맞은 것은?

> (   ) must have juniper berry flavor and can be made either by distillation or re-distillation.

① Whisky
② Rum
③ Tequila
④ Gin

정답 57.② 58.④ 59.② 60.④

[2016년 4월 2일 시행]

1과목 주류학개론

1. 혼성주에 해당하는 것은?

① Armagnac
② Corn Whisky
③ Cointreau
④ Jamaican Rum

2. 국가별 부르는 적포도주로 틀린 것은?

① 프랑스 – Vim Rouge
② 이태리 – Vino Rosso
③ 스페인 – Vino Rosado
④ 독일 – Rotwein

3. Sparkling Wine이 아닌 것은?

① Asti Spumante
② Sekt
③ Vin mousseux
④ Troken

4. 포도 품종의 그린 수확(Green Harvest)에 대한 설명으로 옳은 것은?

① 수확량을 제한하기 위한 수확
② 청포도 품종 수확
③ 완숙한 최고의 포도 수확
④ 포도원의 잡초제거

5. 보르도 지역의 와인이 아닌 것은?

① 샤블리
② 메독
③ 마고
④ 그라브

6. 프랑스에서 생산되는 칼바도스(Calvados)는 어느 종류에 속하는가?

① Brandy
② Gin
③ Wine
④ Whisky

7. 원료인 포도주에 브랜디나 당분을 섞고 향료나 약초를 넣어 향미를 내어 만들며 이탈리아산이 유명한 것은?

① Manzanilla
② Vermouth
③ Stout
④ Hock

8. 다음 중 Aperitif Wine으로 가장 적합한 것은?

① Dry Sherry Wine
② White Wine
③ Red Wine
④ Port Wine

정답 1.③ 2.③ 3.④ 4.① 5.① 6.① 7.② 8.①

9. 혼성주의 종류에 대한 설명이 틀린 것은?

① 아드보카트(Advocaat)는 브랜디에 계란노른자와 설탕을 혼합하여 만들었다.
② 드람브이(Drambuie)는 "사람을 만족시키는 음료"라는 뜻을 가지고 있다.
③ 아르마냑(Armagnac)은 체리향을 혼합하여 만든 술이다.
④ 깔루아(Kahlua)는 증류주에 커피를 혼합하여 만든 술이다.

10. 혼성주 제조방법인 침출법에 대한 설명으로 틀린 것은?

① 맛과 향이 알코올에 쉽게 용해되는 원료일 때 사용한다.
② 과실 및 향료를 기주에 담가 맛과 향이 우러나게 하는 방법이다.
③ 원료를 넣고 밀봉한 후 수개월에서 수년간 장기 숙성시킨다.
④ 맛과 향이 추출되면 여과한 후 블렌딩하여 병입한다.

11. 보졸레 누보 양조과정의 특징이 아닌 것은?

① 기계수확을 한다.
② 열매를 분리하지 않고 송이채 밀폐된 탱크에 집어넣는다.
③ 발효 중 CO_2의 영향을 받아 산도가 낮은 와인이 만들어진다.
④ 오랜 숙성 기간 없이 출하한다.

12. 맥주의 원료로 알맞지 않은 것은?

① 물　② 피트
③ 보리　④ 호프

13. 원산지가 프랑스인 술은?

① Absinthe　② Curacao
③ Kahlua　④ Drambuie

14. 상면발효 맥주로 옳은 것은?

① Bock Beer　② Budweiser Beer
③ Porter Beer　④ Asahi Beer

15. Hop에 대한 설명 중 틀린 것은?

① 자웅이주의 숙근 식물로서 수정이 안 된 암꽃을 사용한다.
② 맥주의 쓴 맛과 향을 부여한다.
③ 거품의 지속성과 항균성을 부여한다.
④ 맥아즙 속의 당분을 분해하여 알코올과 탄산가스를 만드는 작용을 한다.

16. 프랑스에서 사과를 원료로 만든 증류주인 Apple Brandy는?

① Cognac　② Calvados
③ Armagnac　④ Camus

정답 9.③ 10.① 11.① 12.② 13.① 14.③ 15.④ 16.②

17. 다음에서 설명하는 것은?

> - 북유럽 스칸디나비아 지방의 특산주로 어원은 생명의 물이라는 라틴어에서 온 말이다.
> - 제조과정은 먼저 감자를 익혀서 으깬 감자와 맥아를 당화, 발효시켜 증류시킨다.
> - 연속증류기로 95%의 고농도 알코올을 얻은 다음 물로 희석하고 회향초 씨나 박하, 오렌지 껍질 등 여러 가지 종류의 허브로 향기를 착향시킨 술이다.

① Vodka　② Rum
③ Aquavit　④ Brandy

18. 다음 중 과실음료가 아닌 것은?

① 토마토주스　② 천연과즙주스
③ 희석과즙음료　④ 과립과즙음료

19. 우리나라 전통주 중에서 약주가 아닌 것은?

① 두견주　② 한산 소국주
③ 칠선주　④ 문배주

20. 다음 중 스카치 위스키(Scotch Whisky)가 아닌 것은?

① Crown Royal　② White Horse
③ Johnnie Walker　④ Chivas Regal

21. 차를 만드는 방법에 따른 분류와 대표적인 차의 연결이 틀린 것은?

① 불발효차 – 보성녹차　② 반발효차 – 오룡차
③ 발효차 – 다즐링차　④ 후발효차 – 쟈스민차

22. 소다수에 대한 설명으로 틀린 것은?

① 인공적으로 이산화탄소를 첨가한다.
② 약간의 신맛과 단맛이 나며 청량감이 있다.
③ 식욕을 돋우는 효과가 있다.
④ 성분은 수분과 이산화탄소로 칼로리는 없다.

23. 레몬주스, 슈가시럽, 소다수를 혼합한 것으로 대용할 수 있는 것은?

① 진저엘　② 토닉워터
③ 칼린스 믹스　④ 사이다

정답 17.③ 18.① 19.④ 20.① 21.④ 22.② 23.③

24. 다음에서 설명되는 우리나라 고유의 술은?

> 엄격한 법도에 의해 술을 담근다는 전통주로 신라시대부터 전해오는 유상곡수(流觴曲水)라 하여 주로 상류계급에서 즐기던 것으로 중국 남방술인 사오싱주보다 빛깔은 조금 희고 그 순수한 맛이 가히 일품이다.

① 두견주 ② 인삼주
③ 감홍로주 ④ 경주교동법주

25. 다음 중 테킬라(Tequila)가 아닌 것은?

① Cuervo ② El Toro
③ Sambuca ④ Sauza

26. 다음 중 아메리칸 위스키(American Whisky)가 아닌 것은?

① Jim Beam ② Wild Whisky
③ John Jameson ④ Jack Daniel

27. 다음 중 그 종류가 다른 하나는?

① Vienna Coffee ② Cappuccino Coffee
③ Espresso Coffee ④ Irish Coffee

28. 스카치 위스키의 5가지 법적 분류에 해당하지 않는 것은?

① 싱글 몰트 스카치 위스키
② 블렌디드 스카치 위스키
③ 블렌디드 그레인 스카치 위스키
④ 라이 위스키

29. 다음 중 증류주에 속하는 것은?

① Vermouth ② Champagne
③ Sherry Wine ④ Light Rum

30. 음료의 역사에 대한 설명으로 틀린 것은?

① 기원전 6,000년경 바빌로니아 사람들은 레몬과즙을 마셨다.
② 스페인 발렌시아 부근의 동굴에서는 탄산가스를 발견해 마시는 벽화가 있었다.
③ 바빌로니아 사람들은 밀빵이 물에 젖어 발효된 맥주를 발견해 음료로 즐겼다.
④ 중앙아시아 지역에서는 야생의 포도가 쌓여 자연 발효된 포도주를 음료로 즐겼다.

정답 24.④ 25.③ 26.③ 27.④ 28.④ 29.④ 30.②

31. 주장(Bar)에서 주문받는 방법으로 가장 거리가 먼 것은?

① 손님의 연령이나 성별을 고려한 음료를 추천하는 것은 좋은 방법이다.
② 추가 주문은 고객이 한잔을 다 마시고 나면 최대한 빠른 시간에 여쭤 본다.
③ 위스키와 같은 알코올 도수가 높은 술을 주문받을 때에는 안주류도 함께 여쭤본다.
④ 2명 이상의 외국인 고객의 경우 반드시 영수증을 하나로 할지, 개인별로 따로 할지 여쭤본다.

32. 샴페인 1병을 주문한 고객에게 샴페인을 따라주는 방법으로 옳지 않은 것은?

① 샴페인은 글라스에 서브할 때 2번에 나눠서 따른다.
② 샴페인의 기포를 눈으로 충분히 즐길 수 있게 따른다.
③ 샴페인은 글라스의 최대 절반정도까지만 따른다.
④ 샴페인을 따를 때에는 최대한 거품이 나지 않게 조심해서 따른다.

33. 에스프레소 추출 시 너무 진한 크레마(Dark Crema)가 추출되었을 때 그 원인이 아닌 것은?

① 물의 온도가 95℃보다 높은 경우
② 펌프압력이 기준 압력보다 낮은 경우
③ 포터필터의 구멍이 너무 큰 경우
④ 물 공급이 제대로 안 되는 경우

34. 칵테일을 만드는 데 필요한 기물이 아닌 것은?

① Cork Screw　② Mixing Glass
③ Shaker　④ Bar Spoon

35. 다음 중 주장 종사원(Waiter/Waitness)의 주요 임무는?

① 고객이 사용한 기물과 빈 잔을 세척한다.
② 칵테일의 부재료를 준비한다.
③ 창고에서 주장(Bar)에서 필요한 물품을 보급한다.
④ 고객에게 주문을 받고 주문받은 음료를 제공한다.

36. 바람직한 바텐더(Bartender) 직무가 아닌 것은?

① 바(Bar) 내에 필요한 물품 재고를 항상 파악한다.
② 일일 판매할 주류가 적당한지 확인한다.
③ 바(Bar)의 환경 및 기물 등의 청결을 유지, 관리한다.
④ 칵테일 조주 시 지거(Jigger)를 사용하지 않는다.

정답 31. ② 32. ④ 33. ③ 34. ① 35. ④ 36. ④

37. Glass 관리방법 중 틀린 것은?

① 알맞은 Rack에 담아서 세척기를 이용하여 세척한다.
② 닦기 전에 금이 가거나 깨진 것이 없는 지 먼저 확인한다.
③ Glass의 Steam부분을 시작으로 돌려서 닦는다.
④ 물에 레몬이나 에스프레소 1잔을 넣으면 Glass의 잡냄새가 제거된다.

38. Extra Dry Martini는 Dry Vermouth를 어느 정도 넣어야 하는가?

① 1/4 oz ② 1/3 oz
③ 1 oz ④ 2 oz

39. Gibson에 대한 설명으로 틀린 것은?

① 알코올 도수는 약 36도에 해당된다.
② 베이스는 Gin이다.
③ 칵테일 어니언(Onion)으로 장식한다.
④ 기법은 Shaking이다.

40. 칵테일 상품의 특성과 가장 거리가 먼 것은?

① 대량 생산이 가능하다. ② 인적 의존도가 높다.
③ 유통 과정이 없다. ④ 반품과 재고가 없다.

41. 바의 한 달 전체 매출액이 1000만원이고 종사원에게 지불된 모든 급료가 300만원이라면 이 바의 인건비율은?

① 10% ② 20%
③ 30% ④ 40%

42. 내열성이 강한 유리잔에 제공되는 칵테일은?

① Grasshopper ② Tequila Sunrise
③ New York ④ Irish Coffee

43. 다음 중에서 Cherry로 장식하지 않는 칵테일은?

① Angel' s Kiss ② Manhattan
③ Rob Roy ④ Martini

44. 칵테일에 사용되는 Garnish에 대한 설명으로 가장 적절한 것은?

① 과일만 사용이 가능하다.
② 꽃이 화려하고 향기가 많이 나는 것이 좋다.
③ 꽃가루가 많은 꽃은 더욱 운치가 있어서 잘 어울린다.
④ 과일이나 허브향이 나는 잎이나 줄기가 적합하다.

정답 37.③ 38.① 39.④ 40.① 41.③ 42.④ 43.④ 44.④

45. 다음 중 가장 영양분이 많은 칵테일은?

① Brandy Eggnog
② Gibson
③ Bacardi
④ Olympic

46. 다음 중 1oz당 칼로리가 가장 높은 것은? (단, 각 주류의 도수는 일반적인 경우를 따른다.)

① Red Wine
② Champagne
③ Liqueur
④ White Wine

47. 네그로니(Negroni) 칵테일의 조주 시 재료로 가장 적합한 것은?

① Rum 3/4oz, Sweet Vermouth 3/4oz, Campari 3/4oz, Twist of Lemon Peel
② Dry Gin 3/4oz, Sweet Vermouth 3/4oz, Campari 3/4oz, Twist of Lemon Peel
③ Dry Gin 3/4oz, Dry Vermouth 3/4oz , Campari 3/4oz, Twist of Lemon Peel
④ Tequila 3/4oz, Sweet Vermouth 3/4oz, Campari 3/4oz, Twist of Lemon Peel

48. 다음 중 장식이 필요 없는 칵테일은?

① 김렛 (Gimlet)
② 시브리즈 (Seabreeze)
③ 올드 패션 (Old Fashioned)
④ 싱가폴 슬링 (Singapore Sling)

49. 칵테일 레시피(Recipe)를 보고 알 수 없는 것은?

① 칵테일의 색깔
② 칵테일의 판매량
③ 칵테일의 분량
④ 칵테일의 성분

50. Gibson을 조주할 때 Garnish는 무엇으로 하는가?

① Olive
② Cherry
③ Onion
④ Lime

3과목 고객서비스영어

51. "우리 호텔을 떠나십니까?"의 표현으로 옳은 것은?

① Do you start our hotel?
② Are you leave to our hotel?
③ Are you leaving our hotel?
④ Do you go our hotel?

정답 45.① 46.③ 47.② 48.① 49.② 50.③ 51.③

52. ( ) 안에 가장 적합한 것은?

> W : Good evening Mr. Carr.
> How are you this evening?
> G : Fine, And you Mr. Kim
> W : Very well, Thank you.
> What would you like to try tonight?
> G : (   )
> W : A whisky, No ice, No water. Am I correct?
> G : Fantastic!

① Just one For my health, please.
② One for the road.
③ I' ll stick to my usual.
④ Another one please.

53. 다음 ( ) 안에 알맞은 단어와 아래의 상황 후 Jenny가 Kate에게 할 말의 연결로 가장 적합한 것은?

> Jenny comes back with a magnum and glasses carried by a barman. She sets the glasses while he barman opens the bottle. There is a loud "( )" and the cork hits Kate who jumps up with a cry. The champagne spills all over the carpet.

① Peep – Good luck to you.
② Ouch – I am sorry to hear that.
③ Tut – How awful!
④ Pop – I am very sorry. I do hope you are not hurt.

54. 다음 밑줄에 들어갈 가장 적합한 것은?

> I' m sorry to have _______ you waiting.

① Kept ② Made
③ Put ④ Had

55. Which one is not aperitif cocktail?

① Dry Martini ② Kir
③ Campari Orange ④ Grasshopper

정답 52.③ 53.④ 54.① 55.④

56. 다음 ( ) 안에 알맞은 것은?

> (　　) is distilled spirits from the fermented juice of sugarcane or other sugarcane by-products.

① Whisky　　② Vodka
③ Gin　　④ Rum

57. There are basic direction of wine service. Select the one which is not belong to them in the following?

① Filling four-fifth of red wine into the glass.
② Serving the red wine with room temperature.
③ Serving the white wine with condition of 8~12℃.
④ Showing the guest the label of wine before service.

58. Which one is not distilled beverage in the following?

① Gin　　② Calvados
③ Tequila　　④ Cointreau

59. 다음 문장에서 의미하는 것은?

> This is produced in Italy and made with apricot and almond.

① Amaretto　　② Absinthe
③ Anisette　　④ Angelica

60. 다음 밑줄 친 곳에 가장 적합한 것은?

> A : Good evening, Sir
> B : Could you show me the wine list?
> A : Here you are, Sir. This week is the promotion week of ________.
> B : O.K. I'll try it.

① Stout　　② Calvados
③ Glenfiddich　　④ Beaujolais Nouveau

정답 56.④ 57.① 58.④ 59.① 60.④

[2016년 7월 10일 시행]

1과목 주류학개론

1. 레드와인용 포도 품종이 아닌 것은?

① 리슬링(Riesling)
② 메를로(Merlot)
③ 삐노누아(Pinot Noir)
④ 카베르네 소비뇽(Cabernet Sauvignon)

2. 과일이나 곡류를 발효시켜 증류한 스피릿츠(Spirits)에 감미와 천연 추출물 등을 첨가한 것은?

① 양조주(Fermented Liquor) ② 증류주(Distilled Liquor)
③ 혼성주(Liqueur) ④ 아쿠아비트(Aquavit)

3. 이탈리아 와인에 대한 설명으로 틀린 것은?

① 거의 전 지역에서 와인이 생산된다.
② 지명도가 높은 와인산지로는 피에몬테, 토스카나, 베네토 등이 있다.
③ 이탈리아 와인 등급체계는 5등급이다.
④ 네비올로, 산지오베제, 바르베라, 돌체토 포도 품종은 레드와인용으로 사용된다.

4. 다음 보기들과 가장 관련되는 것은?

만사니아(Manzanilla) 몬티아(Montilla)
올로로쏘(Oloroso) 아몬티아도(Amontillado)

① 이탈리아산 포도주 ② 스페인산 백포도주
③ 프랑스산 샴페인 ④ 독일산 포도주

5. 맥주의 제조과정 중 발효가 끝난 후 숙성시킬 때의 온도로 가장 적합한 것은?

① -1~3℃ ② 8~10℃
③ 12~14℃ ④ 16~20℃

6. 밀(Wheat)을 주원료로 만든 맥주는?

① 산미구엘(San Miguel) ② 호가든(Hoegaarden)
③ 람빅(Lambic) ④ 포스터스(Foster's)

정답 1.① 2.③ 3.③ 4.② 5.① 6.②

7. 리큐르(Liqueur)의 여왕이라고 불리며 프랑스의 수도원의 이름을 가지고 있는 것은?

① 드람부이(Drambuie)
② 샤르트뢰즈(Chartreuse)
③ 베네딕틴(Benedictine)
④ 체리브랜디(Cherry Brandy)

8. 맥주 제조 시 호프(Hop)를 사용하는 가장 주된 이유는?

① 잡냄새 제거
② 단백질 등 질소화합물 제거
③ 맥주색깔의 강화
④ 맥즙의 살균

9. 다음 중 호크 와인(Hock Wine)이란?

① 독일 라인산 화이트 와인
② 프랑스 버건디산 화이트 와인
③ 스페인 호크하임엘산 레드 와인
④ 이탈리아 피에몬테산 레드 와인

10. 다음 중 Bitter가 아닌 것은?

① Angostura
② Campari
③ Galliano
④ Amer Picon

11. 발포성 와인의 이름이 잘못 연결된 것은?

① 스페인 – 카바(Cava)
② 이탈리아 – 스푸만테(Spumante)
③ 독일 – 젝트(Sekt)
④ 포르투갈 – 도세(Doce)

12. 식후 주(After Dinner Drink)로 가장 적합한 것은?

① 코냑(Cognac)
② 드라이 셰리 와인(Dry Sherry Wine)
③ 드라이 진(Dry Gin)
④ 베르무트(Vermouth)

13. 리큐르 중 D.O.M. 글자가 표기되어 있는 것은?

① Sloe Gin
② Kahlua
③ Kummel
④ Benedictine

14. 슬로우 진(Sloe Gin)의 설명 중 옳은 것은?

① 증류주의 일종이며, 진(Gin)의 종류이다.
② 보드카(Vodka)에 그레나딘 시럽을 첨가한 것이다.
③ 아주 천천히 분위기 있게 먹는 칵테일이다.
④ 진(Gin)에 야생자두(Sloe Berry)의 성분을 첨가한 것이다.

정답 7.② 8.② 9.① 10.③ 11.④ 12.① 13.④ 14.④

15. 콘 위스키(Corn Whiskey)란?

① 원료의 50% 이상 옥수수를 사용한 것
② 원료에 옥수수 50%, 호밀 50%가 섞인 것
③ 원료의 80% 이상 옥수수를 사용한 것
④ 원료의 40% 이상 옥수수를 사용한 것

16. 일반적으로 단식 증류기(Pot Still)로 증류하는 것은?

① Kentucky Straight Bourbon Whiskey
② Grain Whisky
③ Dark Rum
④ Aquavit

17. 알코올성 음료를 의미하는 용어가 아닌 것은?

① Hard Drink ② Liquor
③ Ginger Ale ④ Spirits

18. 비알코올성 음료의 분류방법에 해당되지 않는 것은?

① 청량음료 ② 영양음료
③ 발포성음료 ④ 기호음료

19. 다음 중 럼에 대한 설명이 아닌 것은?

① 럼의 주재료는 사탕수수이다.
② 럼은 서인도제도를 통치하는 유럽의 식민정책 중 삼각무역에 사용되었다.
③ 럼은 사탕을 첨가하여 만든 리큐르이다.
④ 럼의 향, 맛에 따라 라이트 럼, 미디엄 럼, 헤비 럼으로 분류된다.

20. 탄산음료 중 뒷맛이 쌉쌀한 맛이 남는 음료는?

① 칼린스 믹서 ② 토닉 워터
③ 진저엘 ④ 콜라

21. 다음 중 생산지가 옳게 연결된 것은?

① 비시수 – 오스트리아 ② 셀처수 – 독일
③ 에비앙수 – 그리스 ④ 페리에수 – 이탈리아

22. 우리나라 전통주에 대한 설명으로 틀린 것은?

① 증류주 제조기술은 고려시대 때 몽고에 의해 전래되었다.
② 탁주는 쌀 등 곡식을 주로 이용하였다.
③ 탁주, 약주, 소주의 순서로 개발되었다.
④ 청주는 쌀의 향을 얻기 위해 현미를 주로 사용한다.

정답 15.③ 16.③ 17.③ 18.③ 19.③ 20.② 21.② 22.④

23. 보드카의 설명으로 옳지 않은 것은?

① 슬라브 민족의 국민주로 애음되고 있다.
② 보드카는 러시아에서만 생산된다.
③ 보드카의 원료는 주로 보리, 밀, 호밀, 옥수수, 감자 등이 사용된다.
④ 보드카에 향을 입힌 보드카를 플레이버 보드카라 칭한다.

24. Whisky의 재료가 아닌 것은?

① 맥아 ② 보리
③ 호밀 ④ 감자

25. 에스프레소의 커피추출이 빨리 되는 원인이 아닌 것은?

① 너무 굵은 분쇄입자 ② 약한 탬핑 강도
③ 너무 많은 커피 사용 ④ 높은 펌프 압력

26. 브랜디에 대한 설명으로 가장 거리가 먼 것은?

① 포도 또는 과실을 발효하여 증류한 술이다.
② 코냑 브랜디에 처음으로 별표의 기호를 도입한 것은 1865년 헤네시(Hennessy)사에 의해서이다.
③ Brandy는 저장기간을 부호로 표시하며 그 부호가 나타내는 저장기간은 법적으로 정해져 있다.
④ 브랜디의 증류는 와인을 2~3회 단식 증류기(Pot Still)로 증류한다.

27. 위스키의 원료에 따른 분류가 아닌 것은?

① 몰트 위스키 ② 그레인 위스키
③ 포트스틸 위스키 ④ 블렌디드 위스키

28. 국가지정 중요무형문화재로 지정받은 전통주가 아닌 것은?

① 충남 면천두견주 ② 진도 홍주
③ 서울 문배주 ④ 경주 교동법주

29. 커피로스팅의 정도에 따라 약한 순서에서 강한 순서대로 나열한 것으로 옳은 것은?

① American Roasting → German Roasting → French Roasting → Italian Roasting
② German Roasting → Italian Roasting → American Roasting → French Roasting
③ Italian Roasting → German Roasting → American Roasting → French Roasting
④ French Roasting → American Roasting → Italian Roasting → German Roasting

정답 23.② 24.④ 25.③ 26.③ 27.③ 28.② 29.①

30. 혼합물을 구성하는 각 물질의 비등점의 차이를 이용하여 만드는 술을 무엇이라 하는가?

① 발효주 ② 발아주
③ 증류주 ④ 양조주

2과목 주장관리개론

31. 구매부서의 기능이 아닌 것은?

① 검수 ② 저장
③ 불출 ④ 판매

32. Pousse Cafe를 만드는 재료 중 가장 나중에 따르는 것은?

① Brandy ② Grenadine
③ Creme de Menthe(White) ④ Creme de Cassis

33. Manhattan 조주 시 사용하는 기물은?

① 셰이커(Shaker) ② 믹싱 글라스(Mixing Glass)
③ 전기 블렌더(Blender) ④ 주스 믹서(Juice Mixer)

34. 바텐더의 칵테일용 가니쉬 재료 손질에 관한 설명 중 가장 거리가 먼 것은?

① 레몬 슬라이스는 미리 손질하여 밀폐용기에 넣어서 준비한다.
② 오렌지 슬라이스는 미리 손질하여 밀폐용기에 넣어서 준비한다.
③ 레몬 껍질은 미리 손질하여 밀폐용기에 넣어서 준비한다.
④ 딸기는 미리 꼭지를 제거한 후 깨끗하게 세척하여 밀폐용기에 넣어서 준비한다.

35. Gin &Tonic에 알맞은 Glass와 장식은?

① Collins Glass – Pineapple Slice
② Cocktail Glass – Olive
③ Cordial Glass – Orange Slice
④ Highball Glass – Lemon Slice

36. 위스키가 기주로 쓰이지 않는 칵테일은?

① 뉴욕(New York) ② 로브 로이(Rob Roy)
③ 블랙 러시안(Black Russian) ④ 맨하탄(Manhattan)

정답 30.③ 31.④ 32.① 33.② 34.④ 35.④ 36.③

37. Classic Bar의 특징과 가장 거리가 먼 것은?

① 서비스의 중점을 정중함과 편안함에 둔다.
② 소규모 라이브 음악을 제공한다.
③ 고객에게 화려한 바텐딩 기술을 선보인다.
④ 칵테일 조주 시 정확한 용량과 방법으로 제공한다.

38. 셰이킹(Shaking) 기법에 대한 설명으로 틀린 것은?

① 셰이커에 얼음을 충분히 넣어 빠른 시간 안에 잘 섞이고 차게 한다.
② 셰이커에 재료를 순서대로 Cap을 Strainer에 씌운 다음 Body에 덮는다.
③ 잘 섞이지 않는 재료들을 셰이커에 넣어 세차게 흔들어 섞는 조주기법이다.
④ 계란, 우유, 크림, 당분이 많은 리큐르 등으로 칵테일을 만들 때 많이 사용된다.

39. 주장의 종류로 가장 거리가 먼 것은?

① Cocktail Bar ② Members Club Bar
③ Snack Bar ④ Pub Bar

40. 다음 중 달걀이 들어가는 칵테일은?

① Millionaire ② Black Russian
③ Brandy Alexander ④ Daiquiri

41. 다음 중 휘젓기(Stirring) 기법으로 만드는 칵테일이 아닌 것은?

① Manhattan ② Martini
③ Gibson ④ Gimlet

42. 다음 칵테일 중 Floating 기법으로 만들지 않는 것은?

① B&B ② Pousse Cafe
③ B-52 ④ Black Russian

43. 와인에 대한 Corkage의 설명으로 가장 거리가 먼 것은?

① 업장의 와인이 아닌 개인이 따로 가져온 와인을 마시고자 할 때 적용된다.
② 와인을 마시기 위해 이용되는 글라스, 직원 서비스 등에 대한 요금이 포함된다.
③ 주로 업소가 보유하고 있지 않은 와인을 시음할 때 많이 작용된다.
④ 코르크로 밀봉되어 있는 와인을 서비스하는 경우에 적용되며, 스크류캡을 사용한 와인은 부과되지 않는다.

44. 다음 중 소믈리에(Sommelier)의 주요 임무는?

① 기물세척(Utensil Cleaning) ② 주류저장(Store Keeper)
③ 와인판매(Wine Steward) ④ 칵테일조주(Cocktail Mixing)

정답 37.③ 38.② 39.③ 40.① 41.④ 42.④ 43.④ 44.③

45. 주장(Bar)에서 기물의 취급방법으로 적합하지 않은 것은?

① 금이 간 접시나 글라스는 규정에 따라 폐기한다.
② 은기물은 은기물 전용 세척액에 오래 담가두어야 한다.
③ 크리스탈 글라스는 가능한 손으로 세척한다.
④ 식기는 같은 종류별로 보관하며 너무 많이 쌓아두지 않는다.

46. 바의 매출액 구성요소 산정방법 중 옳은 것은?

① 매출액 = 고객수 ÷ 객단가
② 고객수 = 고정고객 × 일반고객
③ 객단가 = 매출액 ÷ 고객수
④ 판매가 = 기준단가 × (재료비/100)

47. 바(Bar) 기물이 아닌 것은?

① Bar Spoon
② Shaker
③ Chaser
④ Jigger

48. 글라스 세척 시 알맞은 세제와 세척순서로 짝지어진 것은?

① 산성세제, 더운물 – 찬물
② 중성세제, 찬물 – 더운물
③ 산성세제, 찬물 – 더운물
④ 중성세제, 더운물 – 찬물

49. Rum 베이스 칵테일이 아닌 것은?

① Daiquiri
② Cuba Libre
③ Mai Tai
④ Stinger

50. 다음 중 보드카(Vodka)를 주재료로 사용하지 않는 칵테일은?

① Cosmopolitan
② Kiss of Fire
③ Apple Martini
④ Margarita

3과목 고객서비스영어

51. "5월 5일에는 이미 예약이 다 되어 있습니다."의 표현은?

① We look forwadr to seeing you on May 5th.
② We are fully booked on May 5th.
③ We are available on May 5th.
④ I will check availability on May 5th.

정답 45. ② 46. ③ 47. ③ 48. ④ 49. ④ 50. ④ 51. ②

52. 다음 문장 중 틀린 것은?

① Are you in a hurry?
② May I help With you your baggage
③ Will you pay in cash or with a credit card?
④ What is the most famous in Seoul?

53. 아래 문장의 의미는?

The line is busy, so I can't put you through.

① 통화 중이므로 바꿔 드릴 수 없습니다.
② 고장이므로 바꿔 드릴 수 없습니다.
③ 외출 중이므로 바꿔 드릴 수 없습니다.
④ 아무도 없으므로 바꿔 드릴 수 없습니다.

54. Which one is the spirit made from agave?

① Tequila ② Rum
③ Vodka ④ Gin

55. "a glossary of basic wine terms"의 연결로 틀린 것은?

① Balance : the portion of the wine's odor derived from the grape variety and fermentation.
② Nose : the total odor of wine composed of aroma, bouquet, and other factors.
③ Body : the weight or fullness of wine on palate.
④ Dry : a tasting term to denote the absence of sweetness in wine.

56. 다음 ( )에 들어갈 단어로 가장 적합한 것은?

(   ) goes well with dessert.

① Ice Wine ② Red Wine
③ Vermouth ④ Dry Sherry

57. Which is not an appropriate instrument for stirring method of how to make cocktail?

① Mixing Glass ② Bar Spoon
③ Shaker ④ Strainer

정답 52.② 53.① 54.① 55.① 56.① 57.③

58. 다음 중 의미가 다른 하나는?

① It's my treat this time.
② I'll pick up the tab.
③ Let's go Dutch.
④ It's on me.

59. ( ) 안에 가장 적합한 것은?

> A bartender must ( ) his helpers, waiters or waitress. He must also ( ) various kinds of records, such as stock control, inventory, daily sales report, purchasing report and so on.

① take, manage
② supervise, handle
③ respect, deal
④ manage, careful

60. Dry Gin, Egg White, and Grenadine are the main ingredients of ( ).

① Bloody Mary
② Eggnog
③ Tom and Jerry
④ Pink Lady

정답 58.③ 59.② 60.④

참·고·문·헌

김동승(1999), 식품구매관리론, 기문사
김성혁 · 김진국(2002), 와인학개론, 백산출판사
김은신(1995), 이것이 한국최초, 삼문
김준철(2003), 와인, 백산출판사
김진국(2001), 와인의 세계, 가림출판사
김진섭(1999), 고대관광사, 대왕사
김한식(1990), 현대인과 와인, 태웅출판
김　혁(2000), 프랑스와인기행, 세종서적
남태우(2002), 알코올의 야누스적 문화, 창조문화
박만선(2000), 술 알고 마시면 100배가 즐겁다, 전원문화사
서한정(2001), 한손에 잡히는 와인, (주)베스트홈
원융희(2003), 맥주이야기, 학문사
이석현 · 김종규 · 임형선(2002), 현대 칵테일과 음료이론, 백산출판사
이정학(2004), 호텔식음료실습, 기문사
이종기(2000), 술, 술을 알면 세상이 즐겁다, 한송
조호철(2004), 우리 술 빚기, 넥서스BOOKS
최　호(1994), 신역 삼국사기, 홍신문화사

국사편찬위원회(1997), 한국사, 권4
금양인터네셔날, 와인여행
부산시관광협회(1997), 관광숙박서비스업무(식음료분야)
우리문화연구원(1995), 얼과 문화 11, 12월호
하얏트호텔 식음료 매뉴얼
한국관광식음료학회(1999), 음료학개론, 백산출판사
한국역사연구회(1997), 조선시대사람은 어떻게 살았을까, 청년사

講談社(2000), 世界の名酒辭典
日本ホテル教育センター(1995), レストランの實務
Davis, B., Lockwood, A., Stone, S.(1998), Food and Beverage Management, Butterworth-Heinemann
Lattin, G. W.(1995), The Lodging and Food Service Industry, Educational Institute of The American Hotel & Motel Association
Lerner, D.(1998), Single Malt & Scotch Whisky, Black Dog & Leventhal Publishers, Inc.
Kotas, R.(1986), Management Accounting for Hotels and Restaurants, Surrey University Press
Rande, W.(2001), Beverage Service World, Prentice Hall
Rutherford, D. G.(1990), Hotel Management and Operations, Van Nostrand Reinhold
Schmid, A.W.A(2004), Hospitality Manager's Guide to Wines, Beers and Spirits, Prentice Hall
Sparmont, Jean-Louis, Jean-Claude Colin, Christian Deglas(1998), Biere(김주경 역), Flammarion SA

www.beer.co.kr
www.kaja21.com
www.kalia.or.kr
www.ntsi.go.kr
www.wine.co.kr
www.keumyang.com

찾·아·보·기

저·자·소·개

■ 이 정 학

- 동아대학교 관광경영학과 졸업(1987년)
- 동아대학교 경영대학원(관광경영전공) 경영학석사(1999년)
- 동아대학교 대학원 관광경영학과 경영학박사(2003)
- Hyatt Regency Pusan(특1급) 등 10여년 근무
- 울산과학대학교 교수 명예퇴직

[수상경력]
- 경기대학교 주최 전국 대학생 관광학술논문 발표대회 우수상 수상(1985년)
- 문교부후원 제10회 전국 대학생학술연구대회 사회과학분야 장려상 수상(1985년)
- 세계 관광의 날 경상북도 관광협회 표창장 수상(1994년)
- 2008 관광의 날 문화체육관광부 장관 표창장 수상

[저 서]
- 호텔식음료실무론(단독), 기문사, 1998
- 서비스 경영(단독) 1판(2001) · 2판(2006) · 3판(2009), 기문사
- 국제매너(공저), 기문사, 2001
- 호텔경영의 이해(단독) 1판(2002) · 2판(2008) · 3판(2010), 기문사
- 관광마케팅(단독) 1판(2003) · 2판(2008), 기문사
- 호텔식음료실습(단독 1판(2004) · 2판(2008) · 3판(2012), 기문사
- 주류학개론(단독), 기문사, 2005
- 외식사업경영실무론(공저) 1판(2005) · 2판(2011), 대왕사
- 관광학원론(단독) 1판(2005) · 2판(2010), 대왕사
- 현대사회와 매너(공저), 기문사, 2006
- 호텔연회관리론(단독), 기문사, 2006
- 축제이벤트(단독) 1판(2008) · 2판(2011), 대왕사
- 에티켓과 매너(단독), 기문사, 2009

- 서비스마케팅(단독), 대왕사, 2009
- 문화관광의 이해(단독), 대왕사, 2011
- 레저의 이해(단독), 대왕사, 2012

[기 타]

- Hyatt International 아시아지역 본부(홍콩 하얏트호텔)로부터 Sales & Marketing 교육 이수(1989년)
- 울산광역시 시정자문위원(문화관광분야) 역임
- 울산광역시 문화관광해설사 선정 심사위원
- 울산 세계옹기문화엑스포 조직위원 역임
- 울산지역 각종 축제 자문 및 추진위원
- 울산시 고래관광산업진흥기획단 위원
- 울산 시티투어 평가위원
- 동남권(부산, 울산, 경남) 관광협의회 위원
- 동해안권(울산, 경상북도, 강원도) 발전 공동협의회 위원
- 한국관광협회중앙회 정책자문위원 역임

■ 안 성 근

- 경기대학교 경영대학원 호텔경영학과 관광학박사
- 경희대학교 경영대학원 호텔경영학석사
- GRAND HYATT HOTEL(F&B Manager)
- 한국와인 소믈리에학회 고문
- 한국관광 레저학회 부회장
- 한국호텔전문경영인협회 이사

현) 청운대학교 호텔경영학과 교수

주류학개론

2004년 11월 20일 초　　판 발행
2012년　6월 20일 2판 1쇄 발행
2022년　7월 20일 3판 1쇄 발행

저　자 이정학 · 안성근
발행인 한 인 환
발행처 도서출판 **기 문 사**
등　록 1978. 8. 9. NO. 6-0637
주　소 서울시 동대문구 용두2동 730-4번지 홍신빌딩 3층
전　화 02) 2265-7214/922-8662~8663
팩　스 02) 922-8772

homepage : www.kimoonsa.co.kr
e-mail : book@kimoonsa.co.kr

ISBN : 978-89-7723-918-0 93590

정가 : 25,000원